Alexander Geh

FJORDRUTA

-

Wandern in Norwegen

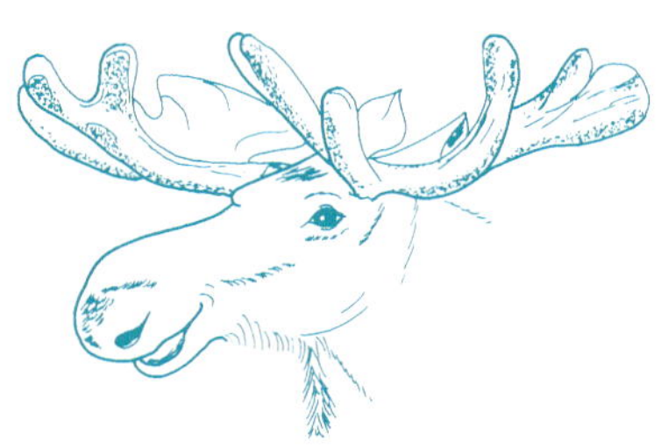

Edition Elch

Bisher hat Alexander Geh fast nur »klassische« Reiseführer veröffentlicht. Für seinen ersten Wanderführer war er drei Mal auf der Fjordruta: zwei Wochen im August bei viel Sonnenschein, eine Woche im Juni in Begleitung eines Sohns, bei wechselhaftem Wetter und nur kurzen Nächten sowie schließlich drei Wochen im September, wiederum bei wechselhaftem Wetter und als sich die Herbstfarben entwickelten. Alle Etappen ist er selbst gegangen, streckenweise aus beiden Richtungen, Fotoapparat und Diktiergerät stets dabei. Und nach der Fjordland-Reise ist vor der Fjordland-Reise.

Ist er nicht im hohen Norden unterwegs, arbeitet Geh als Lektor und hält die Edition Elch auf Kurs, im Zeitalter der flüchtigen (und werbefinanzierten Websites auf den Leim gehenden) Internet-Recherche handwerklich ordentliche Reiseliteratur zu machen: Spezialitäten für Skandinavien-Liebhaber.

Seine weiteren Titel in der Edition Elch:
Dänische Inseln 1: Fünen, Langeland, Ærø
Dänische Inseln 2: Lolland, Falster, Møn
Schweden: Småland, Öland, Blekinge (als Koautor)
Fjorde, Gletscher, Wasserfälle – Radwandern in Norwegen

Die anderen Bücher in der Edition Elch:
Lofoten – Reiseführer mit 14 Wanderungen (Möbius)
Färöer – Reiseführer mit 14 Wanderungen (Wachter)
Nordskandinavien – Der Wanderführer (Bickel)
Kanuwandern in Schweden (Schwarz, Hrsg.)
Finnland: Åland-Inseln (Labonde / Kuehn-Velten)
Finnland: Saimaa und Karelien (Labonde / Kuehn-Velten)
Finnland: Südwestküste mit Turku (Labonde / Kuehn-Velten)
Skandinavien – Pflanzen im Fjäll (Hans-Jürgen Gottschalk)

Herzlichen Dank an: Nancy Aalmo, Michaela Asmuß, Monica Cosma-Harder, Mike Fähnrich, Bernd Geyer, Hans-Jürgen Gottschalk, Egil und Sølvi Grødal, Inge Gudmundsen, Synnøve Henden, Birger Holtermann, Heike Schmidt-Christofzik, Vidar Sogge, Even Strømman, Urs Wenzel sowie ganz besonders an Familie Myrvang für ihre grenzenlose Gastfreundschaft.
Dank gebührt auch meiner Familie, ohne deren Verständnis und Mithelfen ein solches Vorhaben nicht zu verwirklichen ist.

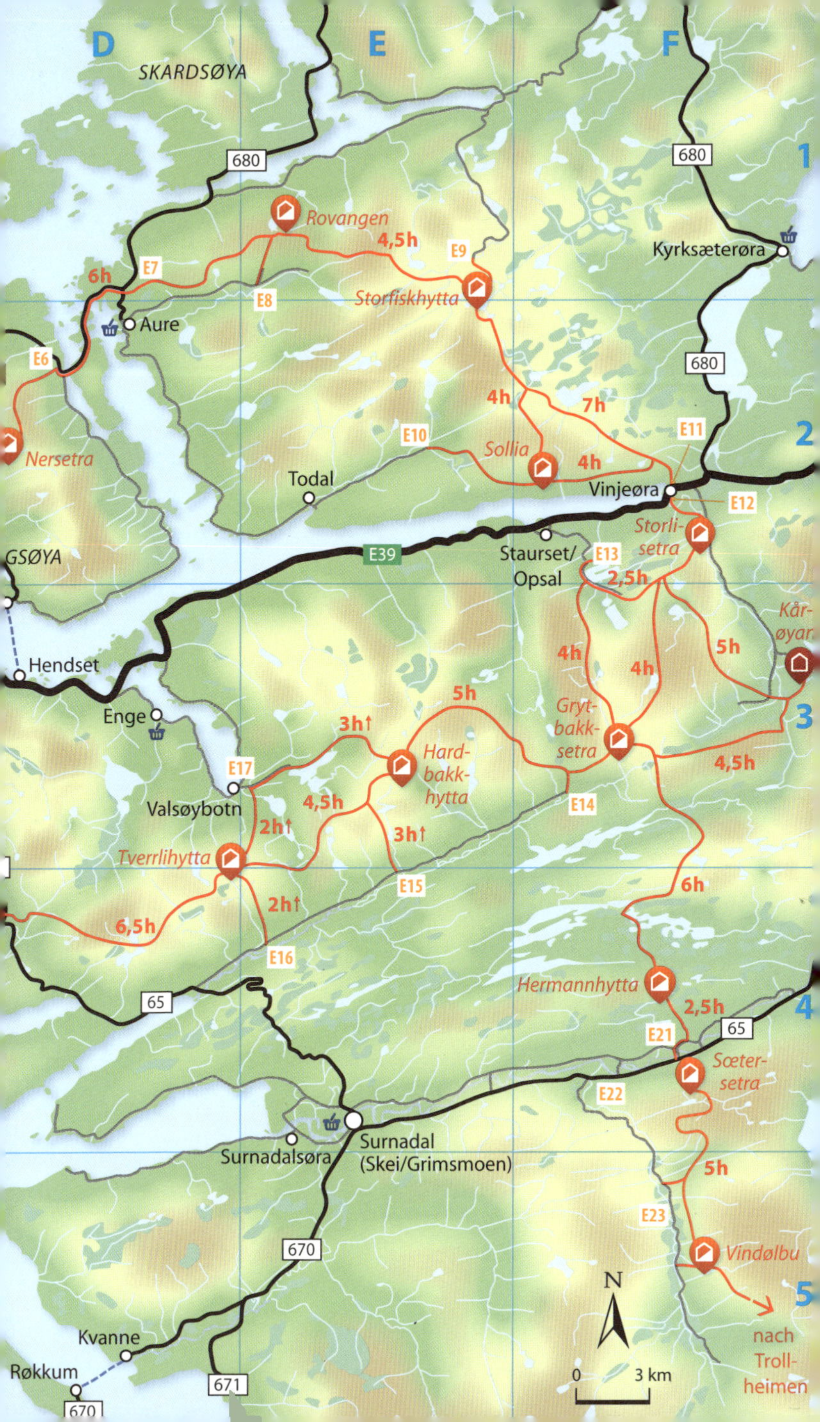

D
E
F
SKARDSØYA
680
1
Rovangen
4,5h
E9
Kyrksæterøra
6h
E7
E8
Storfiskhytta
Aure
E6
680
4h
7h
2
E10
E11
Nersetra
Sollia
4h
Todal
Vinjeøra
E12
Storli-
setra
GSØYA
E39
Staurset/
Opsal
E13
2,5h
Kår-
øyar
Hendset
4h
4h
5h
5h
Enge
Gryt-
bakk-
setra
3
3h
Hard-
bakk-
hytta
4,5h
E17
E14
Valsøybotn
4,5h
2h
3h
Tverrlihytta
E15
6h
2h
6,5h
E16
Hermannhytta
65
2,5h
4
65
E21
Sæter-
setra
E22
Surnadal
(Skei/Grimsmoen)
Surnadalsøra
5h
E23
670
Vindølbu
N
5
nach
Troll-
heimen
Kvanne
0
3 km
Røkkum
671
670

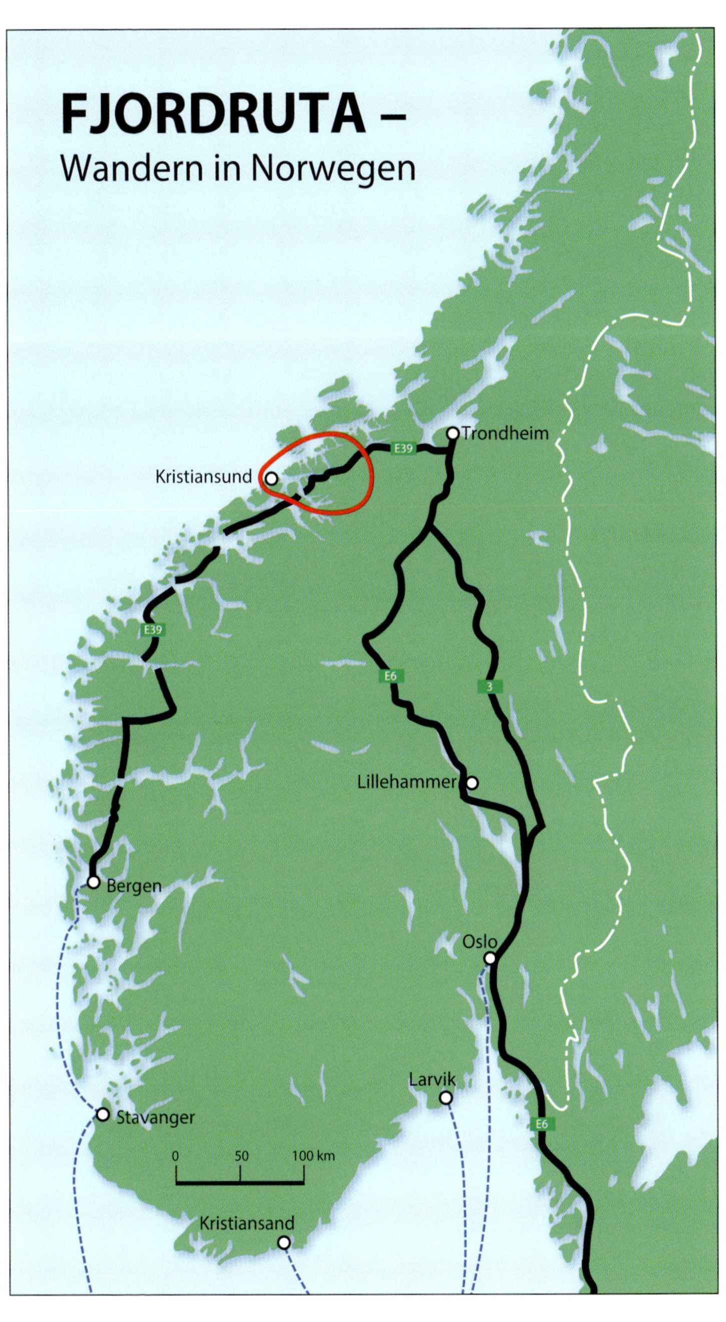
FJORDRUTA –
Wandern in Norwegen
Trondheim
E39
Kristiansund
E39
E6
3
Lillehammer
Bergen
Oslo
Larvik
Stavanger
E6
0
50
100 km
Kristiansand

Der Autor dieses Reiseführers hat die zusammengetragenen Angaben nach bestem Wissen erstellt, die Redaktion hat sie mit größtmöglicher Sorgfalt überprüft. Trotzdem sind inhaltliche Fehler nicht vollständig auszuschließen. Daher besteht auf die Angaben keinerlei Garantie seitens des Verlages oder des Autors. Im Fall von inhaltlichen Abweichungen übernehmen weder der Verlag noch der Autor dafür Verantwortung und Haftung; dies gilt sowohl für »normale« Änderungen, etwa von Busverbindungen und Telefonnummern, als auch im Hinblick auf mögliche Unfälle.
Bitte denken Sie vor Ort zuallererst an Ihre Verantwortung für sich und Ihre Mitreisenden und gehen Sie niemals ein Risiko ein. Dieser Wanderführer geht »unterwegs« auf problematische Passagen ein und enthält Angaben, um Ihre Sicherheit im Gelände zu optimieren, begründet im selbst Erlebten vor Ort. Nehmen Sie all diese Angaben stets zur Kenntnis und für Ernst.

LESERTIPPS

Schreiben Sie uns bitte, sofern Sie vor Ort Änderungen erlebt oder falls Sie Ergänzungsvorschläge haben. Wird Ihr Tipp in der nächsten überarbeiteten Ausgabe verwendet, bedanken wir uns mit einem Freiexemplar. Verlag und Autor freuen sich über jede Zuschrift:

Edition Elch
Stichwort: Fjordruta
Hamburger Straße 70
D – 63073 Offenbach am Main
E-mail: ee25@edition-elch.de
Internet : www.edition-elch.de

Neuerscheinung 2013

ISBN 978-3-937452-25-8

Elch-Logo: © *Petra Gran*
Fotos: *siehe Bildnachweis auf Seite 192*
Redaktion und Satz: *Pekka Sjöblom*
Karten: *Brigitte Otto, Konstanz*
Produktion: *druckhaus köthen, Köthen/Anhalt*

Inhalt

ANHANG

Die Abwechslung macht's auf der Fjordruta. In die vielen Kilometer im Gebirge und in höheren Waldzonen mischen sich Teilstrecken in Tallagen und sogar direkt am Fjord, wie hier auf der Etappe 1 zwischen Flughafen und Trollstua, Fährpassage inbegriffen. ▶

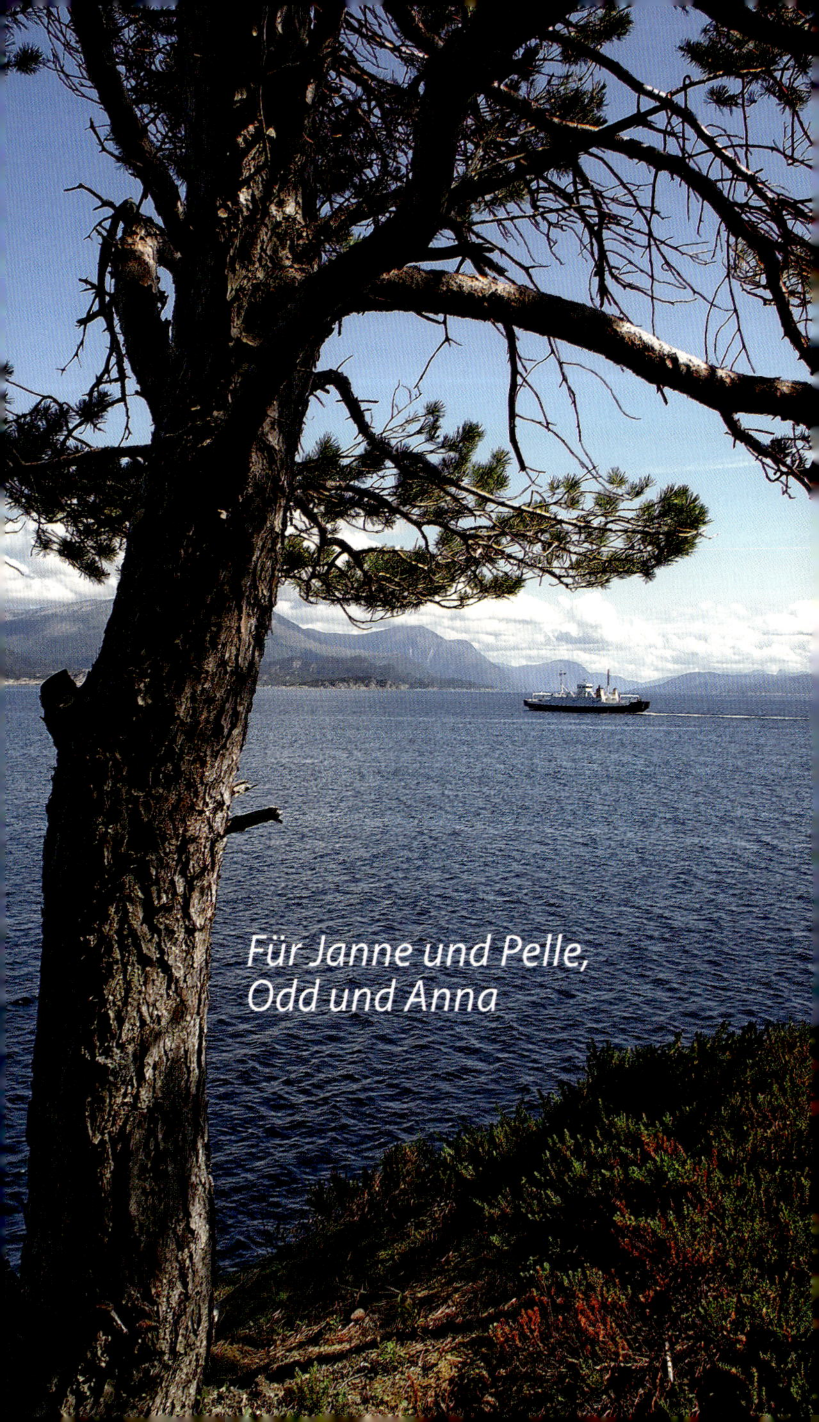
Für Janne und Pelle,
Odd und Anna

Einstimmung

ZWISCHEN FJORD UND FJELL

Der Name Fjordruta war mir bereits vor Jahren auf meinen Reisen durch Westnorwegen aufgefallen. Konkret wurde es, als eine Branchenkennerin daran erinnerte, dass sich viele aktuelle Wanderführer über Norwegen in der Tourenauswahl ähnelten und darunter ein neues Gebiet fehlte, wo auch längere Touren möglich seien. 20 Jahre, nachdem ich durch Norwegen geradelt war, hatte ich ziemlich große Lust auf Abwechslung, auf ein Projekt abseits vom klassischen Reiseführer, auf viel Natur, keine Zäune und Wasser aus Bächen trinken.

Erstes Erkunden brachte Schwung in die Sache, aus dem Projekt wurde schnell eine Herzensangelegenheit. Der Familienrat erhob keine Einwände: Immerhin sollten es drei Reisen über sechs Wochen werden, eine davon mit Vater und Sohn – ein Schlag Sahne obendrauf.

Es bleibt unvergesslich: Weniger als 1000 Höhenmeter liegen in dem Gebiet – bei 63° nördlicher Breite – zwischen der Fjordküste (mit Wald und Heide) sowie den alpinen Szenerien auf den höchsten Bergen. Auf manchen Etappen wechseln die Wanderer in weniger als zwei Stunden zwischen allen lokalen Vegetationsstufen, wird unterwegs mitunter mehrfach die Baumgrenze gequert. Es ist keine Übertreibung – Wandern zwischen Fjord und Fjell, wie das Gebirge auf Norwegisch heißt. Unterwegs passiert die Fjordruta mehrere Aussichtspunkte, von denen gleichzeitig das Meer, Fjord(e) und See(n) zu überblicken sind. Und landeinwärts die höheren Gipfel sowie Schneefelder von Trollheimen und Co.

Das zerfurchte Fjordland mit seinen Inseln, Halbinseln und dem Festland ermöglicht zahlreiche Orte, wo Wanderer ein- oder aussteigen können; einige sind sogar per Bus zu erreichen, wodurch sich reizvolle Tourenkombinationen ebenso wie sinnvolle Abkürzungen ergeben. Anfänger können sich ausprobieren, Fortgeschrittene finden ausreichend anspruchsvolle Etappen, vor alllem im südlichen Fjordruta-Bereich – wo es auch nach Trollheimen geht. Sämtliche Pfade sind markiert: über 250 km von über 22.000 km im ganzen Land. Mindestens genauso beeindruckend ist das Netz aus 16 Hütten, die in nur 14 Jahren bis 2009 neu errichtet oder (zuvor in anderer Verwendung) umgebaut wurden. Wie das überhaupt möglich war, werden die folgenden Seiten erläutern. Das A – Z Fjordruta ist zum Kennenlernen gedacht, läutet aber auch schon die Tourenvorbereitung ein.

Viel Spaß unterwegs, beim Lesen und Wandern in einem schönen Land mit sehr angenehmen Menschen.

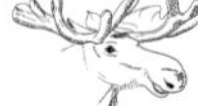

Zur besseren Übersicht unterscheiden wir im Buch in die nördliche und südliche Fjordruta. Trennungslinie ist das Fjordband entlang der Europastraße 39, das im Osten mit der Ortschaft Vinjeøra endet.

A – Z Fjordruta

Das A–Z soll einem lockeren Einstieg dienen und bereits erste Fragen beantworten.

ANREISE

Das Besondere an der Fjordruta ist, dass man direkt von einem Flughafen loslaufen kann. Für die Anreise per Flugzeug sprechen die Zeit sparende Beförderung sowie der Preis, sofern man sich mit ein paar Monaten Vorlauf um die Tickets kümmern kann. Wer mit dem eigenen Auto anreist, kann mehr Gepäck und Ausrüstung mitnehmen, ist vor Ort flexibler in der Wahl der Ein- und Ausstiegsorte und kann die Fjordruta als Station einer längeren Norwegen-Reise einbauen. Daten siehe Seite 186.

BEEREN

Im August warten – bis in einer Höhe von etwa 450 m – Legionen von Heidelbeersträuchern (auf Norwegisch: *blåbær,* Blaubeere) darauf abgeernet zu werden und den Speiseplan zu bereichern. Auch die Himbeere und die Feuchtgebiete bevorzugende Moltebeere eignen sich zum sofortigen Verzehr, während Preiselbeere und Alpen-Bärentraube (im Heidekraut) gekocht und gezuckert besser zu genießen sind. Ebenso nur verarbeitet kommt die Rauschbeere in Frage, die dunkler und fester als die reife Heidelbeere und in rohem Zustand giftig ist – was bei Menschen nur nach dem Verzehr größerer Mengen wirksam werden soll.

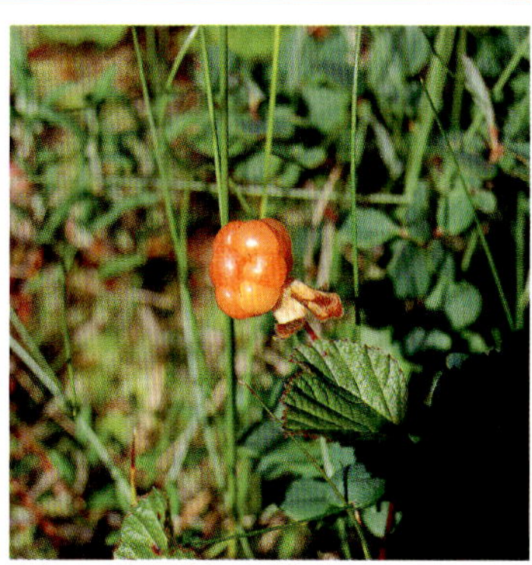

Je reifer, desto dunkler das Orange: Die Moltebeere wächst bevorzugt in Feuchtgebieten. Sie ist reich an Vitamin C und Benzoesäure, dank dieser lange haltbar, wird häufig zu Marmelade verarbeitet, ist aber auch frisch mit Sauerrahm oder Sahne zu empfehlen. ▲

BUS

Wer sich ohne eigenes Fahrzeug in dem Gebiet der Fjordruta fortbewegt und ein Transportmittel benötigt, ist vor allem auf die Linienbusse angewiesen; einige Etappen sind ganz gut mit Bussen (meistens plus Einstiegsstrecke) zu erreichen, andere jedoch gar nicht. Die Kenntnis des aktuellen Fahrplans ist unbedingte Voraussetzung, denn der Einsatz der Busse orientiert sich am Bedarf: D.h. manche Linien werden nur wenige Male am Tag bedient, andere in den Schulferien gar nicht. Daten siehe Seite 183.

CAMPEN

Dank einer zweimonatigen Fahrradreise durch Norwegen sowie vieler

Recherchen im Norden hat sich der Autor gewiss eine Kompetenz beim Campen erworben: Zwar ist es prinzipiell möglich, entlang der Fjordruta im Zelt zu übernachten; sich allein aufs Zelt zu verlassen ist nicht zu empfehlen. Die Route führt nun mal öfter durch feuchtes Terrain, und in nassen, gemeint: regenreichen Perioden gibt es deutlich mehr davon als in angenehm trockenen Perioden.

Vor allem aber: Die Wanderhütten unterwegs in Anspruch zu nehmen bedeutet auch norwegisch zu wandern: Sie ermöglichen nette Kontakte, einen spürbar leichteren Rucksack sowie mehr Zeit und Muße für das Genießen der imposanten Landschaft, als wenn die Outdoorer sich dem Trocknen feuchter Ausrüstung und der ganzen Verpflegungsprozedur widmen müssen.

Andererseits ist es denkbar, einen der umliegenden Campingplätze als Basislager zu beziehen und von dort aus kürzere Touren auf der Fjordruta zu unternehmen, im Rahmen einer längeren Norwegen-Reise oder um die Fjordruta zu testen. Kontaktdaten siehe Seite 183 f.

DUGNAD

Ist etwas ganz Spezielles: zum einen die Nachbarschaftshilfe, zum anderen das Mithelfen etwa in einem Verein. Viele Wanderhütten entlang der Fjordruta und in ganz Norwegen wären ohne dieses selbstlose Tun nie entstanden. Mag das Baumaterial für diese Unterkünfte durch Sponsoren oder sogar vom regionalen Wanderverein selbst (KNT, siehe Seite 22) finanziert worden sein – dass so eine Hütte plötzlich steht und dass sie danach betreut und gewartet wird, ist so gut wie immer jenen Freiwilligen zu verdanken. In einigen Hütten liegen Fotoalben aus, die ihr Entstehen beeindruckend nacherzählen. Mehr zur *dugnadsarbeid* siehe Seite 33.

EISZEIT

Alpin zackige Zinnen sucht man entlang der Fjordruta vergeblich, denn das Land befand sich während der letzten Eiszeit komplett unter einem glazialen Panzer. Das Eis hat in seiner Bewegung die Berge glatt gehobelt sowie viele Moränen hinterlassen. Es hat aber auch die Fjorde geschaffen: zuvor tiefe Täler, die sich mit Meerwasser füllten, als sich das Eis zurückzog. Da dieser glaziale Panzer an der Küste nicht so dick und kraftvoll war, sind die Fjorde an ihren Mündungen weniger tief als im Landesinneren; der Wasseraustausch ist deshalb begrenzt, das Fjordwasser wegen der einmündenden Flüsse weniger salzhaltig als das Meerwasser. Die Gezeiten aber sind selbst an den inneren Fjordküsten bemerkbar.

FÄHREN

Ohne Fähren geht es im zerfurchten Fjordland nicht vorwärts, wobei Brücken und selbst Tunnel die Zahl der kostenintensiven Autofähren sowie Schnellboote reduzieren. Im Gebiet der Fjordruta sind drei Autofähren in

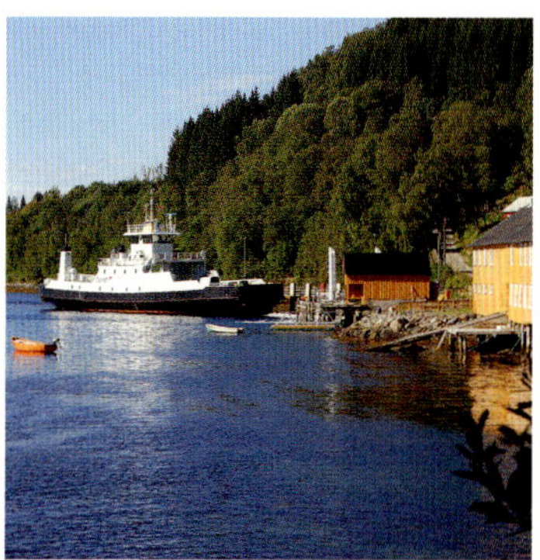

Betrieb; wer ab Bergen über die E 39 anreist, bekommt noch einige mehr davon geboten. Fahrscheine gibt es in der Regel an Bord vom Personal, den Fahrplan am Kai und online, siehe Seite 183. Freitags und sonntags nachmittags können Ausflügler längere Wartezeiten verursachen.

FYLKE

Norwegen hat keine Bundesländer, sondern Provinzen, kulturhistorisch herausgebildete Landschaften. Insgesamt 19 fylker gibt es im ganzen Land.

Die Fjordruta verläuft im Gebiet zweier *fylker:* im Westen (mit Kristiansund) Møre og Romsdal, im Osten (mit der früheren Landeshauptstadt Trondheim) Sør Trondelag. Für die Wanderer hat dies kaum praktische Auswirkungen. Hilfreich sind die Namen der fylker beim Wetterbericht, der sich regelmäßig auf sie bezieht. *Møre og Romsdal* spricht sich »möhre o rumsdahl« sowie *Sør Trøndelag* »sör tröndelahg«.

GESUNDHEIT

Vorschläge fürs Erste-Hilfe-Set unterwegs stehen auf Seite 29, die kleine Reiseapotheke müssen Sie selbst zusammenstellen. Was Sie vor der Reise noch beachten sollten, findet sich kurz auf Seite 187 beschrieben.

Wer vor Ort ärztlichen Beistand benötigt, wird in der Regel nach Kristiansund müssen. Bei der Suche nach der geeigneten Adresse könnte das Touristenbüro behilflich sein.

In akuten Fällen – auch bei Unfällen im Fjell – gilt es Tel. 112 anzurufen, den Notruf der Polizei, der die erforderlichen Rettungsmaßnahmen in die Wege leitet. Der Bergrettungsdienst ist zwar kostenlos; wer jedoch grob fahrlässig und leichtsinnig handelt, wird sich unter Umständen an den Kosten beteiligen müssen.

HUND

Wanderer mit Hund sind ein seltenes Bild in Norwegen, aber es gibt sie. In vierbeiniger Begleitung unterwegs auf der Fjordruta, müssen sich Hundehalter in den Hütten an feste Regeln halten – zum Beispiel darf sich das Tier nur in bestimmten Räumen bzw. im Annex/Schuppen aufhalten, um die Tierhaare von den Allergikern unter den Hüttengästen fernzuhalten. Vor allem darf das Tier im Freien nur an der Leine geführt werden.

Für Ausländer ist das Mitführen eines Hundes beim Wandern möglich, aber kompliziert zu bewerkstelligen. Zunächst ist bei der Einreise unaufgefordert zu dokumentieren, dass das

▲ **Fähranleger Arasvika auf Ertvågsøya: Die Autofähre setzt nach Hendset über. Weitere Fähren im Gebiet der Fjordruta pendeln zwischen Seivika (Insel Nordlandet) und Tømmervåg (Insel Tustna) sowie zwischen Kanestraum und Halsa (Europastraße 39).**

Tier ausreichend gegen Tollwut geimpft und dass kurz vor der Einreise eine Behandlung gegen Bandwurmbefall durchgeführt wurde, die innerhalb von 7 Tagen in Norwegen zu wiederholen ist. Die Behandlungen schwächen das eine oder andere Tier, so dass die Mitnahme eines Hundes in Anbetracht dieser Prozedur, sämtlicher geltender Fristen und Bestimmungen zur Identifikation des Tieres via blauem EU-Heimtierausweis und Mikrochip gut überlegt sein will. Mit der Vorbereitung sollte mindestens 6 Monate vor der Abreise begonnen werden. Die aktuellen Regelungen sind u.a. auf der Website der Norwegischen Botschaft (in Deutschland) nachzulesen. Siehe Seite 187.

INTERNET

Die Skandinavier sind seit jeher modernen Kommunikationstechnologien gegenüber aufgeschlossen. In der Relation zur Einwohnerzahl ist die Zahl der Internetanschlüsse (= Breitband) – ebenso wie die der Handys – sehr hoch, weswegen es nur wenige Internetcafés im Land gibt. Viele Unterkünfte, Touristenbüros und andere Anbieter im Feriensektor stellen den Kunden kostenfreie Wlan-Spots zur Verfügung.

Die wichtigste Information aber ist, dass in vielen Hütten entlang der Fjordruta eine (schwache) Handydeckung besteht. Per Smartphone ist es möglich, den aktuellen Wetterbericht aufzurufen, wie es auf Seite 18 beschrieben wird.

JAGD

Vor allem im September können den Wanderern in Hochland und Gebirge Waidmänner begegnen. Die Regeln für die Jäger sind recht präzise: Um die Bestände nicht zu gefährden sowie Jungtiere zu schützen, gelten (je nach Tierart) Quoten sowie feste Jagdzeiten. Im Bereich der Fjordruta sind besonders Schneehuhn *(rype)* und Hirsch *(hjort)* auf der Hut.

Ich war drei Wochen im September auf der Fjordruta, hörte es wenige Male – in der Ferne – knallen und begegnete in Kårøyan, der einzigen bewirtschafteten Hütte, einer Jagdgesellschaft. Gefahr für mich in freier »Wildbahn« konnte ich nicht ausmachen. Falls Zweifel bleiben, binde man sich ein grellbuntes Band um Kopf oder Kopfbedeckung oder bevorzuge gleich eine farblich auffällige Oberbekleidung.

KINDER

Wer dem Nachwuchs mit Schokolade hinterherrennt, um zu simpelsten Taten zu animieren und ihm über jede Frustration hinwegzuhelfen, bleibe als Familie besser zu Hause. Wer Kinder mit auf Tour nehmen will, hilft allen Beteiligten mit Kreativität: unterwegs auf Abwechslung wie Tiere und Pflanzen achten, Möglichkeiten zum Angeln und Paddeln wahrnehmen, aus Bächen/Wasserfällen trinken, Rucksack nicht überladen, vertraute Kleidung, Ziel klar benennen, maximal 3 Stunden reine Gehzeit, kein Drängeln, kein Überfordern.

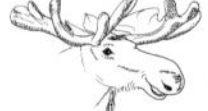

Um den Lesefluss nicht zu stören, haben wir uns entschieden, alle Adressen in einem Anhang am Ende des Buches zu konzentrieren, auch diejenigen, die bei der Tourenvorbereitung eine Rolle spielen (z.B. der Norwegischen Botschaft).

Sportliche Jugendliche sind stärker belastbar und auch zu 4 Stunden oder mehr an reiner Gehzeit zu motivieren. Zu Pubertierenden sollte so etwas wie ein Draht bestehen, der es für die verabredete Zeit aushält.

Entlang der Fjordruta gibt es eine einige Hütten, die in der Umgebung oder an Ausrüstung etwas für Kinder bieten, so die Trollstua, Imarbu, Nersetra. Angelruten in den Hütten sind ohnehin für die Jüngeren gedacht.

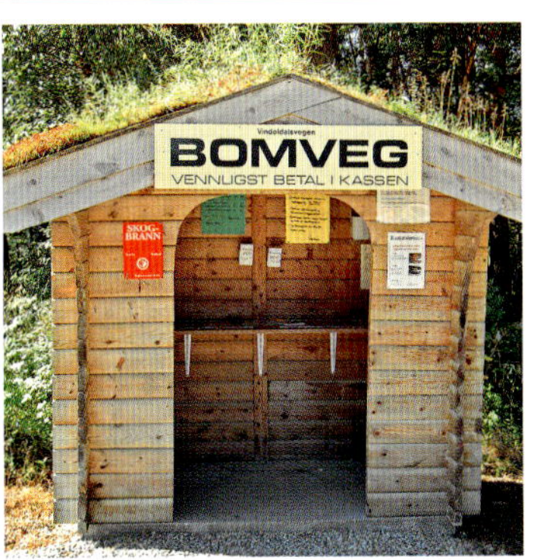

KRISTIANSUND

Ist eine Stadt oben im Nordwesten des westnorwegischen Fjordlands, an deren Flugplatz Kvernberget sich ein Einstiegsort zur Fjordruta befindet. Wer nicht sofort losgehen, sondern sich zuerst akklimatisieren will, kann in Kristiansund in Hotel, Motel oder auf einem Campingplatz Quartier nehmen und findet im Grüngürtel der Stadt und an der Küste genug Terrain für eine leichte Tagestour als behutsamer Einstieg. Ebenso denkbar ist ein After-Trekking-Aufenthalt als relaxter Abschluss der Reise. Anregungen siehe Seite 185.

MAUT

In Norwegen gibt es mehrere Arten von Mautstraßen: Großprojekte zur Verbesserung der Infrastruktur, wie Brücken, Tunnel oder neue bzw. verbreiterte Straßen im Gebiet von Küsten oder Fjorden – diese müssen nicht, können aber durch Maut refinanziert werden. So steht auf der Insel Ertvågsøya eine Mautstation für die neue Teilstrecke der Str. 680, die mit ihren Brücken und völlig neuen Abschnitten 2007 die Fähre über den Imarsund ersetzt hat.

Anders bei kleinen Nebenstraßen, meistens Stichstraßen ins Hochland, die privat gewartet und nach dem Winter häufig ausgebessert werden müssen. Hier wird ein (wirklich niedriger) Unkostenbeitrag von etwa 20 bis 60 Kronen erhoben; die einfachst eingerichteten Stationen sind nicht besetzt, so dass man ein Kuvert mit Durchschlag beschriftet, den Betrag im Kuvert in den Schlitz einer Kasse wirft und den Originalzettel als Beleg unter die Windschutzscheibe legt; insofern ist es sinnvoll, immer Münzen im Fahrzeug zu haben, da Wechselgeld nicht zu bewerkstelligen ist. Es gibt mehrere Einstiegspunkte zur Fjordruta, die genau über solche Nebenwege zu erreichen sind, ebenso wie die einzige bewirtschaftete Hütte, Kårøyan. Ob Mautstraßen zu benutzen sind, steht jeweils im einleitenden Info-Block zur Etappe.

Eine opulente Ausführung: Mautstation Vindølvegen (siehe Seite 157 f.). ▲

MITTERNACHTSSONNE

In Westnorwegen, je nach Ort rund 450–950 Kilometer südlich des Polarkreises, bleibt die *midnatssol* zwar nicht nachts über dem Horizont stehen – trotzdem erhellt sie bereits Anfang Mai die Nächte, so dass es auch hier monatelang nicht richtig dunkel wird. Zur Mittsommerzeit können Sie (wolkenlos) nachts draußen lesen.

NORWEGERINNEN/NORWEGER

Es wird Sie nicht überraschen, aber denen werden Sie begegnen, ob am Flughafen, in den Hütten, beim Einkaufen oder anderswo. Und, da lehne ich mich weit aus dem Fenster heraus, es sind in der Regel sehr angenehme Begegnungen. Gehen Sie ruhig davon aus, dass Sie es mit gastfreundlichen, hilfsbereiten und höflichen Menschen zu tun haben werden, die sich darüber freuen, dass Sie sich für ihr Land interessieren und in ihrem Landstrich aufhalten – wenn Sie sich noch an einigen Wörtern und Redewendungen der Landessprache versuchen, haben Sie einen weiteren Pluspunkt gesammelt, obwohl das mit der Landessprache kniffliger ist, als man als unbedarfter Gast meinen mag, denn es gibt in Norwegen zwei offizielle Sprachen – siehe Seite 188. Nun kann die Unterhaltung ebenso in Englisch geführt werden, denn in Norwegen sprechen, im Verhältnis zur Einwohnerzahl, wesentlich mehr Einheimische gut Englisch als etwa in Deutschland; das gilt vorbehaltlos auch für ältere Personen.

Sollte das Gespräch Fahrt aufgenommen haben, gilt es einen Kardinalfehler zu vermeiden, nämlich den Gesprächspartner mit einem Redeschwall zu überfallen: Zu viel Text, Verve, Emotion ist dann doch etwas zu heftig für tendenziell bedächtige Nordländer. Wenn die das Gespräch fortsetzen oder Sie sogar wieder treffen wollen, werden sie es Sie wissen lassen; als Gast im Norden sollte man dies nicht von sich aus forcieren.

PFADE

Die allermeisten Wege der Fjordruta verlaufen, wie nicht anders zu erwarten, im Fjell. Da sich die Route über zerfurchtes Fjordland mit Inseln fortsetzt, muss sie ab und zu absteigen, um ein Tal zu überbrücken oder auf die nächste Insel zu wechseln. Dazu sind zwischendurch auch Forstwege oder gar Straßen zu begehen, vor allem im inselreichen Norden.

Meist sind die Pfade deutlich ausgetreten, selten kaum zu erkennen. Jedenfalls ist die Fjordruta vollständig markiert: mit einem roten T oder Klecks auf Felsen oder an Bäumen, je nach Untergrund auch mit Holzpfosten, deren Spitze rot angepinselt ist, seltener mit den üblichen Steinpyramiden. Im Herbst fällt es mitunter schwer, rote Markierungen in der Vegetation zu erkennen. Die Pfade werden »gewartet«, verwitterte Pfosten ausgetauscht. Das geschieht wohlgemerkt ehrenamtlich, kann nicht lückenlos sein und enthebt die Wanderer nicht ihrer Sorgfaltspflicht.

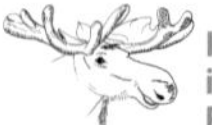

In Einzelfällen wurde der Wegverlauf der Fjordruta inzwischen korrigiert, was in unseren Tourenbeschreibungen berücksichtigt ist, sofern bekannt. Künftige Routenänderungen stellt der Verlag online unter »Aktualisierungen«.

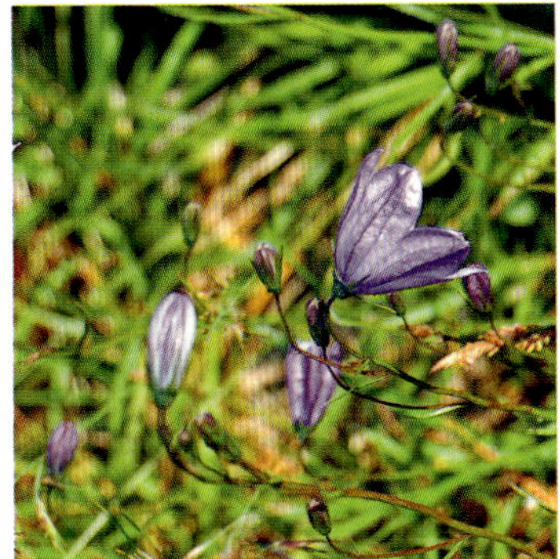

zu den gewünschten Mahlzeiten an.

Supermärkte sind ohne Umwege in Kristiansund, Aure und Halsa/Fähranleger zu erreichen (siehe Karte).

Was die Speisekammern der Hütten so hergeben, steht auf Seite 31 f. Die tägliche Wegzehrung für unterwegs? Ich bevorzuge 1 Tafel Schokolade mit hohem Kakaoanteil, Nüsse, möglichst 1 Stück Obst, Trinkwasser; leider ist Schokolade in den Speisekammern der Hütten kein Standard.

PFLANZEN

Eins vorneweg: Ich bin kein Experte auf dem Gebiet der Pflanzenkunde; ich habe jedoch unterwegs auf der Fjordruta Pflanzen fotografiert und bin, mit fachlichem Beistand, zu Namen gelangt: Sprossender Bärlapp, Echter Mädesüß, Fetthennen-Steinbrech, Schwedischer Hartriegel, Fieberklee, Echtes Fettkraut, Rundblättrige Glockenblume, Alpen-Milchlattich, Langblättriger Sonnentau, Alpen-Frauenmantel und Roter Fingerhut sind nur einige Protagonisten.

Bitte sehen Sie es mir nach, wenn ich im Buch nicht die verschiedenen Arten Farne, Wollgräser und Seggen differenziere, ebenso wie die Birken, Weiden, Kiefern und anderen Nadelbäume unterwegs. – Die mehr oder weniger leckeren Beeren finden auf Seite 9 Wertschätzung.

PROVIANT

In 15 von 16 Hütten kann man Proviant nachkaufen, in der einen mit Bedienung meldet man sich im Voraus

REGEN (+ RESERVETAG)

Ist natürlich ein Thema in Norwegen, da sollte nichts beschönigt werden. Da sich Salon-Pfadfinder eher selten in den Norden verirren, überspringe ich Allgemeinplätze wie »So viel regnet es gar nicht« und komme zu Fakten sowie Erfahrungen: 1. Komplett trockene Tage sind häufiger als total verregnete. 2. Tage mit durchgehend fallendem Regen sind selten, Tage mit Schauerwetter schon häufiger.

Ich hatte im Rahmen der August-Recherche 30 Minuten Nieselregen in zwei Wochen zu überstehen und konnte jeden Tag auf Tour gehen. Dagegen fanden die herbstliche Etappen in einem der nassesten September der letzten Jahre statt: Trotzdem wurde ich nur ein einziges Mal richtig nass (als die Regenjacke nach 16 Jahren nicht mehr wasserdicht war); in drei Wochen nahm ich vier Reservetage in Anspruch (blieb wo ich war) und brach ansonsten bei Bedarf früher oder später auf, je nachdem was der Wetterbericht ankündigte.

▲ **Die Rundblättrige Glockenblume, entdeckt auf dem Gipfel des Bollen (Etappe 19). Der Verlag hat übrigens ein Bestimmungsbuch zur nordischen Gebirgsflora veröffentlicht: »Skandinavien – Pflanzen im Fjäll« von Hans-Jürgen Gottschalk. *(Fjäll* = schwedisch.)**

SAISON

Die klassische Wandersaison im Fjell beginnt im Juni – abhängig von der Schneemenge des letzten Winters. Im Mai und bis in den Juni hinein ist der Untergrund in Folge der Schneeschmelze noch ziemlich feucht, führen viele Bäche reichlich Wasser. Von Mittsommer bis Anfang August ist auf den Wanderrouten am meisten los, da in den norwegischen Schulferien viele Behörden und Betriebe nur mit Minimalbesetzung arbeiten. Voll ist es in Fjordruta-Hütten nur vereinzelt an Wochenenden. Gegen Mitte August wird es merklich ruhiger.

Wo und wann die Herbstfarben am eindrucksvollsten leuchten, das ist von Region zu Region durchaus unterschiedlich und hängt von weiteren Faktoren ab, primär vom Verlauf der Witterung. Ab Oktober wird es ungemütlicher, stürmischer, lässt sich die Sonne selten blicken, rieseln eventuell erste Schneeflöckchen.

SETER/SETRA

Norwegisches Wort für Alm in zwei verschiedenen Schreibweisen. Dass die Wanderer auf der Fjordruta in einigen umgebauten Almhütten übernachten können, hat seinen Grund: Die Landwirtschaft ist trotz Subventionen ökonomisch reizlos, zu wenig Freizeit kommt hinzu. Fast alle Seter im Gebiet der Fjordruta wurden aufgegeben. Was gravierende Auswirkungen auf die Natur hat: Statt der Ziegen, die ehemals auf den Almen weideten – und jeden Tag Milch gaben – lässt man heute zwar Schafe durch manche dieser Gebiete streifen (und sammelt sie im Herbst wieder ein). Die Schafe fressen aber nur Gras, im Gegensatz zu den Ziegen, die auch Äste knabbern. So erobert der Wald die betroffenen Berghänge, verändern sich Landschaften rapide in wenigen Jahren.

TIERE

Ähnlich wie in Sachen Flora bin ich kein Experte der Tierwelt. Bedauerlich ist das mitunter, wenn Greifvögel unterwegs sind und das Bestimmen schwer fällt. Dass ich einen Kauz sowie (über Sollia) einen Adler gesehen habe, darin bin ich mir sicher; die Frage ist: welche Art jeweils? Jedenfalls wird seine Freude haben, wer in diesem Feld Bescheid weiß, denn es sind viele Greif- und andere Vögel zu beobachten. Weitere auffällige Luftbewohner sind Libellen, Schmetterlinge und ab und zu Schneehühner.

Die häufigsten Begegnungen mit Vierbeinern sind jene mit den Schafen in ihren Sommerweidegebieten; in diesem Zusammenhang sei daran erinnert, wie wichtig es ist, Gatter in den Talregionen geschlossen zu halten. In den Gebirgsregionen jedoch laufen die Tiere frei herum, und ausgesprochen viele sind es nicht.

An wild lebenden Vierbeinern bekommt man vor allem Lurche, meist Kröten zu Gesicht. Rotwild lässt sich in den Niederungen blicken, der Elch ungern. Am eindrucksvollsten ist mir eine Schneehase in Erinnerung.

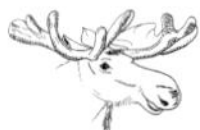

Saison: Jede Hütte der Fjordruta ist im Rahmen winterlicher Langlauftouren zu erreichen. Da das Vergnügen bisher kaum von Ausländern geteilt wird, enthält diese Erstauflage – noch – keine Angaben zu Winterwanderungen.

TRINKWASSER

Frisches Wasser unbesehen aus dem Gebirgsbach schöpfen (statt Plastikflaschen kaufen zu müssen, weil aus dem Wasserhahn nichts getrunken werden darf): Das ist Lebensqualität im Urlaub, wenn's jemand drauf ankommt. Es gibt den Ratschlag, dort aufzupassen, wo oberhalb der Entnahmestelle Schafe weiden, die das Wasser verunreinigen könnten; wer sich unsicher ist, kann entkeimende Tabletten verwenden, einwirken lassen, fertig. Ein paar Entnahmestellen nahe Hütten liegen in Weidearealen, ohne dass Einheimische warnen.

Jede Fjordruta-Hütte hat eine ausgewiesene Stelle, wo Trinkwasser geschöpft werden kann, sofern es nicht gleich aus einem Schlauch mit Wasserhahn kommt, wie an einigen der modernen Hütten, oder aus einem Brunnen wie an der Storlisetra.

TROLLE

Wesen aus der nordischen Mythologie, die gerne die Menschen necken. Trolle können spaßig und hinterlistig sein, aber auch nett; dann heißen sie *nisse*. Sie begegnen ihren Spuren vor allem im Wald; es liegt auch ein wenig an Ihrer Fantasie. Siehe Seite 181.

VEGETATION

Durch die nördliche Lage mit kürzeren Sommer- und längeren Winterperioden beginnen die Vegetationsstufen im Bereich der Fjordruta um einige hundert Meter niedriger als in den mitteleuropäischen Höhenlagen.

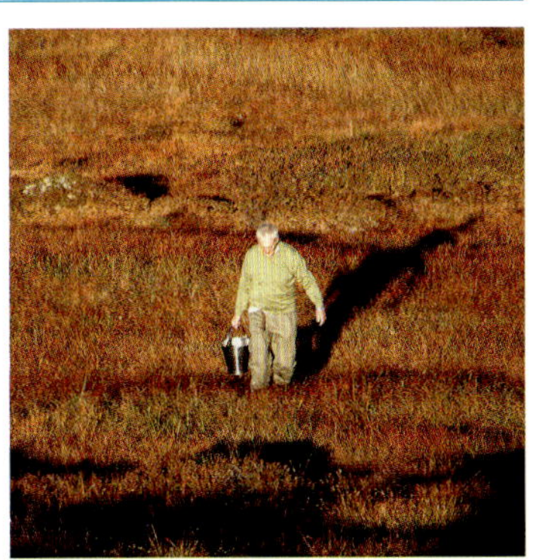

Während die Baumgrenze in den Deutschen Alpen bei ungefähr 1.800 Metern liegt, haben Sie entlang der Fjordruta bei 500 m ü.d.M. den Wald meistens schon unter sich gelassen.

Auch wenn das Wort den Laien an Sibirien erinnern und aufschrecken mag: Weg von den Teiletappen entlang der Küste, laufen Wanderer auf der Fjordruta meistens durch – Tundra: Fjell ist oft Bergtundra, dort beginnend, wo Birken und Weiden als niedrig wachsendes Buschwerk den Nadelwald abgelöst haben, wo Wiesen und Feuchtgebiete das Bild prägen und, noch höher angelangt, die Gras- und Zwergstrauchheiden übernehmen. Rund um die höchstgelegene Hütte, Hardbakkhytta auf 800 m ü.d.M., behaupten sich zwischen den Felsen nur noch Grasbüschel, Flechten, Moose und in geschützten Mulden besonders zähe Pflänzchen. Auf Bezeichnungen wie »subalpine Zone« oder »mittlere alpine Zone« verzichte ich im Buch; das ist für »Standardwanderer« nicht von Belang.

Trinkwasser holen an der Tverrlihytta. ▲

WATEN

Es sei ganz klar vorausgeschickt: Sich darauf zu verlassen, auf der Fjordruta die Bäche unterwegs stets trockenen Fußes in den Wanderschuhen zu überqueren, ist vermessen. Allein in längeren trockenen Perioden stehen die Chancen gut, aber dafür besteht keine Gewähr. Zwar gibt es Brücken und Stege, aber eine lückenlose Infrastruktur ist nicht zu leisten. Mit zusätzlichen, geeigneten Schuhen im Gepäck sowie ein paar Tipps, wie die Wasserläufe am geschicktesten zu queren sind, reduziert sich ein auf den ersten Blick groß erscheinendes Problem auf eine nette, die Wanderung bereichernde Episode: Falls die markierte Furt ungeeignet erscheint, suchen Sie flussaufwärts eine andere, eventuell breitere und weniger tiefe, wo Sie den Grund erkennen können. Bei starker Strömung bewege man sich schräg gegen die Fließrichtung. Maximal in kniehohes Wasser gehen. Stets einen (Teleskop-)Stock als drittes Bein verwenden. Und zuvor den Hüftgurt öffnen, um den Rucksack im Notfall abstreifen zu können.

Knifflig kann es zur Schneeschmelze und vorübergehend nach großen Regenmengen werden. Im Üblichen sind Watpassagen mit hüfthohem Wasser auf der Fjordruta nicht zu erwarten und die Furten eher kurz.

YR.NO (= WETTERBERICHT)

Es ist klar von Vorteil, den Wetterbericht zu kennen. Man kann Einheimische fragen, die einer/m begegnen – oder man macht sich autark: Da zumindest auf den Hütten eine schwache Handydeckung besteht, ist via Smartphone www.yr.no aufzurufen; dann tippt man den Namen der Hütte (Start oder Ziel) ins Suchfeld und ruft als Nächstes die Funktion »Time for time« auf: Stunde für Stunde.

Wer hohe Roaming-Kosten umgehen will, kann sich in Kristiansund eine norwegische SIM-Karte zulegen, muss diese aber einrichten und sich mit norwegischen Texten und Ansagen zurechtfinden – mit Beistand in Verkaufsstelle oder Unterkunft ist das doch zu meistern. Prepaid-SIM-Karte und Startguthaben *(startpakke)* sind preiswert. Je nach Tourdauer gilt es, eine *påfyllingkort* zum Auffüllen des Guthabens mit zu erstehen, die es in mehreren Wertstufen gibt. Und es ist beim Kauf sicherzustellen, dass der Prepaidtarif eine Festgebühr je Tag fürs Online-Gehen hat, als Richtwert 25 norwegische Kronen.

ZECKEN

Ja, es gibt sie natürlich auch im Westen Norwegens, die unangenehmen Blut saugenden Parasiten, die Krankheiten übertragen können. Die gute Nachricht vorneweg: Im Bereich der Fjordruta sind bisher weder Borreliose noch FSME als Zeckenbiss-Folge dokumentiert. Dennoch: Vermeiden Sie kurze Kleidung bei Passagen durch hohes Gras/Unterholz. Entfernen Sie festgebissene Tiere langsam (statt ruckartig) und hautnah mit einer Pinzette oder Zeckenzange.

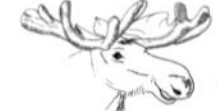

Wohin mit den Wanderstiefeln, wenn die Watschuhe angezogen sind? Man verbinde alle vier Schnürsenkelenden miteinander und hänge sie um den Nacken, worauf die Schuhe oberhalb der Hüfte baumeln, ohne beim Waten zu stören.

Planungsstadium

Dieses Kapitel ist kürzer, als es einige vermuten mögen. Motto: sich auf das Wesentliche konzentrieren, gerichtet an diejenigen, die wandern, um ein Naturerlebnis zu haben, anstatt als Litfasssäule der Outdoor-Industrie unterwegs zu sein. Dass das Motto keinesfalls mit Technikfeindlichkeit gleichzusetzen ist, sollte bei der Lektüre klar werden. – Eine Packliste findet sich auf Seite 28 f.

Orientierung

KARTEN

Mit Karten und Kompass sind Sie auf der Fjordruta ausreichend gerüstet. Die Recherche ergab allerdings, dass den vorliegenden Karten nicht blind zu vertrauen ist.

◎ **TURKART FJORDRUTA**: Als die Wanderkarte im Maßstab 1: 100.000 im Jahr 2004 erschien, standen einige Hütten der Fjordruta noch nicht. Ebenso gab es seitdem mehrere Verlegungen der Route und neue Wegabschnitte, die größtenteils auf der Website des regionalen Wandervereins KNT zugänglich sind. Der Routenverlauf ist rot eingezeichnet, das Papier gewöhnlich, die Karte einseitig aufgedruckt, die Rückseite enthält Allgemeines auf Norwegisch, die Legende ist zweisprachig, Norwegisch und Englisch. Vorsicht vor den Symbolen zu Unterkünften und Einkaufsgelegenheiten – einiges ist veraltet. Die Äquidistanz der Höhenlinien beträgt 20 m. Preis in Deutschland um 22,95 €. Eine Neuauflage ist nicht in Aussicht. Bezug siehe Seite 187.

◎ **NORGE-SERIEN**: Die neue topografische Kartenserie von »Nordeca« im Maßstab 1: 50.000 hat ihre Vorteile ebenso wie ihre Tücken. Zunächst benötigt man vier Kartenblätter, um das Gebiet der Fjordruta vollständig abzudecken: Nr. 10083 (Kristiansund) für den Westen, Nr. 10088 (Smøla) für ein Stück Norden, Nr. 10089 (Kyrksæterøra) für Norden und Osten und Nr. 10084 (Surnadal) für Osten und Süden. Die Fjordruta wird unter den Wanderwegen nicht farblich hervorgehoben, ergibt sich aber durch die Hütten, im Zusammenspiel mit diesem Buch allemal. Das Papier ist gut, weil ziemlich reißfest und stark wasserabweisend; die Karte ist beidseitig bedruckt, die Legende wieder zweisprachig, dazu Symbole zur touristischen Infrastruktur. Die Äquidistanz der Höhenlinien beträgt 20 m.

Das Gros der Fjordruta ist übrigens auf den zwei Kartenblättern 10089 und 10084 zu finden (siehe das Fazit auf Seite 20).

Was überrascht: Die Ende 2012 erschienenen Karten sind nicht immer

Fast zeitgleich zur Norge-serien von »Nordeca« hat das amtliche »Statens Kartverk« eine zweite Topo-Kartenserie für Norwegen publiziert, die auf derselben Datenbasis beruht und wegen des robusten Plastikfasermaterials sehr teuer ist.

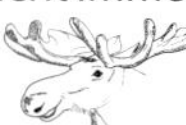

aktuell. Manche Routenverlegungen sind eingegangen, andere nicht. Es kommt aber auch vor, dass eine auf 560 m gebaute Hütte auf der 500-m-Höhenlinie platziert ist; jedenfalls erscheint die Vernetzung mit lokalen Informanten verbesserungswürdig. Dass sogar die 2011 verlängerte Landebahn des Flughafens nicht umgesetzt ist, lässt endgültig an der Sorgfalt der Bearbeitung zweifeln. Preis in Deutschland um 26,95 €.

◎ **AKTUALISIERUNGEN** sind der Website des zuständigen regionalen Wandervereins KNT zu entnehmen: sowohl die auf der Turkart fehlenden Hütten inklusive damit verbundener Routenverlegungen und neuer Zugangspfade als auch weitere Änderungen im Routenverlauf, selbst solche, die projektiert, aber noch nicht realisiert sind. Unter www.kntur.no siehe »Ruter, Fjordruta« und »Oppdateringer – fjordrutekart«. In den Tourenbeschreibungen weise ich auf festgestellte Unklarheiten und Abweichungen ausdrücklich hin.

◎ **FAZIT**: Solange die Turkart Fjordruta noch erhältlich ist, empfehle ich folgende Anschaffungen: Norge-serien Nr. 10089 (Kyrksæterøra) sowie Nr. 10084 (Surnadal) plus die Turkart Fjordruta, die die Informationen der beiden anderen Norge-serien-Karten enthält (allerdings via KNT-Website zu aktualisieren ist, s.o.) und zudem die vollständige Fjordruta darstellt. Dieses Kartenpaket ist rund 30 € billiger als das Anschaffen aller vier Kartenblätter der Norge-serien.

KOMPASS

◎ Der Kompass ist im Zusammenspiel mit einer Karte **UNVERZICHTBAR**, um die Navigation unterwegs vorzunehmen, schnell und präzise. Hierfür genügt ein Mittelklasse-Modell (mit Peilspiegel sowie Missweisungskorrektur), etwa vom schwedischen Spezialisten »Silva«, wofür ca. 30 € zu veranschlagen sind. Die Bedienungsanleitung sollte im Voraus verinnerlicht werden; an dieser Stelle würde dies zu weit führen.

SCHÖN ZUM SPIELEN, ABER AUF DER FJORDRUTA ÜBERFLÜSSIG

◎ **GPS**: Der Titel dieser Rubrik soll nicht provozieren, er gibt nur wieder, was Nutzer und selbst Autoren von Kompass/GPS-Ratgebern berichten. GPS kann eine sinnvolle Ergänzung zu Karte und Kompass sein, jedoch niemals ein Ersatz. Sinn macht GPS vor allem in schwierigem Terrain ohne Pfad und/oder ohne Markierung. Als Lektor habe ich unseren Färöer-Autor darin bekräftigt, zu den Wanderungen GPS-Daten beizusteuern; das Gelände dort ist extrem knifflig.

Das Terrain der Fjordruta ist nicht schwierig; es besteht mit Karte und Kompass im Gepäck und gesundem Menschenverstand kein Risiko, sich zu verirren und zu verhungern. GPS erfordert einen nicht zu unterschätzenden Aufwand an Zeit, Geld und Energie: das passende Gerät zu finden, je nach Gerätetyp brauchbare digitale Karten, die Georeferenzen in Kooperation mit der Karte einzustel-

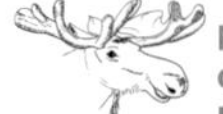

Norwegische Gazetten berichten regelmäßig über Bruder-Leichtfuß-Wanderer, die allein mit Handy oder GPS-Gerät statt Papierkarte antreten, sich verlaufen und aufwändig-teuer per Heli (gesucht und) abgeholt werden müssen.

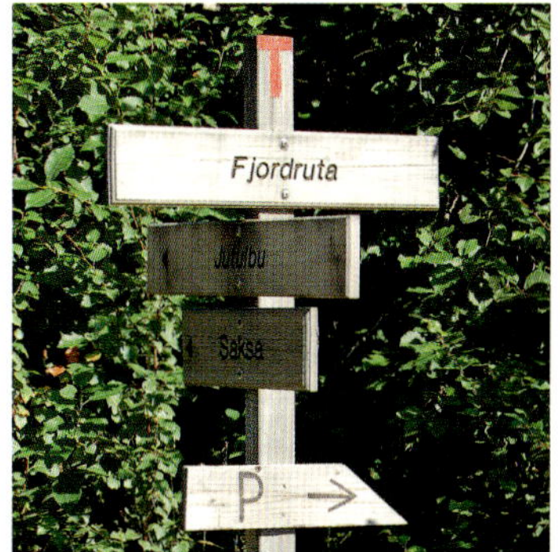

len, womöglich die Vorarbeit, Wegpunkte zu setzen, einen großen Vorrat an Batterien mitzuschleppen, um den Energiehunger zu stillen, der je nach Gerät, Display (Farbe/sw) und Funktion variiert. Dazu kommen vier Kritikpunkte: dass das Display nicht die Übersicht einer Etappe gewährt wie eine Karte, dass GPS das Gespür für Terrain und Distanzen trübt und die Nutzer dazu verführt, sich allein auf die Technik zu verlassen. Das Gelände kann die Präzision der Satelliten beeinträchtigen, das Gerät kann ausfallen, Karte und Kompass in einer regenfesten Hülle sind stets einsatzbereit. Warum Zeit und Muße für die elektronische Spielerei zugeben und sie vom Naturerlebnis wegnehmen?

Wer partout GPS nutzen will: Die GPS-Daten der Hütten sind im Buch vertreten; und via kart.gulesider.no kann man zu den Routen gelangen, Wegpunkte setzen und die GPS-Daten unterwegs aufrufen. Es sei aber darauf hingewiesen, dass diese Daten nicht zuverlässig präzise sind.

◎ Ein **HÖHENMESSER** ist überflüssig auf der Fjordruta, die sich trotz aller Abwechslung, die die Landschaft bietet, überwiegend zwischen 300 und 800 Höhenmetern abspielt. Sowohl mechanische als auch elektronische Höhenmesser sind regelmäßig neu zu justieren, zum Beispiel alle 200 Höhenmeter oder nach 2 Stunden oder nach 10 km Distanz.

Unterkunft

An der Fjordruta stehen 16 Hütten, die zwischen 1996 und 2009 neu errichtet oder – zuvor anders genutzt – gezielt umgebaut wurden. Die Hütten sind das Nonplusultra zum Übernachten vor Ort. Wer gleichzeitig im Zelt nächtigen und die Infrastruktur der Hütten nutzen will, hat sein mobiles Heim in einem Mindestabstand von 150 m zur Hütte aufzuschlagen und den üblichen Übernachtungstarif zu entrichten. – Alles abgewogen, rate ich vom Zelten auf der Fjordruta eher ab, begründet ab Seite 9.

HÜTTEN-KATEGORIEN

Das Hüttennetz des landesweit operierenden Vereins DNT sowie seiner Regionalverbände umfasst rund 480 Hütten in drei Kategorien: *ubetjent, selvbetjent* und *betjent*. Die einfachste Kategorie ist im Gebiet der Fjordruta nicht vertreten: ubetjent, die unbewirtschaftete Hütte.

▲ Ob rotes T oder Farbklecks auf Felsen, Holzpfosten, an Bäumen, ob Wegweiser oder klassische Steinpyramiden: Die Fjordruta ist vollständig markiert. Mit Karte(n) und Kompass sind die Wanderer ausreichend gerüstet. Im Bild der Ein-/Ausstieg in Halsa.

OHNE **DNT / KNT** KEIN GEBIRGSWANDERN IN NORWEGEN

Vergleichbar mit dem Deutschen Alpenverein, der sich 1869 gründete, konstituierte sich Den Norske Turistforening (DNT) 1868, um Menschen, die an der Bergwelt, an der Natur interessiert sind und sie aktiv erkunden wollen, zu informieren und eine Infrastruktur zu schaffen: Wege wurden angelegt und markiert, Hütten als Schutz und zum Übernachten gebaut.
◎ Heute ist das Wegenetz mehr als **22.000 KILOMETER** lang, verwaltet DNT rund **480 HÜTTEN**, von kleinen, unbewirtschafteten Hütten bis zu komfortablen Berghotels. Bei gut 240.000 Mitgliedern sind fast 5 % der NorwegerInnen im DNT, davon rund 10 % Kinder, für die viele spezielle Aktivitäten arrangiert werden. Wobei auch Ausländer DNT-Mitglied sein können, was im Fall einer Hüttenwanderung auf jeden Fall Sinn ergibt. Deutsche sind in der günstigen Situation, dass sie die Mitgliedschaft über eine DNT-Repräsentanz in Münster regeln können (siehe Seite 23).
◎ Den Norske Turistforening besteht aus über 55 regionalen und lokalen Verbänden, deren Ortskenntnis die Basis für Wege- und Hüttennetz ist. Im Gebiet der FJORDRUTA ist das **KRISTIANSUND OG NORDMØRE TURISTFORENING** (KNT), gegründet 1888 und mit Sitz in Kristiansund. Der KNT war schon vor Eröffnung der Fjordruta ein umtriebiger Verein: Die zum Teil privat bewirtschafteten Hütten im Innerdal, am Aursjø und Vangshaugen sind Naturfreunden in ganz Norwegen ein Begriff, freilich im Zusammenhang mit der fulminanten Bergwelt von Trollheimen, Dovre oder Sunndalsfjellene, dort wo manche Granitriesen fast 2 km aus dem Meer emporsteigen. Mit der Fjordruta aber hat der KNT organisatorisch sein Meisterstück vollbracht, finanziell stark von Stiftungen unterstützt.

EINMALIG: **HÜTTEN ZUR SELBSTBEWIRTSCHAFTUNG**

Es kommt uns Gästen manchmal vor wie aus einer unglaublichen Welt, einer Welt ohne Eigennutz und voller Vertrauen: urgemütliche, liebevoll eingerichtete Hütten, die teilweise immer offen stehen und in denen die Gäste so gut wie alles vorfinden, was sie für die nächsten Stunden benötigen: Schlafplätze zum Übernachten, Brennholz zum Heizen des Ofens, Kücheninventar zum Zubereiten von Mahlzeiten, die Speisekammer zum Nachkaufen von Proviant sowie jede Menge Praktisches und Zierrat, um den Aufenthalt so angenehm wie möglich zu machen. In den neuen Fjordruta-Hütten ist die Ausstattung ziemlich hochwertig, durchdacht ist sie sowieso. Bezahlen ist Vertrauenssache, der Betrag richtet sich nach Aufenthaltsdauer und Verbrauch. Fortzukommen scheint nichts...
Das mag innereuropäisch nur in Skandinavien funktionieren, wo das Gemeinwohl ein historisch anerkannter Wert ist, wo die Bürger ihren Staat nicht als Gegenspieler begreifen, sondern sich selbst als Teil dieses Staats, und tendenziell eher bereit sind, etwas für die Gemeinschaft zu tun.

◎ Selvbetjent meint **HÜTTEN ZUR SELBSTBEWIRTSCHAFTUNG**. Es als »selbstbedient« zu übersetzen, trifft den Sinn nicht und ist ein ungelenker, im Deutschen gar nicht existenter Begriff, der trotzdem hartnäckig bemüht wird. Jedenfalls sind 15 der 16 Fjordruta-Hütten selvbetjent.

Was die Wanderer in solchen Hütten erwarten dürfen, wird grob im Kastentext gleich nebenan skizziert. Der wichtigste Unterschied zu den unbewirtschafteten Hütten besteht darin, dass Hütten zur Selbstbewirtschaftung über eine Speisekammer verfügen, aus der Proviant für unterwegs wie zum Verbrauch in der Hütte nachgekauft werden kann.

◎ Betjent meint **BEWIRTSCHAFTETE HÜTTE**. Davon gibt es im Gebiet der Fjordruta nur eine, nämlich den Bergbauernhof Kårøyan, für den die Übernachtungen der Wanderer (und Jäger im Herbst) Zubrot, jedoch nicht Kerngeschäft sind. Darum sollte kein Berghotel mit Spa und anderen Lustbarkeiten erwartet werden. Betjent bedeutet in der Regel privat bewirtschaftet, das heißt die Betreiber sind keine DNT-Angestellten.

VOR DEM AUFBRUCH

◎ Um in DNT-Hütten übernachten zu können, bedarf es der **DNT-MITGLIEDSCHAFT**. In einer Gruppe sollte zumindest eine Person über eine solche Mitgliedschaft verfügen – da die Übernachtungsgebühr für DNT-Mitglieder niedriger ist als für Nicht-Mitglieder, rentiert sich die Mitgliedschaft meistens schon mit der zweiten Übernachtung. Zumal innerhalb einer Familie nur eine Vollmitgliedschaft (83 €) notwendig ist. Weitere Tarife gibt es für Familienmitglieder, Junior, Jugendliche, Kinder (16–46 €) und Senioren (ab 67 Jahre, 65 €); die Tarife erhöhen sich Jahr für Jahr. Eine **ÜBERNACHTUNG** kostet Mitglieder /Nicht-Mitglieder 195/300 NOK.

◎ Mitglieder und Interessenten in Deutschland müssen sich nicht an die DNT-Geschäftsstelle in Oslo wenden, denn es gibt eine DNT-Repräsentanz namens **NACH NORDEN** in Münster (Adresse siehe Seite 182). Chefin Helga Rahe ist ausgebildete DNT-Tourenleiterin.

Bei »Nach Norden« können Sie die Mitgliedschaft beantragen, viele Informationen abrufen und ein Stück Metall erhalten, das für die meisten Hüttenwanderungen in Norwegen unbedingte Voraussetzung ist:

◎ Für die Trollstua, Gullsteinvollen, Imarbu und Nersetra benötigt man den **DNT-STANDARD-SCHLÜSSEL**. Gegen Gebühr/Depositum erhältlich bei »Nach Norden« oder, umständlicher, KNT in Kristiansund. Die anderen Fjordruta-Hütten zur Selbstbewirtschaftung sind ganzjährig offen.

WOHLFÜHLFAKTOREN

◎ Anstatt in einer zugigen Bretterbude zu hausen, wohnen Sie in den KNT-Hütten praktisch und **GEMÜTLICH** zugleich. Der Fürsorglichkeit und Fantasie der Hüttenwarte sowie anderen freiwilligen Helfer sind kei-

Um den Lesefluss nicht zu stören, haben wir uns entschieden, alle Adressen in einem Anhang am Ende des Buches zu konzentrieren, auch diejenigen, die bei der Tourenvorbereitung eine Rolle spielen (z.B. DNT/KNT/Nach Norden).

ne Grenzen gesetzt – sei es die Ausstattung der Küche, die Spielecke für den Nachwuchs und für Regentage, die Bibliothek samt der Fotoalben zu Landschaft, Fjordruta, Hüttenhistorie und dugnadsarbeid, Zierrat und Dekoration landestypischer Prägung, der einsatzbereite Ofen, falls die letzten Gäste ihn vernachlässigt haben. Kerzen und Petroleumlampen als Beleuchtung sind übrigens Standard.

In den Hüttenbüchern geben die Gäste ihrer Dankbarkeit Ausdruck.

◎ **KOMFORTSTUFE FJORDRUTA**: Die KNT-Hütten in Nordmøre setzen Maßstäbe und sind auf dem neuesten Stand. Hier sind Ideen und Einrichtungen umgesetzt, die noch vor 20 Jahren fremd im Alltag der Nordland-Wanderer waren. Nicht in jeder Hütte war alles zu verwirklichen, was im Folgenden als Beispiel dient, aber jede Einzelheit für sich ist regelrecht komfortabel: sei es der Waschraum mit Tür, damit man/frau den Alabasterkörper drinnen pflegen kann; sei es die Toilette in der Hütte, die holzverkleidet, mit geruchshemmenden Raspelspänen sowie Desinfektionsmittel den despektierlichen Namen Plumpsklo eigentlich nicht verdient; seien es die »Zweitöfen« in Windfang oder Flur mitsamt hängender Gitter, die das Trocknen feuchter Kleidung aus der guten Stube fernhalten; seien es Premiumplätze auf der Veranda oder Picknickbänke draußen.

◎ Nicht zu vergessen die grandiose **NATUR**, die die meisten Hütten der Fjordruta umgibt resp. einrahmt.

Ausrüstung

Besonders bei der Ausrüstung könnte ich viel, viel Text fabrizieren: etwa mit dem Studium von Laminat und Beschichtung wasserdichter Jacken, dem Huldigen aller möglichen elektronischen Helferlein usw.

Die technischen Eigenheiten sind bei Interesse getrost den Publikationen von Outdoor-Ausrüstern zu entnehmen – daran ist nichts Falsches. Der Kaufentscheidung sollte besser eine kompetente Beratung vorausgehen, bevorzugt im Fachgeschäft, wo die Kunden gleich an- und ausprobieren können. – Wer die Artikel prinzipiell im Internet bestellt, trägt dazu bei, die kompetente persönliche Beratung weg zu rationalisieren.

Ein wenig Beratung bzw. Vorauswahl kann und soll an dieser Stelle mit der Erfahrung gegangener Touren geleistet werden.

◎ **EMPFEHLUNGEN**: Skandinavische Firmen führen tendenziell eine ein übersichtliches Sortiment sowie keine minderwertigen Billig-Artikel. Bisher nur gute Erfahrungen habe ich gemacht mit »VauDe« und »Tatonka« (die ein vollständiges Outdoor-Sortiment haben), mit skandinavischen Firmen wie »Bergans«, »Norrøna«, »Haglöfs«, »Woolpower« (Unterwäsche aus Wolle/Kunstfaser) und mit »Lowe Alpine« (Rucksäcke und Fototaschen). Die Liste ist als Tipp für die Leser gedacht und erfolgt ohne Gegenleistung dieser Firmen!

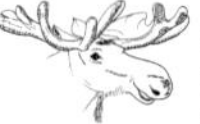

Selbst wenn der Preis beim Vergleich von Onlineshop und stationärem Fachgeschäft lockt: Marktorientierung, Artikelwahl, Umtausch und Reklamationen via Internet beanspruchen sehr viel Zeit (und indirekt damit auch Geld).

RUCKSACK

Mein Rucksack ist 30 Jahre alt (!) und vom Spezialisten »Lowe Alpine«. Er war ungezählte Male in Skandinavien und anderswo im Einsatz, ein Jahr davon mit »Muttern« in Südamerika. Bis dato keine kaputten Nähte, Reißverschlüsse oder Schnallen. Respekt.

◎ Ob Daypack oder Trekkingrucksack: Geduld beim Anprobieren, mit Inhalt testen, auch mit zusätzlicher umgeschnallter Fototasche, falls vorhanden. Die **RÜCKENLÄNGE** muss stimmen und entscheidet über das Tragesystem.

◎ Ein ordentlicher Rucksack ist ein komplexes Produkt und mit den vielen Nähten sowie Reißverschlüssen nicht wasserdicht zu halten. Weshalb eine zuverlässige **REGENHÜLLE** auf die Packliste gehört. Bei gehobenen skandinavischen Modellen sind Hüllen häufig inbegriffen.

KLEIDUNG

◎ Das oft zitierte **ZWIEBELPRINZIP** bedeutet: besser viele Schichten am Körper, die man je nach Wetter und Tourenprofil aus- und wieder anziehen kann, als zum Beispiel eine dicke Jacke oder, als Mittelschicht, ein dicker Pullover, die eine/n im Anstieg schnell zum Schwitzen bringen.

◎ **REGENKLEIDUNG**: blieb zwar im Rahmen einer von drei Recherchen komplett im Rucksack; es wäre aber fahrlässig, in dieser Region darauf zu verzichten. Also Hardshell statt Softshell, wasserdicht statt stark wasserabweisend. Für ca. 100 € sind einfa-

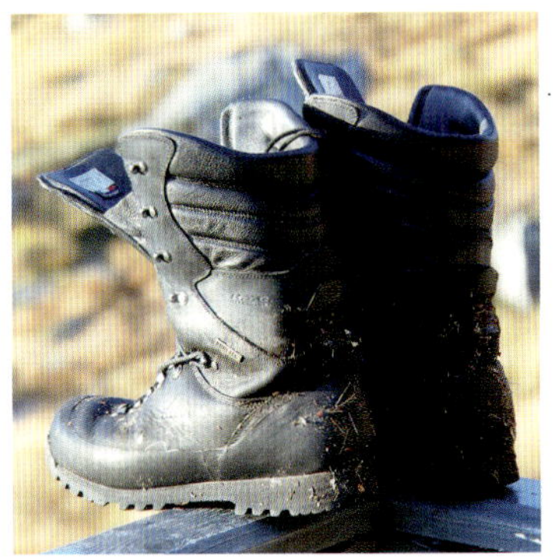

che atmungsaktive Jacken im Angebot. Gut fürs Körperklima sind Unterarmreißverschlüsse. Zu achten ist auf den Kapuzenschnitt und wie gut erreichbar die Jackentaschen bei aufgesetztem Rucksack sind. Die Regenhose einzusparen ist keine gute Idee.

◎ **FLEECE**: Hier lohnt es sich etwas Geld draufzulegen, denn eine winddichte Fleecejacke eignet sich prima bei trockenem, aber für T-Shirt oder Hemd zu kühlem Wetter und hält sogar Nieselregen einige Zeit stand. – Fleece wärmt ähnlich gut wie Wolle, ist aber leichter, einfacher zu pflegen, trocknet viel schneller und lässt sich winddicht ebenso als Außenschicht wie als Mittelschicht tragen.

◎ Wenn es frisch ist auf der Fjordruta, dann kann sich LANGE **UNTERWÄSCHE** aus Wolle mit Kunstfaser verwebt lohnen. Die Modelle aus reiner Kunstfaser kämpfen damit, dass sie rasch übel nach Schweiß riechen. Die schwedische Firma »Woolpower« war als »Ullfrotté« in Europa der Vorreiter, andere sind ihr gefolgt. Solche

Ein erster Tipp zu den Wanderschuhen: je höher der Schaft, desto besser – mehr folgt gleich auf Seite 26. ▲

Unterwäsche trocknet schnell, ist bis 60°C waschbar, angenehm zu tragen und gibt es sogar in drei Wärmestufen, wobei die niedrigste in der Wandersaison ausreicht. Diese Unterwäsche ist komfortabel, aber kein Muss.

SCHUHE

◎ Analog zum Fleece lohnt es sich zu investieren, sofern man die Treter häufiger nutzt. Da die Fjordruta ohne Feuchtgebiete nicht zu haben ist, ist jeder Zentimeter **WANDERSCHUH** vorteilhaft, der über den Knöchel reicht. Ob die Schuhe nun eine wasserdichte Membran besitzen oder so wie die legendären schwedischen »Lundhags«-Stiefel mit einer Kombination aus Gummi im Sohlenbereich sowie (gut zu pflegendem) Leder und ausgetüftelter Sockenkombination der Nässe trotzen, das dürfte der Etat entscheiden. Hochwertige, gepflegte Lederschuhe gelten unter vielen Trekkern als langlebiger als solche, die (zwar auch zu einem Großteil aus Leder verarbeitet sind, aber) sich in Bezug auf die Wasserdichte auf eine Membran verlassen. Wer dafür 300 € aufwärts ausgeben will, soll dies tun. Meine Schuhe habe ich in Norwegen gekauft, mit Membran und 30 cm hohem Schaft, von der in Deutschland kaum präsenten italienischen Firma »Crispi«. Zwar auch stattlich im Preis (minus Umsatzsteuererstattung bei der Ausreise), aber sehr gute Schuhe. Wer die angestammten Schuhe mit normalem Schaft auf der Fjordruta nutzen will, nimmt Gamaschen mit.

◎ Ein ZWEITES PAAR Schuhe ist unumgänglich, nämlich wenn **GEWATET** werden muss. Praktisch sind perforierte Schuhe (für Wassersportler), aus denen das Wasser nach Gebrauch wieder herausläuft. Möglich ist aber vieles – Hauptsache, so ein Schuh ist leicht, klein im Packmaß und der Fuß sitzt darin fest.

SCHLAFSACK

◎ Da sich auf der Fjordruta das Hüttenwandern empfiehlt, ist ein **HÜTTENSCHLAFSACK** ausreichend. Die Auswahl ist groß; abhängig von persönlicher Vorliebe sowie Geldbeutel, gibt's Modelle aus Seide, Kunstfaser und diversen Baumwollarten, dabei auch wärmendes Flanell und solche aus biologischem Anbau. Üblich ist die Mumienform – wer auf Beinfreiheit Wert legt, nimmt Schlafsäcke in rechteckiger Form. Ab etwa 30 €.

◎ Wer einen **OUTDOOR-SCHLAFSACK** bevorzugt, ist in Skandinavien mit Kunstfaser im Vorteil: Sie nimmt weniger Feuchtigkeit auf als Daunen bzw. trocknet schneller und ist pflegeleichter. Zudem ist ein Kunstfaserschlafsack preiswerter, kostet in der Mittelklasse jedoch klar über 100 €.

ZELT

Wer partout draußen nächtigen will:

◎ Das Zelt sollte regenfest, windstabil und mit tauglichen Heringen verankert sein – Billig-Zelte leisten das nicht. Ich rate zu einem leichten und rasch aufzubauenden **TUNNELZELT** sowie zu einer Ausführung, bei der

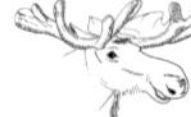

Das Wandern in Gummistiefeln war in Norwegen weit verbreitet. Doch heute sind zunehmend Einheimische in Wanderschuhen und Wanderstiefeln unterwegs, die einen besseren Halt bieten und komfortabler im »Mikroklima« sind.

AUS SCHADEN WIRD MAN KLUG – **NUR MIT WATSCHUHEN**

Auf Pfaden durch nordisches Gebirge gehören Watschuhe ins Gepäck. Damit sich die Erkenntnis beim Autor durchsetzte, benötigte er zwei Touren mit erzwungener Routenänderung. Das erste Mal, Anfang der 1990er Jahre und als Trekker noch ziemlich unbedarft, war er mit seiner Liebsten im nordnorwegischen Gebirge rund ums herrliche Junkerdal auf Tour, als ein keinesfalls tiefer, jedoch breiter Fluss zum Umkehren zwang: keine Chance, ihn in den knöchelhohen Wanderschuhen trockenen Fußes zu queren, keine Ersatzschuhe im Rucksack, nur die Gewissheit, dass man nicht barfuß hinüber sollte. Wasser sowie Lufttemperatur waren viel zu kalt dafür, dass drüben die Stiefel wieder hätten trocken und die Füße warm werden können. Die letzte Hütte weit entfernt, hieß es also das Zelt für die Nacht aufschlagen und am nächsten Tag den Rückweg antreten. Immerhin war am folgenden Abend eine urige, schnuckelige kleine Hütte frei, die auf dem Hinweg noch besetzt gewesen war und nun für den erzwungenen Rückmarsch entschädigte.

Weniger urig erging es zwei Herren, nennen wir sie Alex und Alex, die sich 5 Jahre später auf eine 3-Tage-Hüttentour in Norwegens Südwesten begaben. Diesmal standen die Watschuhe auf der Packliste, schafften es aber zwecks Gewichtersparnis doch nicht in den Rucksack. Nach regenreichen Tagen in einem regenreichen Sommer waren aus Bächen Flüsse geworden. Eine Furt nur ein paar hundert Meter vor der angepeilten Hütte war bei hüfthohen Fluten unmöglich zu queren: also zwei Stunden zurück und an einer viel breiteren Stelle mit niedrigerem Wasserstand über Felsen auf die andere Seite. Es wurde bereits dunkel, als die Hütte in den Blick kam: Kerzenschein im Fenster versprach gastfreundliche Aufnahme, draußen wedelte jemand den Neuankömmlingen einladend mit der Taschenlampe entgegen. Leider war hundert Meter unterhalb der Hütte ein Bach zu einem tosenden, reißenden Wasser angeschwollen. Alex 1, der im ständigen Nieselregen ohne Brille ging und kurzsichtig im Halbdunkel mehr stolperte als lief, weigerte sich beharrlich, querfeldein nach einer möglichen Furt zu suchen (die vor dem endgültigen Einbruch der Dunkelheit auch nicht erreichbar gewesen wäre, wie es sich am nächsten Tag erwies). Alex 2 fügte sich, und so entrollte man im fortgesetzten Nieselregen die beiden Schlafsäcke, platzierte eine Rettungsdecke auf dem größten, halbwegs ebenen Fels vor Ort und verbrachte die Zeit bis Sonnenaufgang in leichter Schräglage und gespannter Erwartung. Während sein Kunstfaserschlafsack Alex 1 halbwegs warm hielt, verklumpten nebenan im Sommerschlafsack mit zunehmender Nässe die Daunen, worauf sich Alex 2 durch die Nacht zitterte. Immerhin stellte der Regen um 2.30 Uhr seine Bemühungen ein.

FORTSETZUNG SIEHE NÄCHSTE SEITE

FORTSETZUNG: **NUR MIT WATSCHUHEN**

Trotz der nicht zu leugnenden Strapazen blieben Alex 1 und Alex 2 ein Team und stiegen am nächsten Tag auf einer Nebenroute in ein Seitental mit Straße ab, von wo aus sie sich als Anhalter und Schulbuspassagiere zu ihrem geparkten Fahrzeug durchschlugen. Auf der ursprünglichen Route, da war die Karte unbestechlich, hätten sie das tosende Wasser noch mindestens zwei Mal überqueren müssen. Zurück am Fahrzeug, stieg Alex 1 den eigentlich beabsichtigten Pfad ein Stück hinauf, um einen rauschenden Wasserfall zu fotografieren. Diesmal weigerte sich Alex 2 mitzutun; er wartete im Fahrzeug und würdigte eine unvergessliche Tour, die mit Watschuhen anders (und vermutlich weniger abenteuerlich) verlaufen wäre.

Innen- und Außenzelt voneinander zu trennen sind. Denn selbst wenn von außen kein Regen durchkommt, entsteht durch Atemluft Kondenswasser am Innenzelt, das bei feuchtem Wetter zäh abtrocknet; nass eingepackte Zelte drohen aber bald zu riechen, Flecken zu entwickeln und bereiten keine Freude beim nächsten Aufschlagen.

Kaufen Sie kein Zelt, ohne es zur Probe aufgeschlagen zu haben!

Packliste

Die Liste beschränkt sich auf den Inhalt einen Trekkingrucksacks für diejenigen Fjordruta-Wanderer, die per Flugzeug anreisen. Wer mit dem eigenen Fahrzeug anreist, hat selbstredend mehr Platz. Eine Hüfttasche für Wertsachen ist nach meinen Erfahrungen in Norwegen überflüssig, ein Geldgürtel kann allerdings niemals schaden.

◎ **RICHTIG PACKEN**: Die schwersten Gepäckteile gehören eng an den Rücken gepackt und nicht in das untere Rucksackfach, wo hineingehört, was man nicht ständig benötigt, sofern nicht schwer. Und was flott zur Hand sein soll und nicht übermäßig schwer ist, ist im Deckelfach gut aufgehoben. Es empfiehlt sich, einige stabile Plastiktüten mitzuführen, in denen die Ausrüstung zusätzlich vor Nässe geschützt sowie übersichtlich aufgeteilt werden kann, zum Beispiel Hygiene/Watschuhe/Regenklamotten/Unterwäsche etc. Natürlich sind je nach Befindlichkeit und Wetterlage Verbesserungen denkbar.

UNTERES RUCKSACKFACH

Wer einen Outdoor-Schlafsack dabei hat, wird das Fach für diesen benötigen. Die Packliste orientiert sich am Hüttenwandern auf der Fjordruta.

◎ Handschuhe, Stirnband, warme Wäsche/Kleidung für kalte Tage.

◎ Stoppersocken als Hüttenschuhe.

◎ Watschuhe.

◎ Regenjacke, Regenhose, eventuell Regenhut (komfortabler als Kapuze und für Brillenträger vorteilhaft), eventuell Gamaschen.

◎ Rucksack-Regenhülle obenauf.

RUCKSACK-HAUPTFACH

◎ Hüttenschlafsack.

◎ Kleidung übersichtlich aufgeteilt, an winddichte Jacke/Hose denken.

◎ Plastiktüten Ersatz.

◎ Ersatzriemen Rucksack.

◎ Outdoor-Messer (als persönliche Vorliebe, für mich nicht zwingend).

◎ Hygiene (Zahnbürste, Zahnpasta klein portioniert, Deotube, Seife und Shampoo klein portioniert, Utensilien Haare etc. = abhängig vom persönlichen Aufwand und Platz dafür).

◎ Geld/Kreditkarte etc., Dokumente, Schlüssel Heimat. Beim Waten zur Vorsicht am Körper tragen. – Ebenso wichtige Notizen wie Fahrpläne etc.

◎ Transparente Plastikbox zur trockenen, übersichtlichen sowie schonenden Aufbewahrung von Kleinteilen: DNT-Standard-Schlüssel für Hütten, Reserveakku(s) Fotoapparat, Reserveakku(s) Handy, Speicherkarten Fotoapparat, Feuerzeug/Streichhölzer, Bedienungsanleitungen z.B. für den Kompass, Schnürsenkel, Notset Nähzeug, Mikrofasertuch (Brille u.a.), eventuell kleine Stirnlampe (je nach Jahreszeit), eventuell Ersatz-Batterien, Taschentücher, Papier.

◎ Medikamente nach persönlichem Bedarf, Mückenschutz (wird nachts in der Hütte eher benötigt als unterwegs), Tabletten wasserentkeimend, Desinfektionstücher, Sonnencreme, eventuell Ohrstöpsel.

◎ 2 leichtgewichtige Flaschen zum Trinkwassertransport.

◎ Proviant in Behältnissen, Besteck aus robustem Plastik.

◎ obenauf Erste-Hilfe-Set: mit Rettungsdecke, Desinfizierungsmittel, Pflaster, Verbandszeug, Tape, Signalpfeife, eventuell Signalstäbe farbig.

RUCKSACK-DECKELFACH

◎ Kompass.

◎ Mehrzweck-Messer.

◎ Brillenetui(s). Die Sonnenbrille ist Pflicht, auch für scharfe Augen.

◎ Medikamente Tagesbedarf, Plister Tabletten wasserentkeimend.

◎ Eventuell Handy (Wetterbericht, siehe Seite 18).

AUßEN AM RUCKSACK

◎ Teleskop-Stock/-Stöcke. Egal, ob man mit oder ohne gehen möchte, ist ein solcher Stock beim Waten von Bedeutung. Während des Flugs ist er im Rucksack zu verstauen. Auch eine Trinkflasche ist außen von Vorteil.

AM KÖRPER GETRAGEN

Für die folgenden Sachen muss stets Platz im Deckelfach oder Hauptfach des Rucksacks reserviert sein, wobei die Karte samt Hülle ebenso in große Jackentaschen hinein passt, die aber rasch zugänglich sein sollten.

◎ Transparente, regenfeste Kartenhülle mit Karte sowie wasserfestem Stift für Notizen.

◎ Fototasche mit Zubehör.

Stechmücken waren bei den Recherchen kein Problem. Heute verjagen auch die Mittel aus der heimischen Apotheke die Plagegeister, ebenso wie ätherische Öle aus Zitronengras (Citronella). Erfahrungswerte werden dankend registriert.

Hütten

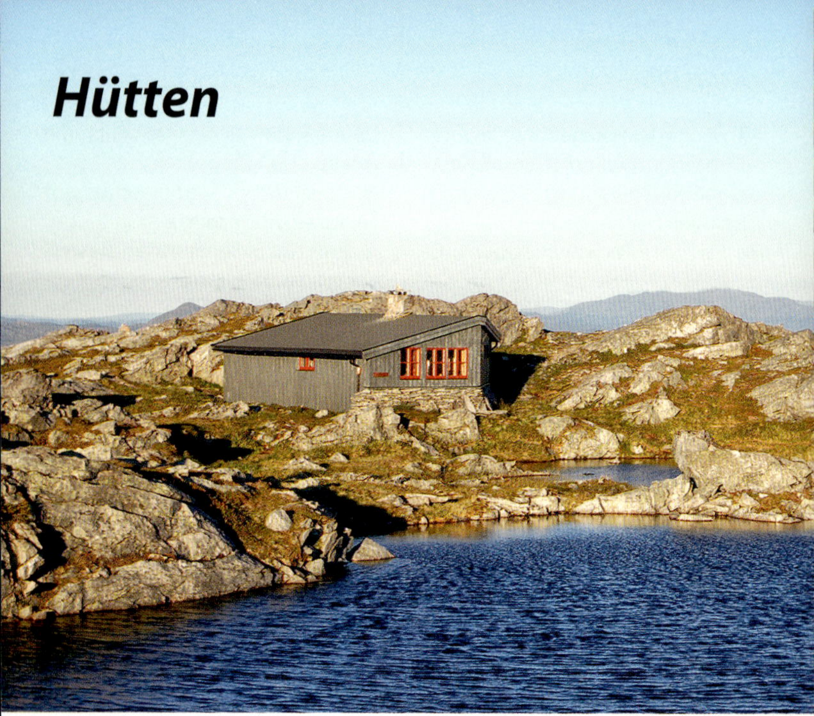

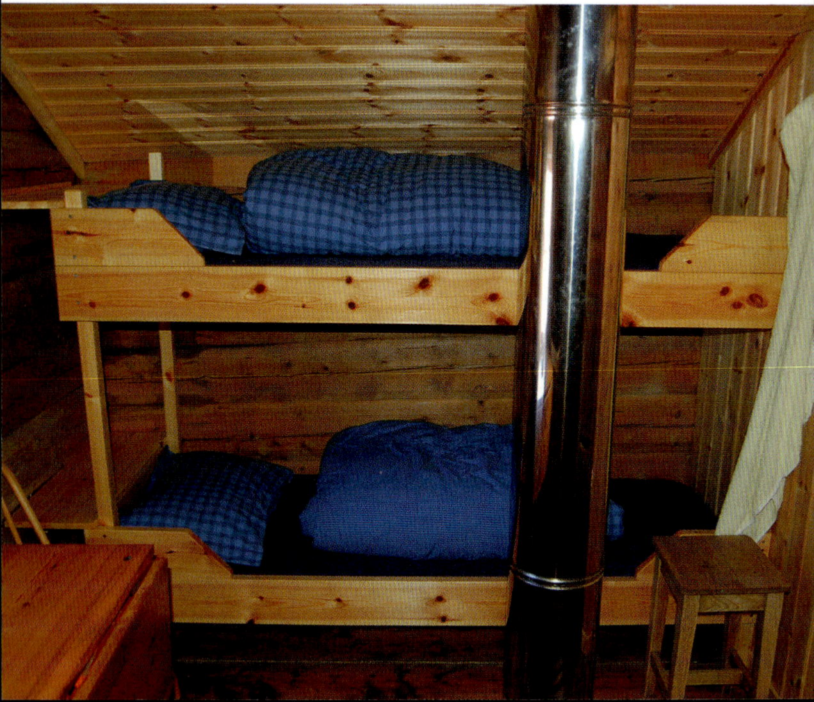

Hüttenleben

ANKUNFT

◎ Nach dem obligatorischen Ausziehen der Wanderschuhe gilt es zunächst, sich ins **HÜTTENBUCH** einzutragen. Mit dieser Handlung sind die Wanderer angemeldet und können die Hütte in Anspruch nehmen.

◎ Wer Zimmer und Schlafplatz aussuchen will, beachte: Familien mit Kindern haben Vorrang bei der **BELEGUNG** von Zimmern oder Betten, das gilt ebenso für Senioren (ab 60 Jahren). Wobei in manchen Hütten der Hinweis ausliegt, dass bis 20 Uhr eingetroffen sein sollte, wer solchen Anspruch auf bereits ausgesuchte Betten erheben kann. In der Praxis wird das einvernehmlich gelöst und kommt es selten zu Engpässen.

◎ Die Hütten verfügen über Schlafzimmer mit 2–6, meist 2–4 **BETTEN**, wobei breitere Betten als Doppelbett ausgelegt sein können. Zudem liegen auf dem oder den Dachböden *(loft* oder *hems)* Matratzen bereit, die flexibel eingesetzt werden können, und sind 2–3 Schlafplätze im Aufenthaltsraum vorgesehen. Für all diese Schlafplätze liegt Bettwäsche bereit, direkt auf den Betten und Matratzen bzw. in passenden Ablagen verstaut.

◎ **BEZAHLT** wird zwar erst vor dem Weitergehen, aber die entsprechende Aufstellung ist von Anfang an zu führen: Alles was der Speisekammer an Proviant (bzw. Haushaltswaren wie Kerzen etc.) entnommen wird, ist zu notieren, ebenso die Gebühr für die Übernachtung(en): Beides zum Endbetrag addiert, schreibt man entweder auf einen (verschließbaren) Umschlag, in den das Geld passend bar hineingelegt wird, oder auf ein Formular, worauf die eingetragene Kreditkartennummer »den Rest regelt«. Umschlag oder Formular legt man in die *Betalingskasse*.

◎ Um die Kasse und um das Auffüllen von Proviant und gewichtsarmer Ausstattung kümmern sich die **HÜTTENWARTE** in ehrenamtlicher Tätigkeit: manchmal nur eine/r pro Hütte, manchmal mehrere. Ihre Kontaktdaten sind in der Hütte vermerkt, aber ebenso auf der KNT-Website unter »Hyttene«, siehe *Tilsyn*. Da diese Personen zum Teil fortgeschrittenen Alters sind, verzichte ich auf Namensnennungen, die rasch überholt sein könnten. Auf jeden Fall sind die Hüttenwarte – in einem angemessenen Rhythmus – regelmäßig vor Ort, um nach dem Rechten zu sehen.

VERPFLEGUNG

◎ **TRINKWASSER** wird traditionell aus einem Bach geschöpft, oder aus einem See, wenn es kein fließendes Gewässer in erreichbarer Nähe gibt. Mehrere Fjordruta-Hütten verfügen sogar über einen Wasserhahn draußen, die Storlisetra (als frühere Alm) über einen Brunnen. Als Behältnisse fungieren Eimer aus rostfreiem Stahl.

◎ Die **SPEISEKAMMER** enthält vor allem Konserven, Brotaufstriche und Knäckebrot sowie als Getränke Kaf-

◀ Oben: Die Hardbakkhytta ist die höchstgelegene Hütte entlang der Fjordruta (800 m). Unten: In einem früheren Speicher ist die kleinste Hütte Nersetra eingerichtet. Im Obergeschoss führt das Ofenrohr aus der Stube von unten durch ein Schlafzimmer.

feepulver, Teebeutel, Instantgetränke, dazu Nudel, Kekse etc. Die Vorräte variieren, je nachdem wo die Hüttenwarte Schwerpunkte setzen und wann was wieder aufgefüllt wird.

In einigen Hütten sind zusätzliche Vorräte in den Schlafzimmern unter den Betten deponiert; das sind meist Großpackungen, die im Winter mit Motorschlitten heraufgebracht worden sind. In Anbetracht ehrenamtlicher Mühe ist es unverhältnismäßig, im Hüttenbuch wegen abgelaufener Haltbarkeitsdaten zu quengeln! Niemand muss hungern...

◎ Gekocht wird mit **GAS**, die Kochstelle ist mit einer großen Gasflasche verbunden. WICHTIG: vor und nach jeder Nutzung das Sicherheitsventil oben am Hals der Gasflasche umlegen. Reserve-Gasflaschen stehen im Holz-(Schuppen/Annex) bereit.

◎ Es ist faszinierend, wie umfangreich die **KÜCHENZEILE** ausgestattet ist, von seltenem, aber funktionalem Kochbesteck bis zum Geschirrhandtuch. Abgewaschen werden soll unmittelbar nach dem Essen.

◎ Nur wenige Küchenzeilen verfügen über ein Spülbecken samt Ausguss für **SCHMUTZWASSER** *(sølevann)*. Normalerweise ist dafür eine bestimmte markierte Stelle draußen vorgesehen, die gewährleisten soll, dass die Trinkwasserquelle der Hütte unbeeinträchtigt bleibt.

WAS FEHLT NOCH?

◎ Wer eine Hütte im Rahmen einer Tagestour besucht und vor 18 Uhr wieder verlässt, zahlt eine niedrige Gebühr für den **TAGESBESUCH**.

Die Infrastruktur ist natürlich inbegriffen, zum Beispiel für die Zubereitung eines Mittagessens vor Ort.

◎ Einige Hütten verfügen über eine kleine zusätzliche Hütte, einen sogenannten *anneks*, **ANNEX**. Hier befinden sich zusätzliche Schlafplätze und sind teilweise Räume extra für Hundebesitzer und ihre vierbeinigen Begleiter ausgewiesen. Manche Annexe verfügen sogar über eine eigene Kochstelle. Hunde dürfen wegen der Allergiker nicht in die Haupthütte.

◎ In der Hütte befindliche **ANGELRUTEN** sind für Kinder und Jugendliche gedacht. Erwachsene bringen ihre eigene Ausrüstung mit. Achten Sie auf den Hinweis, wo das Angeln *(fiske)* erlaubt ist, da es die Rechte der Grundeigentümer betrifft.

◎ **BRENNHOLZ** für den Ofen lagert auch außerhalb der Wohnräume in Anbau oder Werkschuppen, dort wo Nachschub gehackt werden kann.

◎ In allen Hütten bestand zurzeit der Recherchen **HANDYDECKUNG**, wenn auch zumeist eine schwache. In diesem Fall wird das Aufrufen des Wetterberichts möglich sein.

◎ Abgesehen von Anleitungen auf Englisch und/oder Deutsch in wenigen Hütten (wie Hardbakkhytta und Tverrlihytta) und den Bezahlformularen sind Erläuterungen und Notizen nur auf **NORWEGISCH** verfasst.

Unsere Wörterkladde ab Seite 188 umfasst ein (praxisorientiertes) Hüttenvokabular.

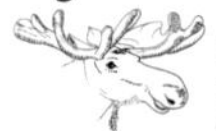

Während DNT-Hütten in anderen Landesteilen in Herbst und Winter teilweise monatelang verschlossen sind, stehen die Fjordruta-Hütten ganzjährig offen, da sich das Terrain gut für Skiausflüge (erfahrener Tourengänger) eignet.

DUGNAD – PARADEBEISPIEL FÜR SKANDINAVISCHEN GEMEINSINN

Angenommen, eine DNT-Regionalgruppe beschließt, eine neue Hütte zu errichten oder eine bestehende zu renovieren. Dann kann es sich keine Organisation leisten, Handwerker im Fjell abzusetzen und deren satte Stundenlöhne zu bezahlen. Nein, der Heli, der das Material zum Bauplatz bringt, wird schon teuer genug sein. Im Fall des Neubaus wird eine Gruppe freiwilliger Helfer ordentlich beladen zum Bauplatz pilgern, ein Großraumzelt errichten und loslegen. Die handwerklich begabten Teilnehmer bauen die Hütte, die anderen arbeiten ihnen zu, sorgen für Verpflegung und das Drumherum. Das ist *dugnadsarbeid:* freiwillige, unentgeltliche Arbeit, um etwas für andere und mit anderen zu verwirklichen.
Nun ist es mit der fertigen Hütte nicht getan, müssen in den Folgejahren u.a. Gasflaschen hin- und volle Fäkalientonnen weggebracht werden. Für Schwertransporte eignet sich der Winter, wenn Schneescooter einzusetzen sind. Aber die Schneescooter müssen be- und entladen, nötige Reparaturen an und in der Hütte vorgenommen werden. Mehr als 464.000 Stunden dugnadsarbeid hat der DNT neulich in einem Jahr gezählt. Nicht zu vergessen das fürsorgliche Engagement der Hüttenwarte...

VERLASSEN DER HÜTTE

Damit das beeindruckende System funktioniert, müssen alle Wanderer bestrebt sein, eine Hütte zumindest in dem Zustand zu verlassen, in dem sie sie vorgefunden haben – wenn möglich, noch einen Tick besser.

◎ **REINIGEN** Sie Ihr Schlafzimmer und alle gemeinschaftlich genutzten Bereiche, die aufzuteilen sind, sofern sich mehrere Personen in der Hütte aufhalten; wer früh aufsteht und die Hütte verlässt, hat trotzdem seinen Part zu übernehmen. Je mehr Personen in der Hütte sind und Schmutz anfällt, desto angemessener ist das übliche Aufwaschen. Mit ein bis zwei Personen Belegung, ohne Wutzerei und stets Hüttensocken an den Füßen sollte gründliches Kehren ausreichen.

◎ Haben Sie den **OFEN** benutzt, ist dieser zu entleeren und mit frischem Brennmaterial zu versorgen. Plastik-/Alureste sind von der Asche zu trennen, die Reste an den vorgesehenen Stellen zu deponieren.

◎ **MÜLL**: Was nicht im Ofen zu verbrennen ist, wird im Optimalfall einfach mitgenommen – es wird weniger sein, als man vorher denkt. Konservendosen sind ohne Deckel und Boden leichter platt zu drücken.

◎ **SCHLIEßEN** Sie SORGFÄLTIG Außentür sowie Fenster, damit Wetter und Schafe nichts anrichten können. Verwenden Sie vorgesehene Riegel und gegebenenfalls Schlüssel.

Zur dugnadsarbeid sei hinzugefügt, dass eine Hütte natürlich nicht an einem Termin zu errichten ist. Üblich sind mehrere (verlängerte) Wochenenden, auch durchaus im Winter: Ein stimmungsvolles Foto dazu ziert Seite 53 unten.

Trollstua

LAGE

◎ **NÖRDLICHE FJORDRUTA**: Insel Tustna, siehe auf unserer Übersichtskarte im Sektor B 3.

◎ **HÖHE**: 70 m ü.d.M.

◎ **KARTEN**: Turkart Fjordruta sowie Norge-serien 10083 (Kristiansund). – Karten-Info siehe Seite 19 f.

◎ **GPS**: 7003713 (N), 0450664 (O).

◎ **ZU ERREICHEN**: via Etappe 1 ab Flughafen Kristiansund oder Etappe 2 ab Hütte Gullsteinvollen. Ferner ab Fjordruta-Einstiegsort E 2, Fähranleger Tømmervåg auf der Insel Tustna (siehe Seite 163).

BASISDATEN

◎ **ERSTE SAISON**: 2006.

◎ **KATEGORIE**: *selvbetjent* – Hütte zur Selbstbewirtschaftung, mit einer Speisekammer, aus der Proviant gekauft werden kann.

◎ **TÜR**: verschlossen – es wird der Generalschlüssel des Wandervereins DNT benötigt (siehe Seite 23). Sonst ganzjährig zugänglich.

◎ **SCHLAFEN**: 9 Betten in 3 Schlafzimmern, mindestens 10 Schlafplätze auf dem Dachboden und 2 im Aufenthaltsraum.

◎ **TRINKWASSER**: bestens, Wasserhahn an der Außenwand montiert.

EXTRAS

◎ Die Trollstua ist die einzige Hütte in Norwegen, die als Tagesziel an einem **FLUGPLATZ** ausgewiesen ist.

◎ Am nahen See Bjønnavatnet steht ein **BOOTSSCHUPPEN** mit Kanus und Ruderboot. Hüttengäste dürfen die Boote benutzen; die Kanus sind aber schmal geschnitten und relativ kippelig. Fortgeschrittene können ihre Paddeltour in den benachbarten, noch größeren Røsvatnet fortsetzen, den ein Bach mit dem Bjønnavatnet verbindet. Dieser Wasserlauf ist vom Nordufer des Bjønnavatnet aus anzusteuern.

◎ Hartgesottene Naturen können im Bjønnavatnet selbstverständlich auch **BADEN**. Wem die Pflanzen auf dem Seegrund nicht geheuer sind:

◎ An der Außenwand der Hütte ist eine **KALTWASSERDUSCHE** inklusive Vorhang montiert.

WOHLFÜHLFAKTOREN

◎ **LANDSCHAFT**: Als einzige Hütte der Fjordruta steht die Trollstua mitten im Wald, also in typischem Troll-Hoheitsgebiet, darum auch der Name.

◎ **IM INNEREN**: Fjordruta-weit zwei von drei Sternen, landesweit drei von drei Sternen. Wie der Willkommengruß über der Tür deutet manches in der Hütte daraufhin, dass die Gäste auf Ungemach mit Trollen vorbereitet sein sollten...

Trollstua kurz vor der Fertigstellung. Kaltwasserdusche an der Außenwand. – Das Bootshaus am nahen See Bjønnavatnet findet sich auf Seite 71 im Bild. ▶

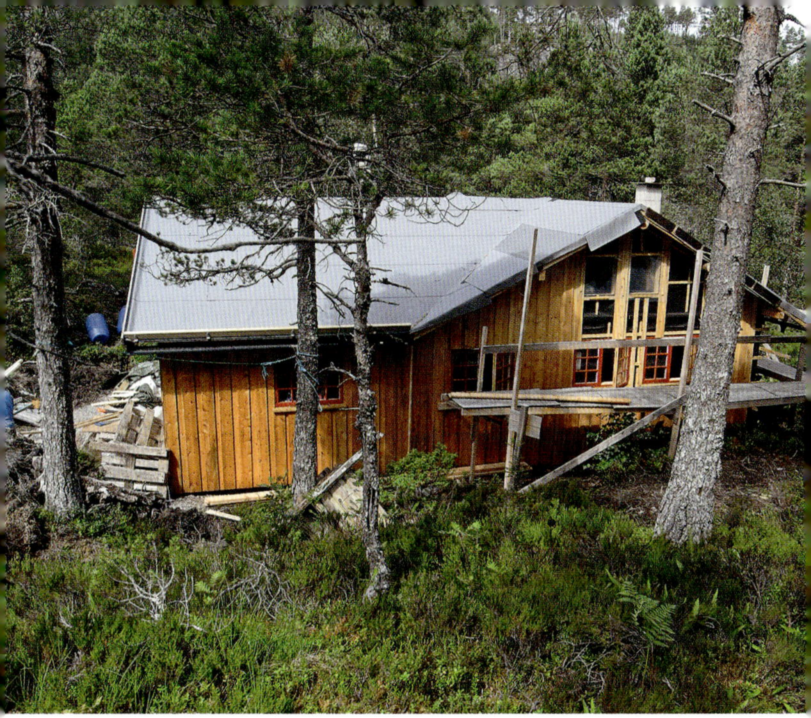

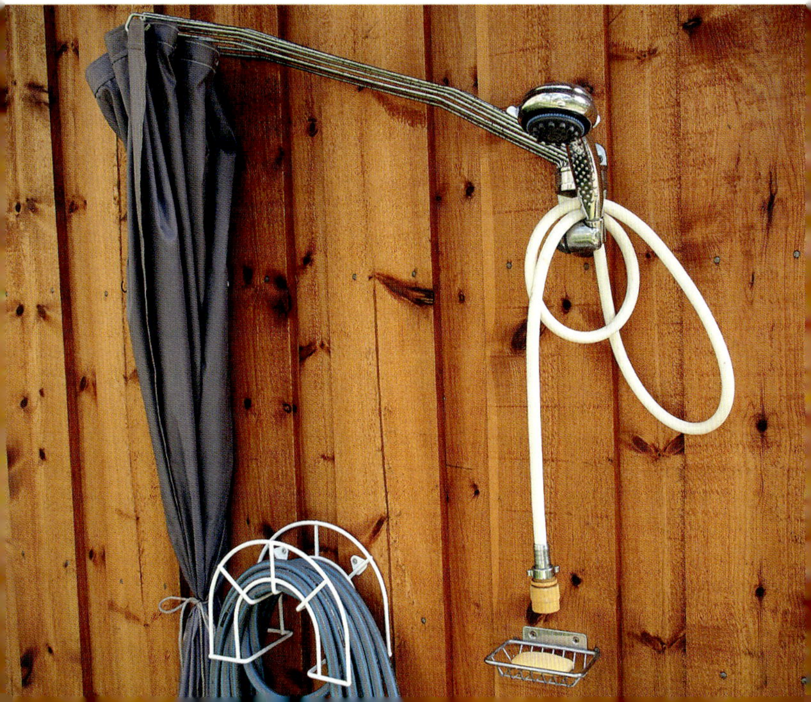

Gullsteinvollen

LAGE

◎ **NÖRDLICHE FJORDRUTA**: Insel Tustna, siehe auf unserer Übersichtskarte im Sektor B 2.

◎ **HÖHE**: 180 m ü.d.M.

◎ **KARTEN**: Turkart Fjordruta sowie Norge-serien Nr. 10088 (Smøla). – Karten-Info siehe Seite 19 f.

◎ **GPS**: 7007167 (N), 0455069 (O).

◎ **ZU ERREICHEN**: via Etappe 2 ab Hütte Trollstua oder via Etappe 3 ab Hütte Imarbu. Zudem ab Fjordruta-Einstiegsort E 3, Ortschaft Gullstein auf Tustna (siehe Seite 163).

BASISDATEN

◎ **ERSTE SAISON**: 2006.

◎ **KATEGORIE**: *selvbetjent* – Hütte zur Selbstbewirtschaftung, mit einer Speisekammer, aus der Proviant gekauft werden kann.

◎ **TÜR**: verschlossen – es wird der Generalschlüssel des Wandervereins DNT benötigt (siehe Seite 23). Sonst ganzjährig zugänglich.

◎ **SCHLAFEN**: 12 Betten in Schlafzimmern von Hütte und Annex, ferner 12 Schlafplätze auf den Dachböden und 2 im Aufenthaltsraum.

◎ **TRINKWASSER**: bestens, kommt draußen aus einem Wasserhahn.

EXTRAS

◎ Gullsteinvollen verteilt sich auf **2 GEBÄUDE**, eine Haupthütte und einen Annex. Die verwendeten Rundbalken stammen von einem ehemaligen Stall.

◎ Das Gullsteinsdal ist traditionelles Almgebiet: Etwa 600 m weiter taleinwärts befinden sich die Gebäude der Alm Gullsteinsetra. Im Sommer weiden Schafe und **KÜHE** im Tal. Im Hüttenbuch findet sich ein Eintrag, dass Kühe stoisch den Pfad blockierten und querfeldein umgangen werden mussten.

◎ Nahe der Hütte ist ab Fjordruta-Pfad ein **BADEPLATZ** *(Badeplassen)* im Flüsschen Gullsteinselva ausgeschildert, eine Kuhle.

WOHLFÜHLFAKTOREN

◎ **LANDSCHAFT**: Das Gullsteinsdal verläuft in Nord-Süd-Richtung und ist auf drei Seiten von Bergwänden umgeben: im Westen von Jørenvågsalen (857 m) und Knubben (680 m), im Osten vom Skarven (896 m) sowie weiteren Höhen und im Süden vom Sattel zwischen Jørenvågsalen und Skarven, den der Pfad nimmt.

Nach Norden läuft das Tal zur Küste hin aus. Gullsteinvollen steht im unteren, stellenweise bewaldeten Talabschnitt, mit Blick auf das Nordmeer und die vorgelagerten Inseln.

◎ **IM INNEREN**: Fjordruta-weit drei von drei Sternen, landesweit drei von drei Sternen. Von der Einrichtung her eine der zwei gemütlichsten Hütten im Gebiet der Fjordruta.

Gullsteinvollen: außen zünftig-schön, innen besonders gemütlich. Das große Foto unten entstand Ende Juni eine halbe Stunde vor Mitternacht. ▶

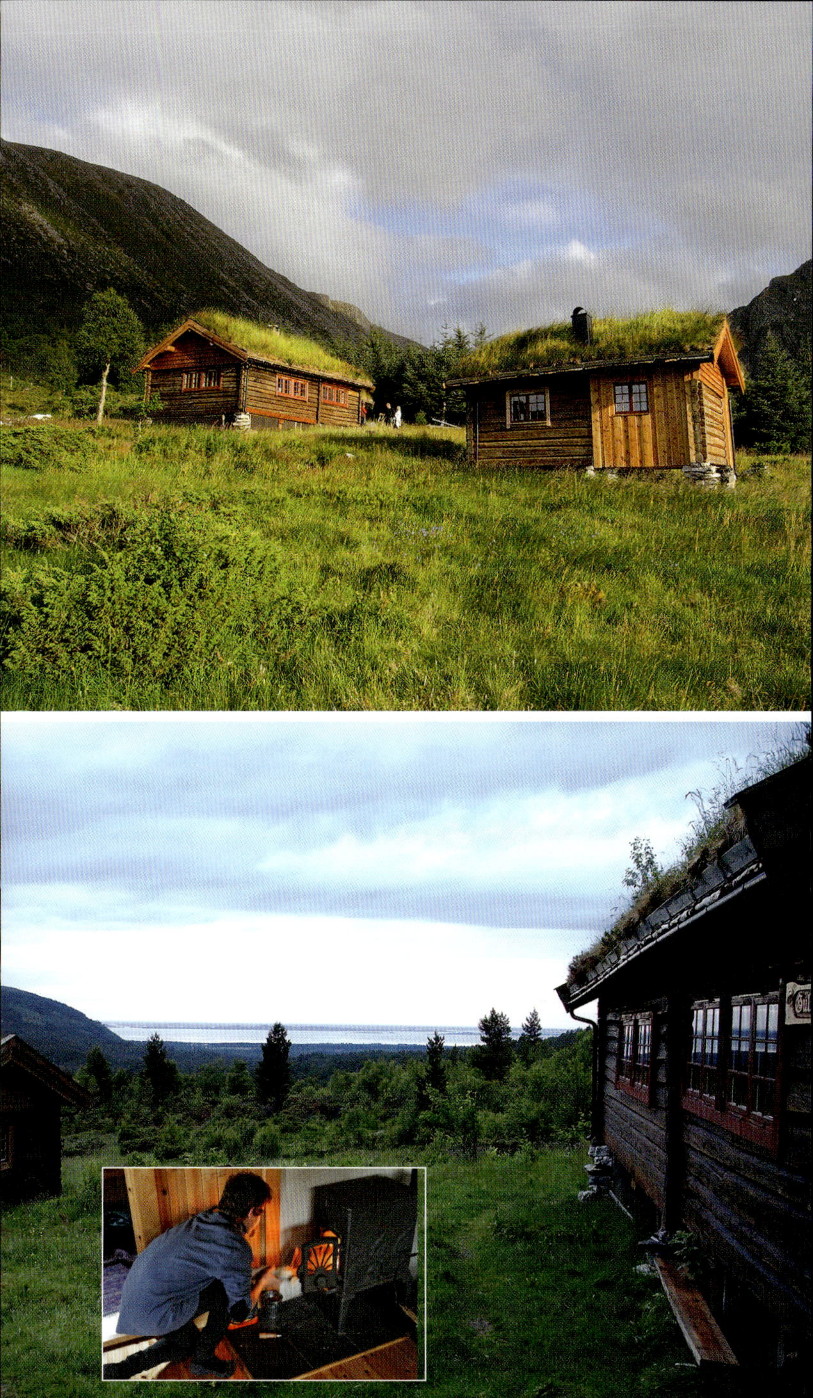

Imarbu

LAGE

◎ **NÖRDLICHE FJORDRUTA**: Insel Ertvågsøya, siehe auf unserer Übersichtskarte im Sektor C 2.

◎ **HÖHE**: 5 m ü.d.M.

◎ **KARTEN**: Turkart Fjordruta sowie Norge-serien Nr. 10088 (Smøla) und Nr. 10089 (Kyrksæterøra). – Karten-Info siehe Seite 19 f.

◎ **GPS**: 7009250 (N), 0463550 (O).

◎ **ZU ERREICHEN**: via Etappe 3 ab Hütte Gullsteinvollen oder Etappe 4 ab Hütte Nersetra. Und ab Einstiegsort E 4, Mautstelle Hundhammarenveg nahe Imarbu (siehe Seite 163).

BASISDATEN

◎ **ERSTE SAISON**: 2004.

◎ **KATEGORIE**: *selvbetjent* – Hütte zur Selbstbewirtschaftung, mit einer Speisekammer, aus der Proviant gekauft werden kann.

◎ **TÜR**: verschlossen – es wird der Generalschlüssel des Wandervereins DNT benötigt (siehe Seite 23). Sonst ganzjährig zugänglich.

◎ **SCHLAFEN**: 15 Betten in Schlafzimmern von Hütte und Annex, ferner 18 Schlafplätze auf den Dachböden und 2 im Aufenthaltsraum.

◎ **TRINKWASSER**: Wasserhahn nahe Bootshaus – sollte hier kein Wasser fließen, sind die Notbehälter im Bootshaus zu verwenden.

EXTRAS

◎ Als einzige Fjordruta-Hütte liegt Imarbu **AN EINEM SUND**, also praktisch auf Meereshöhe. Deshalb machen hier auch PADDLER Station.

◎ Imarbu verteilt sich auf **2 GEBÄUDE**, eine Haupthütte und einen Annex (2010). Die Rundbalken der Hütte entstammen einem früheren Stall.

◎ Im **BOOTSHAUS** liegen zwei *geitbåter:* neu gezimmerte Ruderboote nach historischem Vorbild, wie man früher Ziegen zu und von den Sommerweiden transportierte.

◎ Im Bootshaus stehen Gerätschaften zum Fangen und Zubereiten von **KRABBEN** zur Verfügung.

◎ Leicht zu erreichen und über eine relativ hohe Kapazität verfügend, ist Imarbu besonders für Familien und Gruppen mit **KINDERN** interessant und auch darauf eingerichtet.

WOHLFÜHLFAKTOREN

◎ **LANDSCHAFT**: Am Westufer der Insel Ertvågsøya am Imarsund gelegen, blickt man von Imarbu hinüber auf Stabblandet im Westen, wo sich mehrere Gipfel kurz hinter der Küste (bis 637 m hoch) erheben. Die Felsen vor der Hütte sind ein perfekter Platz zum Picknicken.

◎ **IM INNEREN**: Fjordruta-weit drei von drei Sternen, landesweit drei von drei Sternen. Hier war nicht »nur« ein Heimwerker, sondern ein »richtiger« Schreiner am Werk.

Imarbu: vorne das Bootshaus, hinten die Hütte, verdeckt der neue Annex. Die beiden Dachbodenkammern verraten der Könner Lust am Schreinern. ▶

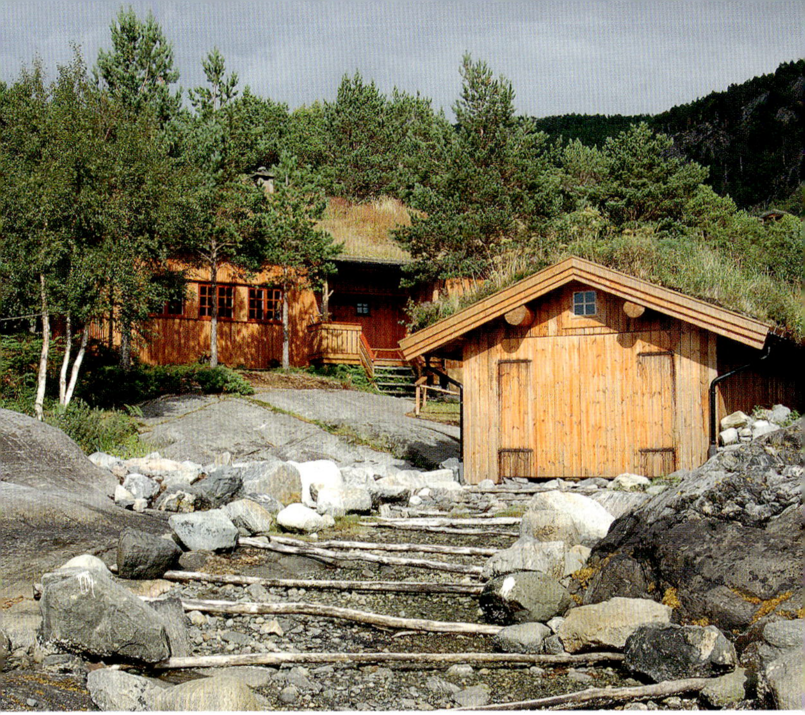

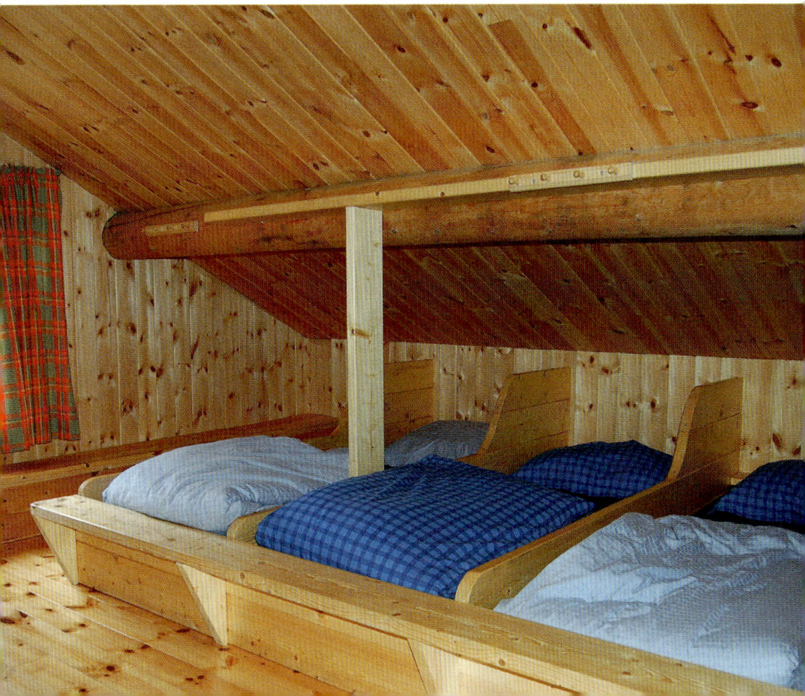

Nersetra

LAGE

◎ **NÖRDLICHE FJORDRUTA**: Insel Ertvågsøya, siehe auf unserer Übersichtskarte im Sektor D 2.

◎ **HÖHE**: 180 m ü.d.M.

◎ **KARTEN**: Turkart Fjordruta sowie Norge-serien Nr. 10089 (Kyrksæterøra). – Karten-Info siehe Seite 19 f.

◎ **GPS**: 7010050 (N), 0471550 (O).

◎ **ZU ERREICHEN**: via Etappe 4 ab Hütte Imarbu oder Etappe 5 ab Hütte Rovangen. Zudem ab Einstiegsort E 5, Nersetra-Parkplatz an der Str. 682 (siehe Seite 164).

BASISDATEN

◎ **ERSTE SAISON**: 2004.

◎ **KATEGORIE**: *selvbetjent* – Hütte zur Selbstbewirtschaftung, mit einer Speisekammer, aus der Proviant gekauft werden kann.

◎ **TÜR**: verschlossen – es wird der Generalschlüssel des Wandervereins DNT benötigt (siehe Seite 23). Sonst ganzjährig zugänglich.

◎ **SCHLAFEN**: 8 Betten in 2 Schlafzimmern (eines davon zur Treppe offenes Durchgangszimmer), ferner 2 Schlafplätze im Aufenthaltsraum.

◎ **TRINKWASSER**: bestens, kommt draußen aus einem Wasserhahn.

EXTRAS

◎ Der Verein **KNT** hat 2001 das Gelände des früheren Hofs Nersetra erworben, um hier für seine jüngeren Mitglieder Ferienlager, Kurse etc. zu veranstalten und Zusammenkünfte zu organisieren. Das großzügige, gepflegte Areal umfasst ein Haupthaus in typisch skandinavischem Holzhaus-Rot und einige Wirtschaftsgebäude, die teils die alte, teils eine neue Funktion erfüllen.

◎ Wanderer als Individualreisende übernachten URIG im **STABBUR**, ein restauriertes historisches Lagerhaus auf Stelzen, um damals die darin eingelagerten Lebensmittel vor Feuchtigkeit und Tieren zu schützen.

◎ Nersetra ist die einzige Fjordruta-Hütte zur Selbstbewirtschaftung mit **DUSCHE**, im Keller des Haupthauses.

◎ Wie Imarbu, ist Nersetra leicht zu erreichen und für Gruppen mit **KINDERN** interessant sowie u.a. mit Badeplatz gezielt darauf ausgerichtet (s.o.). Für wandernde Familien ist die Situation kniffliger, da die Hütte nur eine begrenzte Kapazität hat, wobei die Übernachtungsanzahl niedrig ist (im Jahr 2012 erstmals dreistellig).

WOHLFÜHLFAKTOREN

◎ **LANDSCHAFT**: Die Nersetra liegt am Hang östlich des Foldfjords; von dem Gelände hat man einen feinen Berg-und-Tal-Blick nach Westen.

◎ **IM INNEREN**: Fjordruta-weit drei von drei Sternen, landesweit drei von drei Sternen. Ein schnuckeliges Unikat – eng kann gemütlich sein.

Nersetra: Übernachten im historischen Speicher. Klein und gemütlich ist die gute Stube im Ergeschoss. Und das durchlaufende Ofenrohr wärmt im Obergeschoss die Schlafenden gleich mit (siehe Seite 30). ▶

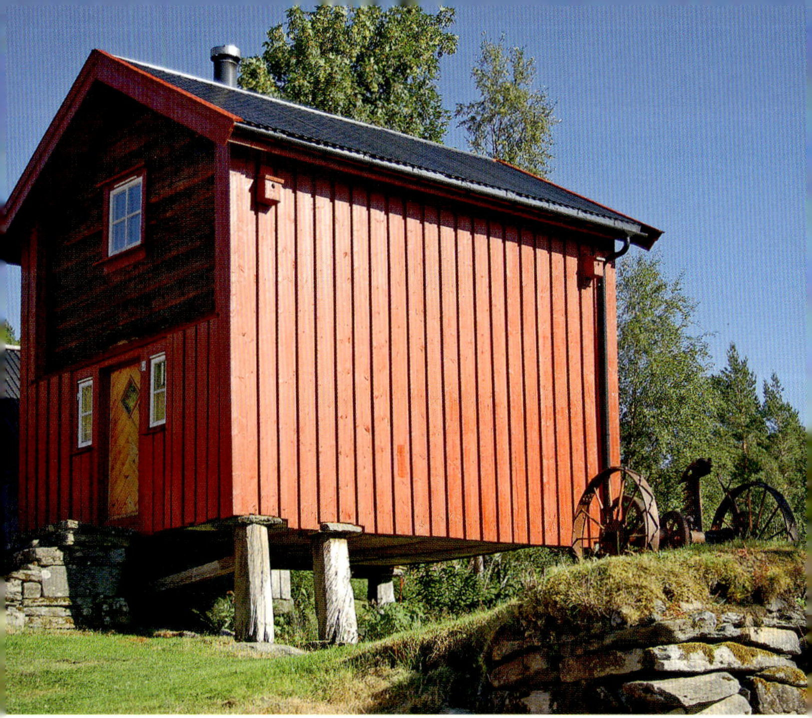

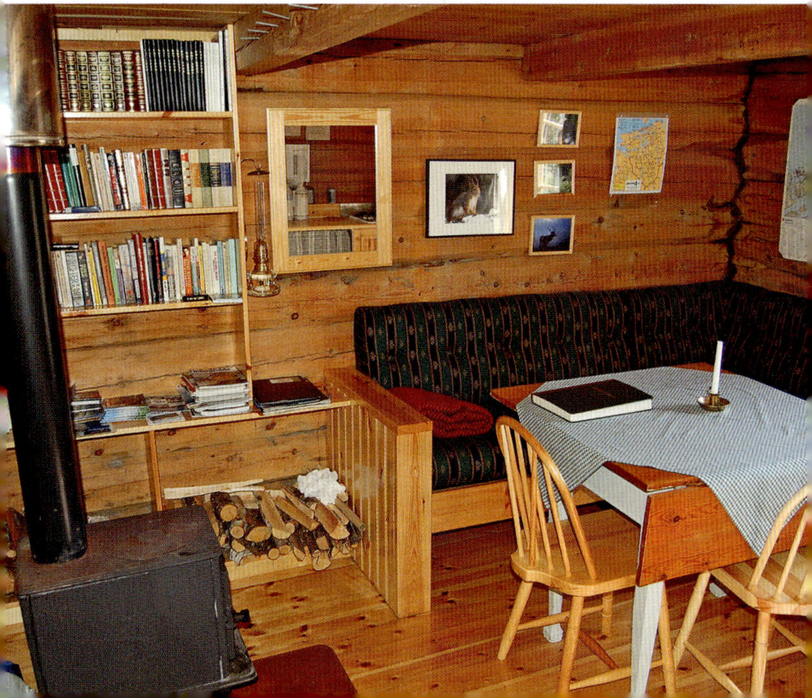

Rovangen

LAGE

◎ **NÖRDLICHE FJORDRUTA**: siehe auf unserer Übersichtskarte im Sektor E 1.

◎ **HÖHE**: 447 m ü.d.M.

◎ **KARTEN**: Turkart Fjordruta sowie Norge-serien Nr. 10089 (Kyrksæterøra). – Karten-Info siehe Seite 19 f.

◎ **GPS**: 7019122 (N), 0482874 (O).

◎ **ZU ERREICHEN**: via Etappe 5 ab Hütte Nersetra oder via Etappe 6 ab Hütte Storfiskhytta. Zudem ab Fjordruta-Einstiegsort E 7, Aure/Kjelklia (siehe Seite 164), oder ab Einstiegsort E 8, Aure/Tverrbotnen (siehe Seite 164).

BASISDATEN

◎ **ERSTE SAISON**: 2010.

◎ **KATEGORIE**: *selvbetjent* – Hütte zur Selbstbewirtschaftung, mit einer Speisekammer, aus der Proviant gekauft werden kann.

◎ **TÜR**: steht offen, die Hütte ist das ganze Jahr über zugänglich.

◎ **SCHLAFEN**: 13 Betten in Schlafzimmern von Hütte und Annex, mindestens 7 Schlafplätze auf dem Dachboden sowie 2 im Aufenthaltsraum.

◎ **TRINKWASSER**: bestens, kommt draußen aus einem Wasserhahn.

EXTRAS

◎ Als **LETZTE HÜTTE DER FJORDRUTA** schloss Rovangen die Lücke zwischen Nersetra im Westen sowie Storfiskhytta im Osten. In diesem Zusammenhang wurde die Route verlegt, die zuvor auf der anderen Seite des Pikfjells im Süden verlaufen war. Zusätzlich wurde die Einstiegsroute ab Tverrbotnen via Aurdal bei Aure ausgewiesen.

◎ Rovangen besteht aus **2 GEBÄUDEN**, der Haupthütte mit den mächtigen Holzbalken und einem Annex, beides Neubauten.

◎ Der Rostolvatnet erwärmt sich bei Sommersonnenwetter relativ zügig und eignet sich gut zum **BADEN**, ein wenig Freude am Frischen vorausgesetzt.

WOHLFÜHLFAKTOREN

◎ **LANDSCHAFT**: Die Hütte steht abgeschieden unterhalb des Berges Mannen (566 m) am See Rostolvatnet. Prägnant ist der Sattel nach Norden, der mit dem Seeufer abschließt. Am Flughafen Kristiansund gestartet, ist Rovangen die erste Fjordruta-Hütte in klassischem Fjell.

◎ **IM INNEREN**: Fjordruta-weit zwei von drei Sternen, landesweit drei von drei Sternen. Originell die Schlafplätze hoch oben im Aufenthaltsraum, ebenso ist das Dekor des Ofens einen genauen Blick wert.

Rovangen am Rostolvatnet. Mit Schlafplätzen hoch oben im Aufenthaltsraum. ▶

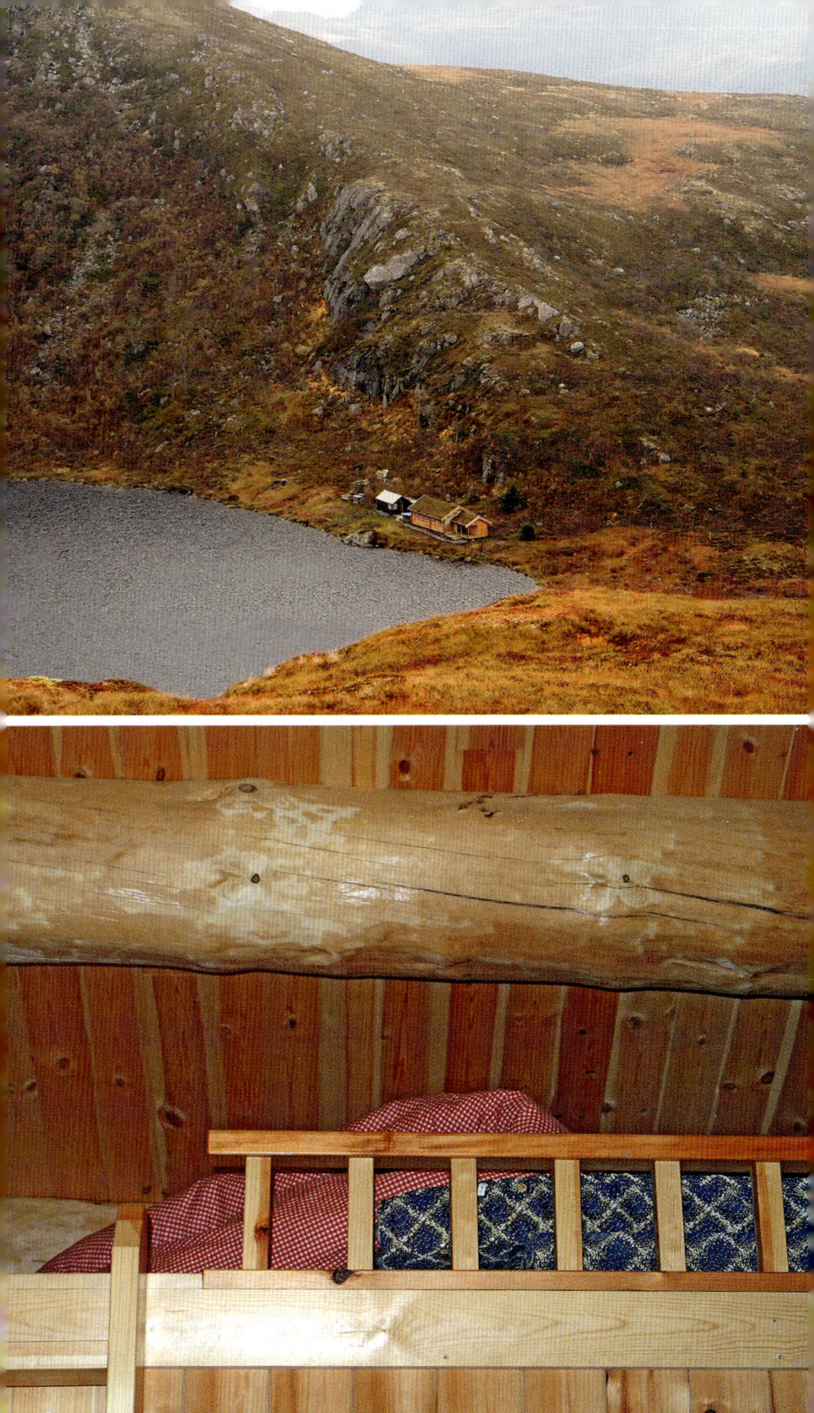

Storfiskhytta

LAGE

◎ **NÖRDLICHE FJORDRUTA**: siehe auf unserer Übersichtskarte im Sektor E 1.

◎ **HÖHE**: 490 m ü.d.M.

◎ **KARTEN**: Turkart Fjordruta sowie Norge-serien Nr. 10089 (Kyrksæterøra). – Karten-Info siehe Seite 19 f.

◎ **GPS**: 7016100 (N), 0491100 (O).

◎ **ZU ERREICHEN**: via Etappe 6 ab Hütte Rovangen oder via Etappe 7 ab Hütte Storlisetra. Außerdem ab Einstiegsort E 9, Klakkan (siehe Seite 165), oder ab Einstiegsort E 11, Vinjeøra (siehe Seite 166), was über eine Stunde weniger Gehzeit als von der Storlisetra aus bedeutet.

BASISDATEN

◎ **ERSTE SAISON**: 2002.

◎ **KATEGORIE**: *selvbetjent* – Hütte zur Selbstbewirtschaftung, mit einer Speisekammer, aus der Proviant gekauft werden kann.

◎ **TÜR**: steht offen, die Hütte ist das ganze Jahr über zugänglich.

◎ **SCHLAFEN**: 12 Betten in 4 Schlafzimmern, ferner 7 Schlafplätze auf dem niedrigen Dachboden und 2 im Aufenthaltsraum.

◎ **TRINKWASSER**: im Bach östlich der Hütte schöpfen (Wegweiser).

EXTRAS

◎ Die Hütte ist fast **BAUGLEICH** mit Jutulbu sowie der Tverrlihytta recht ähnlich (Etappen 14–16).

◎ Der **DACHBODEN** könnte ohne Weiteres übersehen werden: fast anspruchsvoll zugänglich über eine im Aufenthaltsraum an der Wand lehnende, steile Leiter und eine Klappe dort oben.

◎ Als **GUTTER** (= Jungs) angesprochen, werden die männlichen Besucher gebeten, die Toilette der Hütte möglichst nicht als Urinal zu benutzen, sondern stattdessen die Rinne 40 Meter östlich aufzusuchen, die für das Schmutzwasser vorgesehen ist. Hintergrund: der erforderliche, aufwändige Abtransport der Toilettenbehälter vom Fjell.

WOHLFÜHLFAKTOREN

◎ **LANDSCHAFT**: Keine Fjordruta-Hütte steht in kargerem Land als die Storfiskhytta. Was genau ihren Reiz ausmacht: Berge, See, spärlich-niedrige Vegetation, und bei unruhigem Wetter entwickelt sich hier (mehr als anderswo) eine spezielle Stimmung: »nahe der Schöpfung«, würden dies Pilger auf dem Olavsweg womöglich ausdrücken.

◎ **IM INNEREN**: Fjordruta-weit zwei von drei Sternen, landesweit drei von drei Sternen.

Storfiskhytta als Schutzburg in unwirtlicher Umgebung. Die Räume sind praktisch geplant und gekonnt umgesetzt. ▶

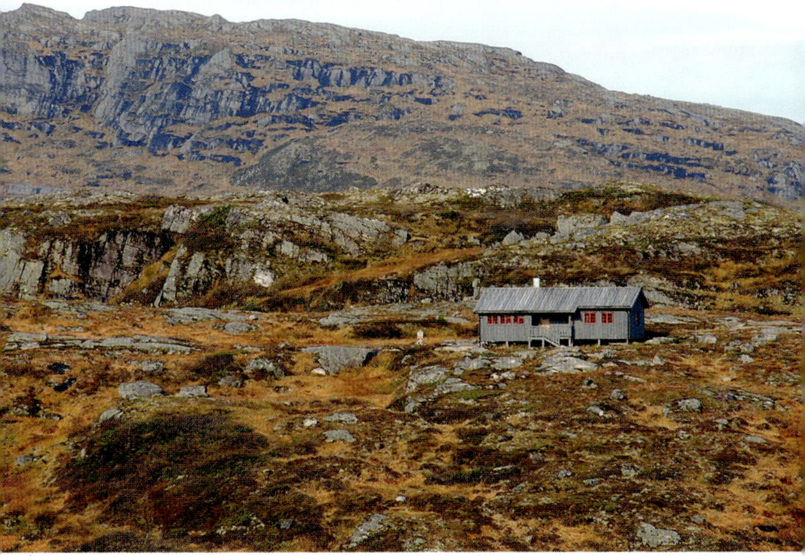

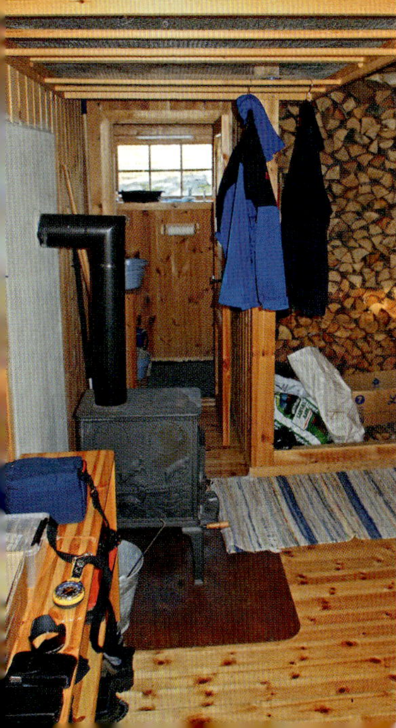

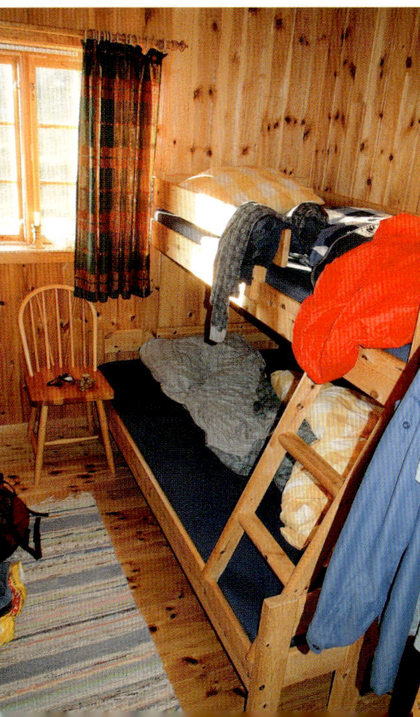

Sollia

LAGE

◎ **NÖRDLICHE FJORDRUTA**: siehe auf unserer Übersichtskarte im Sektor F 2.

◎ **HÖHE**: 310 m ü.d.M.

◎ **KARTEN**: Turkart Fjordruta sowie Norge-serien Nr. 10089 (Kyrksæterøra). – Karten-Info siehe Seite 19 f.

◎ **GPS**: 7008763 (N), 0493566 (O).

◎ **ZU ERREICHEN**: via Etappe 9 ab Hütte Storfiskhytta oder via Etappe 8 ab Hütte Storlisetra. Zudem ab Einstiegsort E 11, Vinjeøra (siehe Seite 166), was über eine Stunde weniger Gehzeit als von der Storlisetra aus bedeutet.

BASISDATEN

◎ **ERSTE SAISON**: 2003.

◎ **KATEGORIE**: *selvbetjent* – Hütte zur Selbstbewirtschaftung, mit einer Speisekammer, aus der Proviant gekauft werden kann.

◎ **TÜR**: steht offen, die Hütte ist das ganze Jahr über zugänglich.

◎ **SCHLAFEN**: 12 Betten in 3 Schlafzimmern, mindestens 7 Schlafplätze auf dem Dachboden sowie 3 im Aufenthaltsraum.

◎ **TRINKWASSER**: bestens, kommt draußen aus einem Wasserhahn, zwischen Hütte und Schuppen.

EXTRAS

◎ Die ältesten Dokumente belegen, dass hier bereits im 18. Jh. ein Bergbauernhof stand; die Besiedlung jedoch dürfte noch weiter zurückreichen. Die neue Hütte entstand 2002/2003 aus Materialien verschiedener Herkunft, darunter ein STEINERNER Stall hier auf Sollia (auf Deutsch: Sonnenhang). Die **ARCHITEKTUR** der Hütte ist einzigartig, und im Aufenthaltsraum überrascht ein Kamin.

◎ 35–45 Minuten benötigt man auf einem steilen PFAD zwischen Sollia auf 310 m ü.d.M. und dem Fjordufer. Der angestrebte **BOOTSTRANSFER** von und nach Staurset ist beim besten Willen nicht zu garantieren (siehe Seite 105 f.).

WOHLFÜHLFAKTOREN

◎ **LANDSCHAFT**: Einmalig auf der Fjordruta, liegt Sollia am Hang über einem Fjord, dem Vinjefjord. Abends auf der Bank vor der Hütte zu sitzen und Fjord, die Siedlung Staurset am Ufer gegenüber sowie die Bergwelt dahinter im Blick, das hat schon 'was. Selbst wenn damit etwas Zivilisation im Geschehen ist, wie etwa die E 39 drüben am Fjordufer. Das Tempo jedoch ist diesseits bestimmt – Hektik mag nicht aufkommen.

◎ **IM INNEREN**: Fjordruta-weit zwei von drei Sternen, landesweit drei von drei Sternen. Prädikat: in höchstem Maße urig. Allein die Dunkelheit, die die kleinen Fenster im Aufenthaltsraum verursachen, können ein wenig den Alm-Enthusiasmus mindern.

Unikat über dem Vinjefjord: Sollia. ▶

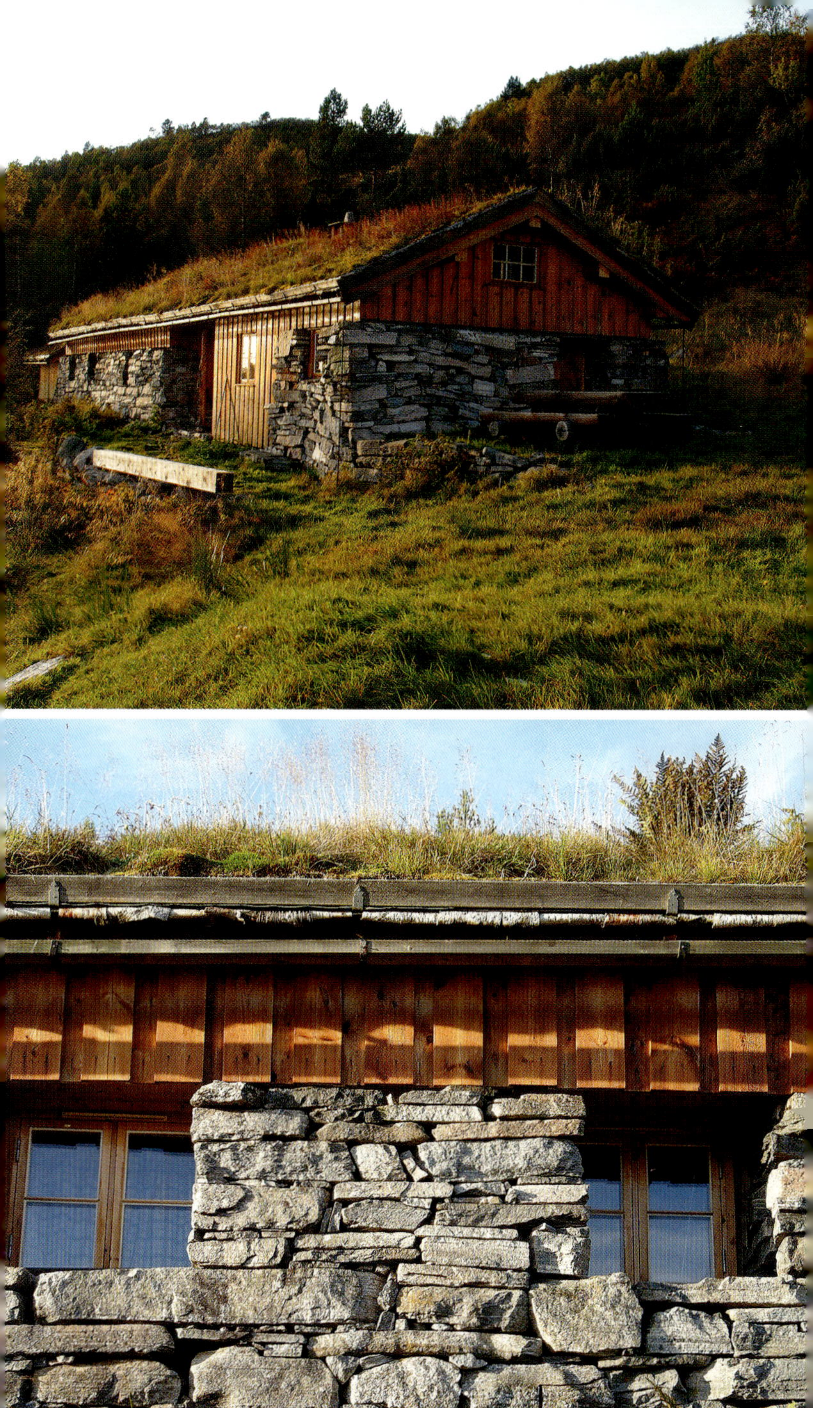

Storlisetra

LAGE

◎ **SÜDLICHE FJORDRUTA**: siehe auf unserer Übersichtskarte im Sektor F 2.

◎ **HÖHE**: 260 m ü.d.M.

◎ **KARTEN**: Turkart Fjordruta sowie Norge-serien Nr. 10089 (Kyrksæterøra). – Karten-Info siehe Seite 19 f.

◎ **GPS**: 7006165 (N), 0500554 (O).

◎ **ZU ERREICHEN**: via Etappe 10 ab Hof Kårøyan oder Etappe 11 ab Hütte Grytbakksetra. Außerdem ab Einstiegsort E 12, ein Parkplatz in Vinjeøra, eigens für die Fjordruta-Wanderer angelegt (siehe Seite 166).

BASISDATEN

◎ **ERSTE SAISON**: 2003.

◎ **KATEGORIE**: *selvbetjent* – Hütte zur Selbstbewirtschaftung, mit einer Speisekammer, aus der Proviant gekauft werden kann.

◎ **TÜR**: steht offen, die Hütte ist das ganze Jahr über zugänglich.

◎ **SCHLAFEN**: 15 Betten in Schlafzimmern von Hütte und Annex, plus 2 Schlafplätze im Aufenthaltsraum.

◎ **TRINKWASSER**: erste Wahl – die Hütte verfügt nämlich über einen eigenen Brunnen, draußen am Hang, kurzer Fußweg westlich der Hütte.

EXTRAS

◎ Die **RESTAURIERUNG** der heruntergekommenen Alm Storlisetra war wohl die anspruchsvollste Aufgabe, als man das Hüttennetz der Fjordruta verwirklichte. Sie verschlang über 700.000 norwegische Kronen, wovon Lottoeinnahmen sowie eine Stiftung den Löwenanteil beisteuerten. Von der Raumaufteilung und den Funktionen hat man einiges so belassen, wie es bereits in der Zeit als Alm war. Am Holz drinnen lässt sich ganz gut ablesen, was älteren und was jüngeren Datums ist. Übrigens wurde die Almwirtschaft in den 1960er Jahren eingestellt. Storlisetra gehört eigentlich zum Hof Fjelnset, ging aber 2002 für 50 Jahre in die Obhut der KNT über, eine weise Entscheidung.

Zur Haupthütte gehört ein neuer Annex, der weitere Wanderer sowie Hundebesitzer und ihre Schützlinge aufnehmen kann.

◎ Storlisetra ist die einzige Fjordruta-Hütte, die über einen **BRUNNEN** verfügt.

WOHLFÜHLFAKTOREN

◎ **LANDSCHAFT**: Die Hütte liegt an einem bewaldeten Berghang oberhalb von Vinjeøra. Besonders schön ist der Blick landeinwärts, wo sich im Nordosten der See Rovatnet neben dem markanten Roberget erstreckt.

◎ **IM INNEREN**: Fjordruta-weit drei von drei Sternen, landesweit drei von drei Sternen. Von der Einrichtung her eine der zwei gemütlichsten Hütten im Gebiet der Fjordruta.

Die Storlistera liegt reizvoll am Hang, ist urgemütlich und ist voller liebevoller Details. ▶

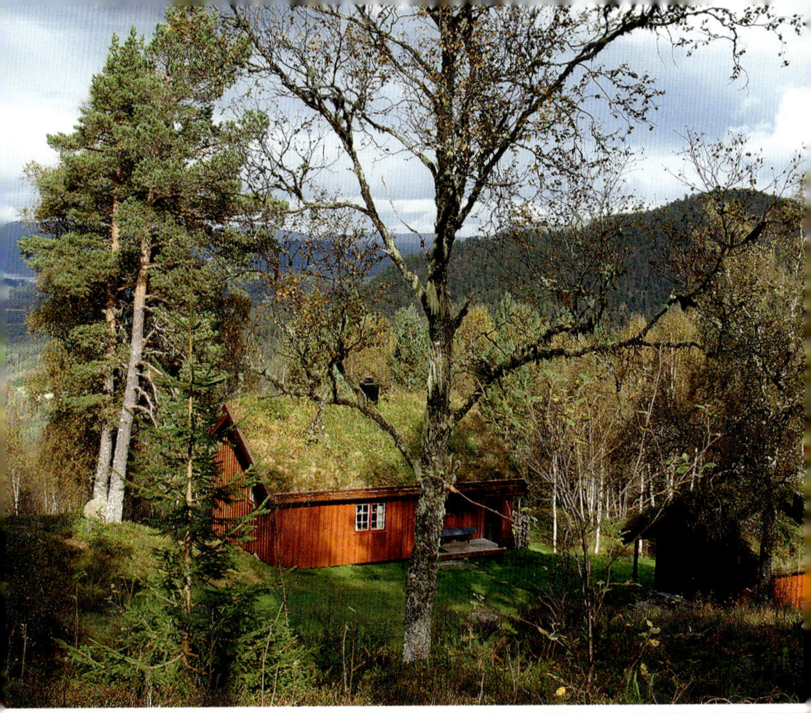

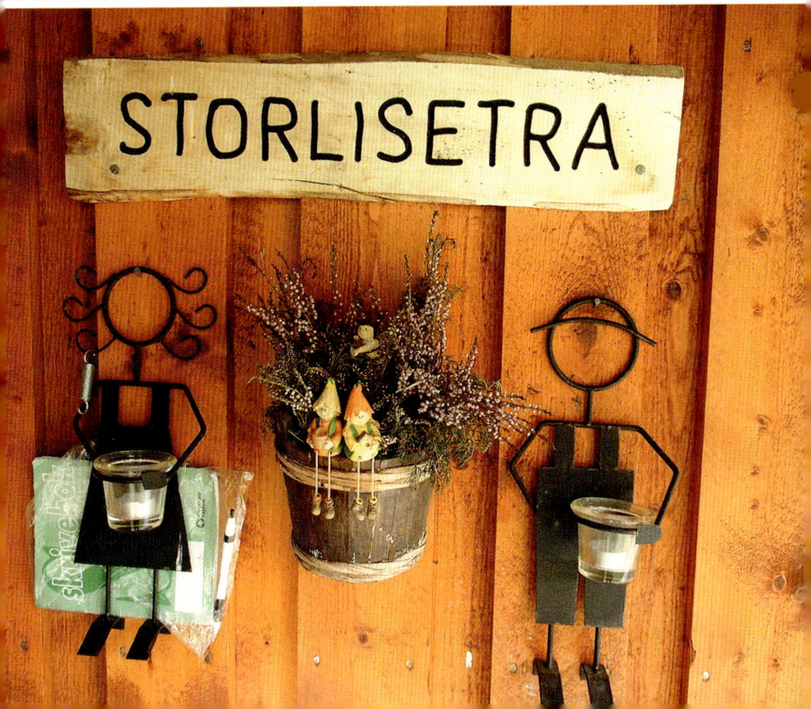

STORLISETRA

Kårøyan

LAGE

◎ **SÜDLICHE FJORDRUTA**: siehe auf unserer Übersichtskarte im Sektor F 3.

◎ **HÖHE**: 280 m ü.d.M.

◎ **KARTEN**: Turkart Fjordruta sowie Norge-serien Nr. 10084 (Surnadal). – Karten-Info siehe Seite 19 f.

◎ **GPS**: 7000928 (N), 0505032 (O).

◎ **ZU ERREICHEN**: via Etappe 10 ab Hütte Storlisetra oder Etappe 11 ab Hütte Grytbakksetra. Zudem ist der Hof Kårøyan über eine mautpflichtige Nebenstraße mit der Europastraße 39 verbunden: Die Abfahrt befindet sich in Vinjeøra, auf halbem Weg zwischen Bootshafen und Kreuzung E 39 / Str. 680 und ist beschildert.

BASISDATEN

◎ **ERSTE SAISON**: 2006.

◎ **KATEGORIE**: *betjent*, d.h. bewirtschaftet. Rund 20 Betten stehen im historischen Hauptgebäude zur Verfügung, die sanitären Anlagen sind einfach, aber zeitgemäß und nutzen die Gäste gemeinsam.

Die Art der Verpflegung wird abgesprochen, möglich sind Frühstück und (warmes) Abendessen, ebenso die Nutzung der Küche zum Zubereiten von Kaffee etc.

◎ Offiziell **GEÖFFNET** für Wanderer 20.6.–20.8. Um telefonische Absprache wird dennoch gebeten; außerhalb der Sommersaison ist der Telefonkontakt unbedingt erforderlich. Festnetznummer: 7245 4460, mobil: 9076 9845. Am besten mobil bei Ola Rønning anfragen (sprich: *uhla rönning*).

EXTRAS

◎ Das restaurierte Bauernhaus war 1996 die **ERSTE HÜTTE** im Gebiet der Fjordruta, damals zur Selbstbewirtschaftung konzipiert.

◎ Kontrast zu Alpenhütten und vor allem Après-Ski: Sie bekommen eine praktische Gelegenheit zum Nächtigen, nicht kommerziell übersteigert, dafür Norwegen **AUTHENTISCH**.

◎ Wer den Fahrweg bergauf nimmt, der sich hinter der Furt des breiten Bachs Kårbekken fortsetzt (dort wo auch der Pfad zur Grytbakksetra beginnt), kann einen schönen Abendspaziergang im **FJELLBEKKDAL** unternehmen, nordöstlich Kårøyans.

WOHLFÜHLFAKTOREN

◎ **LANDSCHAFT**: Der Hof liegt auf einer grünen Parzelle im Kårøydal, das sich landeinwärts verbreitert und Platz für noch mehr Höfe bietet. Wer Panorama will, unternimmt den als »Extra« empfohlenen Spaziergang.

◎ **IM INNEREN**: Fjordruta-weit zwei von drei Sternen, landesweit zwei von drei Sternen; Prädikat: Norwegen aus nächster Nähe – ohne touristischen Filter.

Der Bergbauernhof Kårøyan unterhält eine bewirtschaftete Hütte. ▶

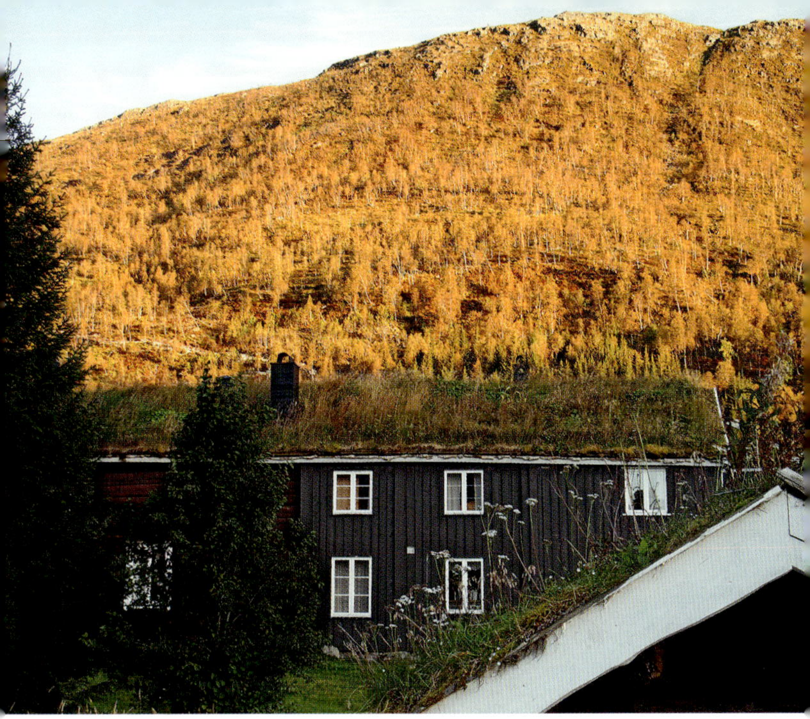

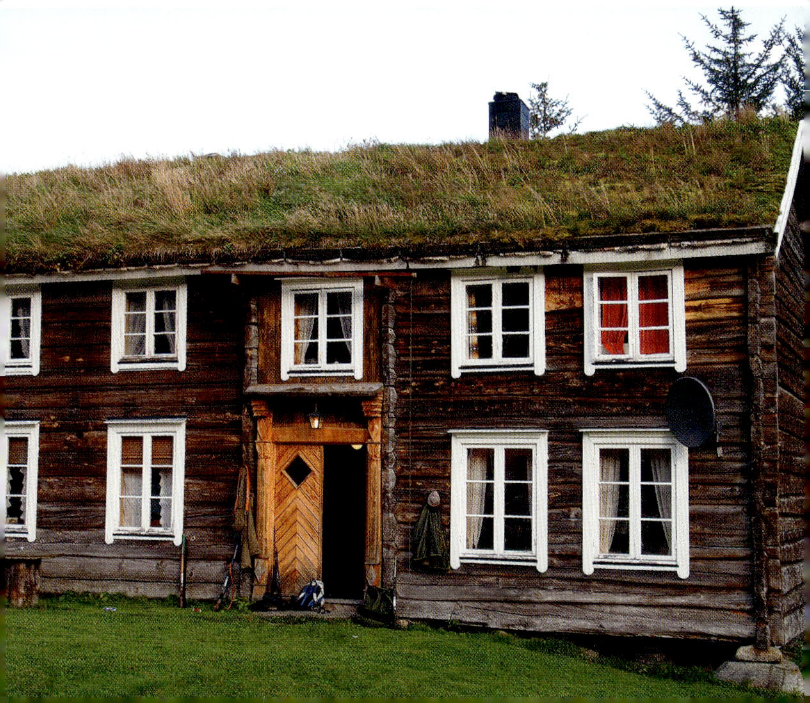

Grytbakksetra

LAGE

◎ **SÜDLICHE FJORDRUTA**: siehe auf unserer Übersichtskarte im Sektor F 3.

◎ **HÖHE**: 413 m ü.d.M.

◎ **KARTEN**: Turkart Fjordruta sowie Norge-serien Nr. 10084 (Surnadal). – Karten-Info siehe Seite 19 f.

◎ **GPS**: 6997839 (N), 0497356 (O).

◎ **ZU ERREICHEN**: via Etappe 11 ab Hof Kårøyan oder Etappe 12 ab Hütte Storlisetra oder Etappe 13 ab Hütte Hardbakkhytta oder Etappe 17 ab Hütte Hermannhytta. Zudem ab Einstiegsort E 14, Øygarden (siehe Seite 168), oder ab Einstiegsort E 13, Staurset/Opsalvatnet (siehe Seite 166).

BASISDATEN

◎ **ERSTE SAISON**: 1997.

◎ **KATEGORIE**: *selvbetjent* – Hütte zur Selbstbewirtschaftung, mit einer Speisekammer, aus der Proviant gekauft werden kann.

◎ **TÜR**: steht offen, die Hütte ist das ganze Jahr über zugänglich.

◎ **SCHLAFEN**: 22 Betten in Schlafzimmern von Hütte, Anbau, Annex, ferner Schlafplätze auf dem Dachboden und im Aufenthaltsraum.

◎ **TRINKWASSER**: aus einem Bach schöpfen (Wegweiser Anhöhe).

EXTRAS

◎ Die Grytbakksetra ist eine historische **ALMHÜTTE**, die 1997 für die Nutzung als Fjordruta-Wanderhütte restauriert und später mit einem Annex erweitert wurde.

Für einen Kreuzungspunkt mit sieben Verbindungen in alle Himmelsrichtungen (Storlisetra, Kårøyan, Rindal, Hermannhytta, Øygarden, Hardbakkhytta, Staurset) war die Kapazität von 11 Schlafplätzen sehr knapp, so dass 2012/2013 angebaut wurde. Die neue Grytbakksetra ist bereits in Funktion.

◎ Der Wildbach weiter östlich lädt zur **KALTWASSERDUSCHE**. Es gibt Vertiefungen im Bachbett unterhalb einzelner Wasserfallstufen.

WOHLFÜHLFAKTOREN

◎ **LANDSCHAFT**: Die Hütte liegt in Hanglage mit Blick nach Süden – im Hintergrund zeichnen sich, eher unspektakulär, Höhenzüge von Trollheimen ab. Näher, markanter ist das Fossdalsfjell im Nordosten. Fällt die Abendsonne auf Grytbakksetra, sind die Anstrengungen des zu Ende gehenden Tages vergessen.

◎ **IM INNEREN**: Fjordruta-weit zwei von drei Sternen, landesweit zwei von drei Sternen. Der Anbau konnte vor Erscheinen des Buches nicht mehr in Augenschein genommen werden.

Oben die Grytbakksetra noch ohne ihren Anbau. Unten haben wir geschummelt: Das stimmungsvolle Foto zur dugnadsarbeid entstand in Gullsteinvollen (Toilettenanbau); so ähnlich dürfen Sie sich auch die jüngsten Aktionen an der Grytbakksetra vorstellen. ▶

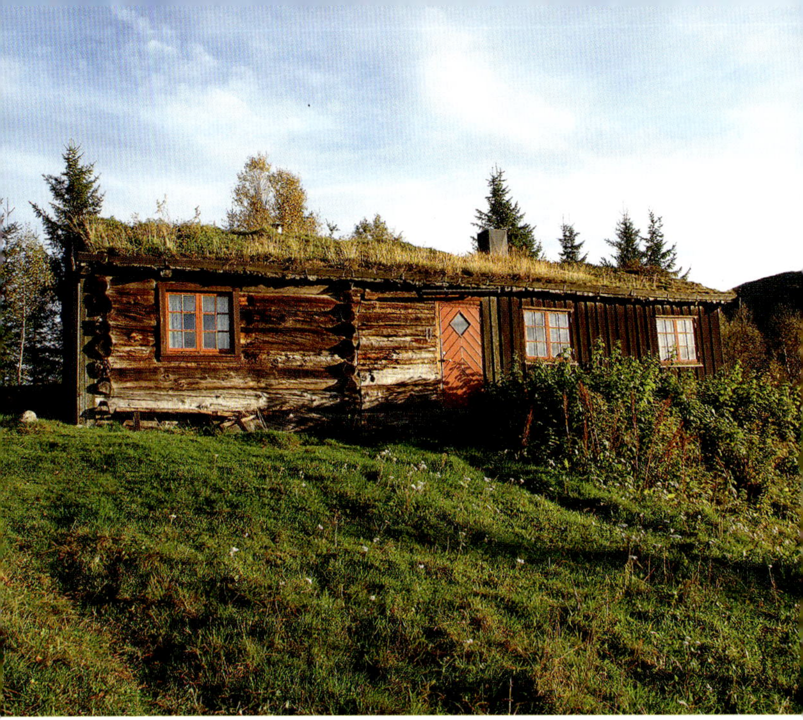

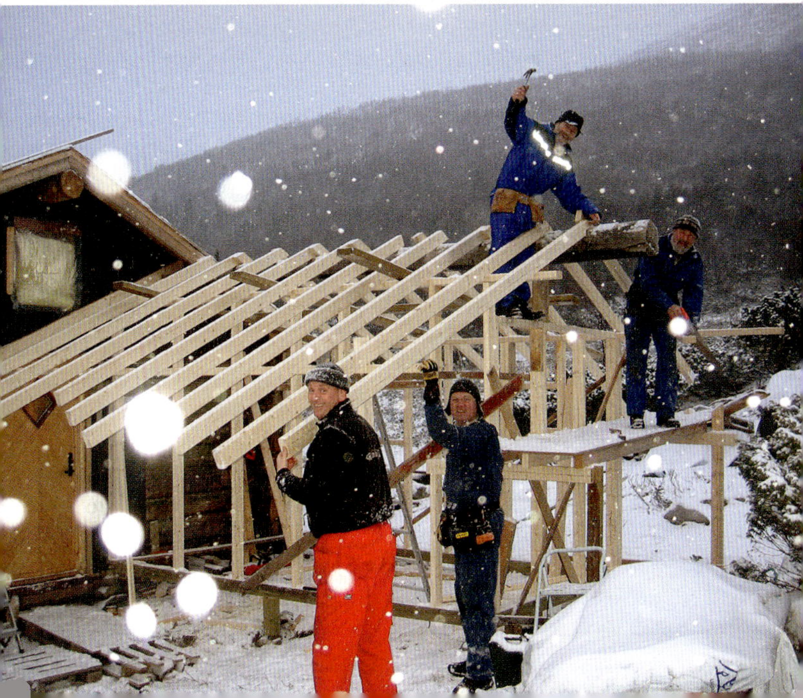

Hardbakkhytta

LAGE

◎ **SÜDLICHE FJORDRUTA**: siehe auf unserer Übersichtskarte im Sektor E 3.

◎ **HÖHE**: 800 m ü.d.M.

◎ **KARTEN**: Turkart Fjordruta sowie Norge-serien Nr. 10084 (Surnadal). – Karten-Info siehe Seite 19 f.

◎ **GPS**: 6996722 (N), 0488131 (O).

◎ **ZU ERREICHEN**: via Etappe 13 ab Hütte Grytbakksetra oder via Etappe 14 ab Hütte Tverrlihytta. Außerdem ab Einstiegsort E 14, Øygarden (siehe Seite 168), oder ab Einstiegsort E 15, Bæverdal/Myrholten (siehe Seite 169), oder ab Einstiegsort E 17, Valsøybotn (siehe Seite 169).

BASISDATEN

◎ **ERSTE SAISON**: 1999.

◎ **KATEGORIE**: *selvbetjent* – Hütte zur Selbstbewirtschaftung, mit einer Speisekammer, aus der Proviant gekauft werden kann.

◎ **TÜR**: steht offen, die Hütte ist das ganze Jahr über zugänglich (wobei der Zugang im Winter bis zum Dach eingeschneit sein kann).

◎ **SCHLAFEN**: 11 Betten in 3 Schlafzimmern, plus 2 Schlafplätze im Aufenthaltsraum, plus 12 Schlafplätze in der Steinbua als Notaufnahme.

◎ **TRINKWASSER**: aus dem See vor der Hütte schöpfen, der See vor der Steinbua dient zum Baden.

EXTRAS

◎ Wie am Ende der Welt – unübertroffen, was den romantischen **SONNENUNTERGANG** betrifft. Mehr zur Szenerie unter »Landschaft«.

◎ Die Lage auf dem Hardbakkfjell macht die Hütte natürlich zu einem Höhepunkt jeder Fjordruta-Tour. Da die Kapazität der Schlafplätze eingeschränkt ist, hat man 2006 die urige, aus einem Raum bestehende **STEINBUA** an einem nahen See errichtet. Sie soll Wanderer aufnehmen, sollte die Hütte voll sein oder abbrennen, denn hier oben wäre man im Notfall Kälte und Regen besonders schutzlos ausgeliefert. Die Steinbua verfügt auch über eine Kochstelle.

WOHLFÜHLFAKTOREN

◎ **LANDSCHAFT**: Das karge Hardbakkfjell gehört zum Dach der Fjordruta. Entsprechend fulminant ist die Aussicht, ob nach Westen auf Meer, Fjord und Berge oder nach Osten. Allein die Aussicht vom Küchenfenster auf ungezählte Gipfel bleibt haften. Vom Plateau neben der Hütte blickt man von Trollheimen im Südosten bis aufs Romsdalsfjell im Südwesten.

◎ **IM INNEREN**: Fjordruta-weit zwei von drei Sternen, landesweit drei von drei Sternen. Hier gibt es die Hüttenregeln auch auf Deutsch. So schön es hier drinnen ist, es wird die Wanderer nach draußen ziehen...

Hardbakkhytta und Steinbua. ▶

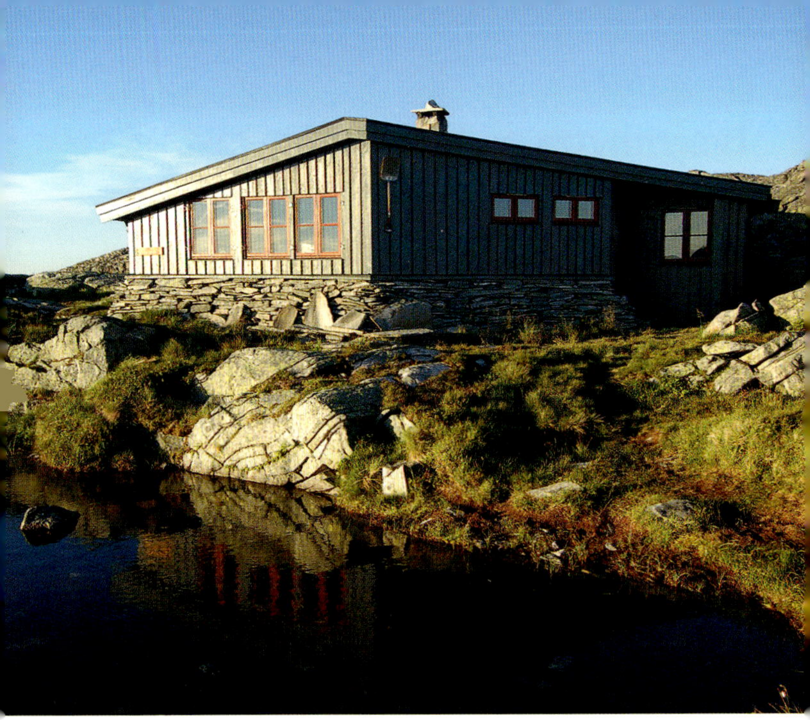

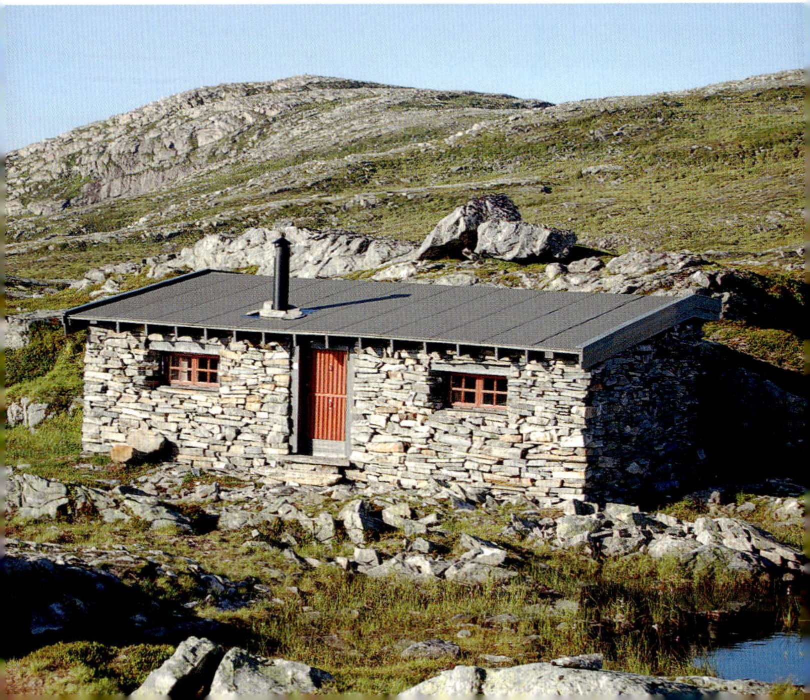

Tverrlihytta

LAGE

◎ **SÜDLICHE FJORDRUTA**: siehe auf unserer Übersichtskarte im Sektor D 3.

◎ **HÖHE**: 560 m ü.d.M.

◎ **KARTEN**: Turkart Fjordruta sowie Norge-serien Nr. 10084 (Surnadal). – Karten-Info siehe Seite 19 f.

◎ **GPS**: 6993118 (N), 0480793 (O).

◎ **ZU ERREICHEN**: via Etappe 14 ab Hütte Hardbakkhytta oder via Etappe 16 ab Hütte Jutulbu. Zudem ab Einstiegsort E 16, Bæverdal/Sæterbø (siehe Seite 169), oder ab Einstiegsort E 17, Valsøybotn (siehe Seite 169).

BASISDATEN

◎ **ERSTE SAISON**: 2000.

◎ **KATEGORIE**: *selvbetjent* – Hütte zur Selbstbewirtschaftung, mit einer Speisekammer, aus der Proviant gekauft werden kann.

◎ **TÜR**: steht offen, die Hütte ist das ganze Jahr über zugänglich.

◎ **SCHLAFEN**: 12 Betten in 4 Schlafzimmern, mindestens 6 Schlafplätze auf dem niedrigen Dachboden und 2 im Aufenthaltsraum.

◎ **TRINKWASSER**: Falls der Wasserhahn neben der Hütte nicht funktioniert, ist das Wasser aus dem Bach zu schöpfen, der westlich der Tverrlihytta vorbei fließt, was (Fjordruta-intern rekordverdächtig) einige Minuten Fußweg auf dem Pfad Richtung Jutulbu erfordert.

EXTRAS

◎ Eine der faszinierendsten Fjordruta-Hütten in Sachen **SONNENUNTERGANG**. Zu genießen u.a. von der großen Veranda. Mehr zur Szenerie unter »Landschaft«.

◎ Die Hütten eignet sich auf Grund des umliegenden Terrains hervorragend für **SKITOUREN**. Selbst wenn die Leser dieses Buches (noch) nicht dafür in Frage kommen, lassen sich in den selbst gemachten Fotoalben vor Ort einige stimmungsvolle Winterbilder entdecken, auch solche mit Skiläufern.

WOHLFÜHLFAKTOREN

◎ **LANDSCHAFT**: Die Hütte steht in welligem, baumlosem Fjell an einem Hang. Die Vegetation prägen die umliegenden, satten Feuchtgebiete. Im Süden und Südosten zeichnen sich über der Ortschaft Surnadal mehrere Trollheimen-Gipfel ab, die gerade im Abendlicht eine treffliche Kulisse abgeben.

◎ **IM INNEREN**: Fjordruta-weit zwei von drei Sternen, landesweit drei von drei Sternen. Gemäß Fjordruta-Maßstab durchschnittlich, ist die Hütte im Landesvergleich gewiss in der *upper class* anzusiedeln. Hier gibt's die Hüttenregeln auch auf Deutsch.

Station auf zwei der reizvollsten Fjordruta-Etappen (14 + 15): die Tverrlihytta. ▶

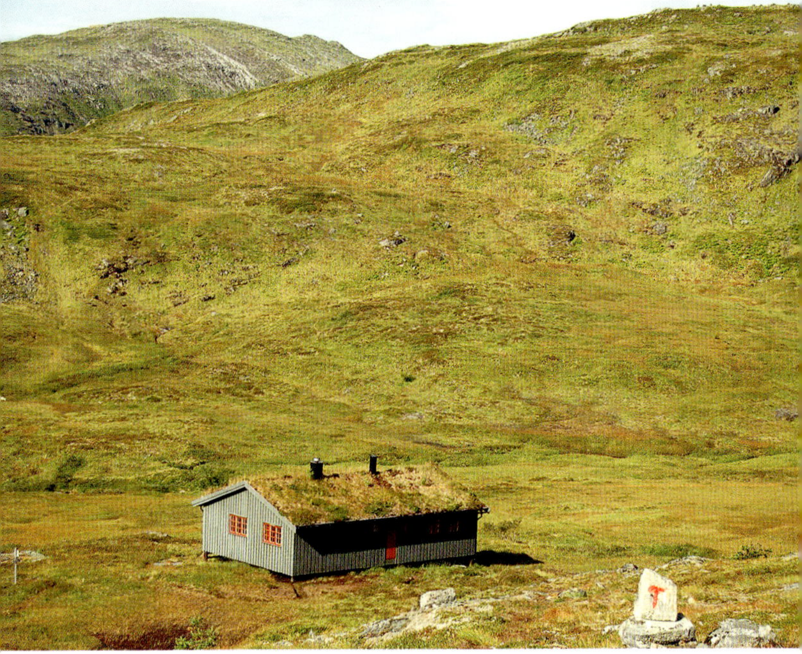

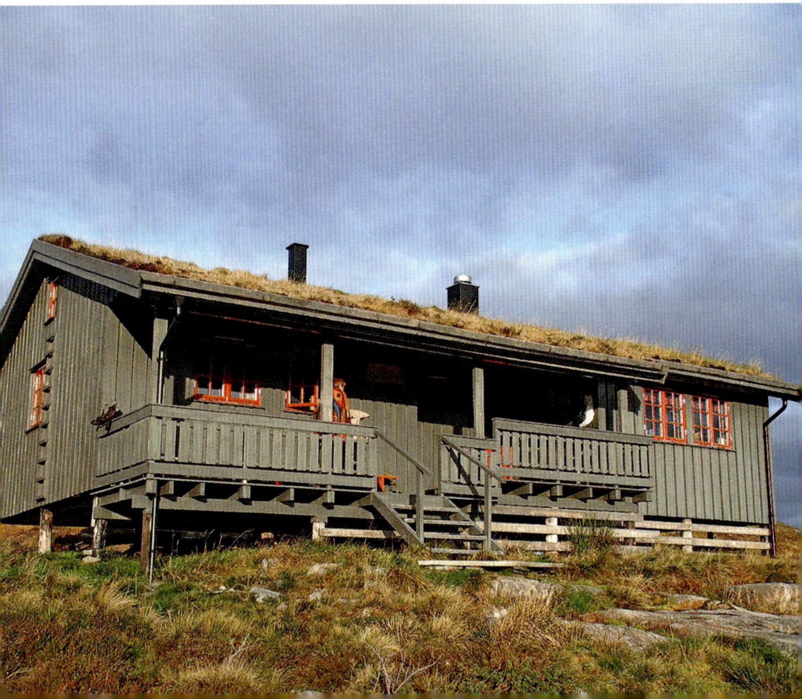

Jutulbu

LAGE

◎ **SÜDLICHE FJORDRUTA**: siehe auf unserer Übersichtskarte im Sektor C 4.

◎ **HÖHE**: 413 m ü.d.M.

◎ **KARTEN**: Turkart Fjordruta sowie Norge-serien Nr. 10084 (Surnadal). – Karten-Info siehe Seite 19 f.

◎ **GPS**: 6990090 (N), 0469130 (O).

◎ **ZU ERREICHEN**: via Etappe 15 ab Hütte Tverrlihytta oder, in umgekehrter Richtung, ab Einstiegsort No. 20, Halsa (siehe Seite 172). Außerdem ab Einstiegsort E 18, Parkplatz Straße 65 (siehe Seite 170), oder ab Einstiegsort E 19, Megardsvatnet (siehe ebenfalls Seite 170).

BASISDATEN

◎ **ERSTE SAISON**: 2001.

◎ **KATEGORIE**: *selvbetjent* – Hütte zur Selbstbewirtschaftung, mit einer Speisekammer, aus der Proviant gekauft werden kann.

◎ **TÜR**: steht offen, die Hütte ist das ganze Jahr über zugänglich.

◎ **SCHLAFEN**: 12 Betten in 4 Schlafzimmern, ferner 7 Schlafplätze auf dem niedrigen Dachboden und 2 im Aufenthaltsraum.

◎ **TRINKWASSER**: aus einem Bach schöpfen (Wegweiser).

EXTRAS

◎ Die Hütte ist fast **BAUGLEICH** mit der Storfiskhytta (Etappen 6/7/9) sowie der weiter östlich benachbarten Tverrlihytta recht ähnlich.

◎ Der **DACHBODEN** könnte ohne Weiteres übersehen werden: fast anspruchsvoll zugänglich über eine im Aufenthaltsraum an der Wand lehnende, steile Leiter und eine Klappe dort oben.

◎ Neben der Hütte ein **PICKNICKPLATZ** mit Lagerfeuerstätte.

◎ Weiter westlich ist im BACHBETT unterhalb der Hütte in ca. 150 m Entfernung eine vertiefte Stelle, die bei ausreichender Wasserführung zum **BADEN** taugt.

WOHLFÜHLFAKTOREN

◎ **LANDSCHAFT**: Jutulbu liegt bereits im Fjell, aber merklich näher an den Tieflagen entlang der Fjordküsre, die von hier oben sogar zwischen zwei auslaufenden Hängen einzusehen ist. Die Natur ringsum zeigt sich sehr unterschiedlich, die Vegetation ist reichlicher als etwa weiter östlich rund um Tverrli- und Hardbakkhytta. Egal, ob Einstieg und Ausstieg – die Landschaft dürfte in jedem Fall reizvoll wirken, denn sie bildet die Kulisse für einen spannenden Auftakt wie für einen angemessenen Abschluss jeder Fjordruta-Fernwanderung.

◎ **IM INNEREN**: Fjordruta-weit zwei von drei Sternen, landesweit drei von drei Sternen. Nach der anstrengenden Tour (ab Tverrlihytta oder Halsa) ist dieser Aufenthalt eine Wohltat.

Jutulbu liegt bereits im Fjell, doch die Fjorde sind ganz nahe. ▶

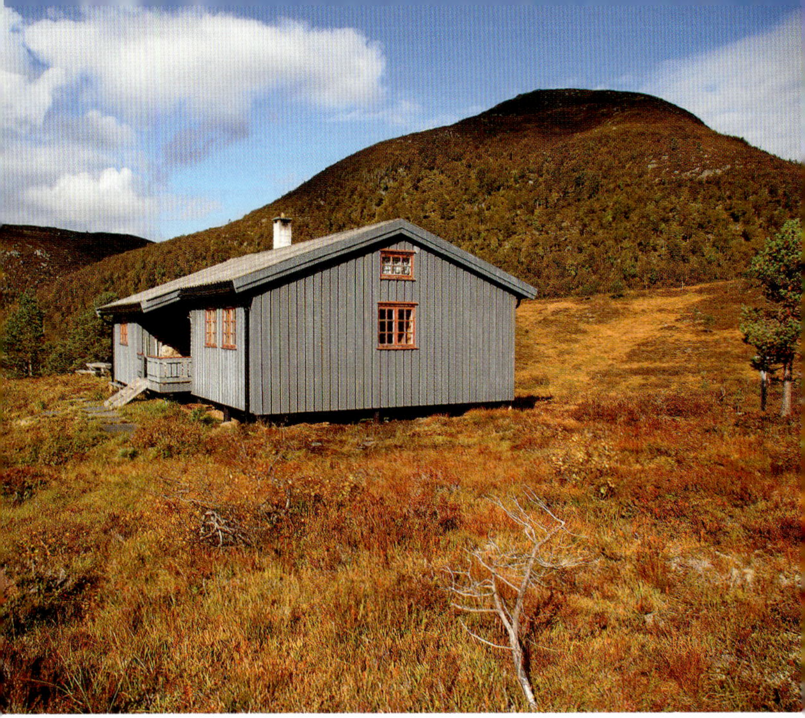

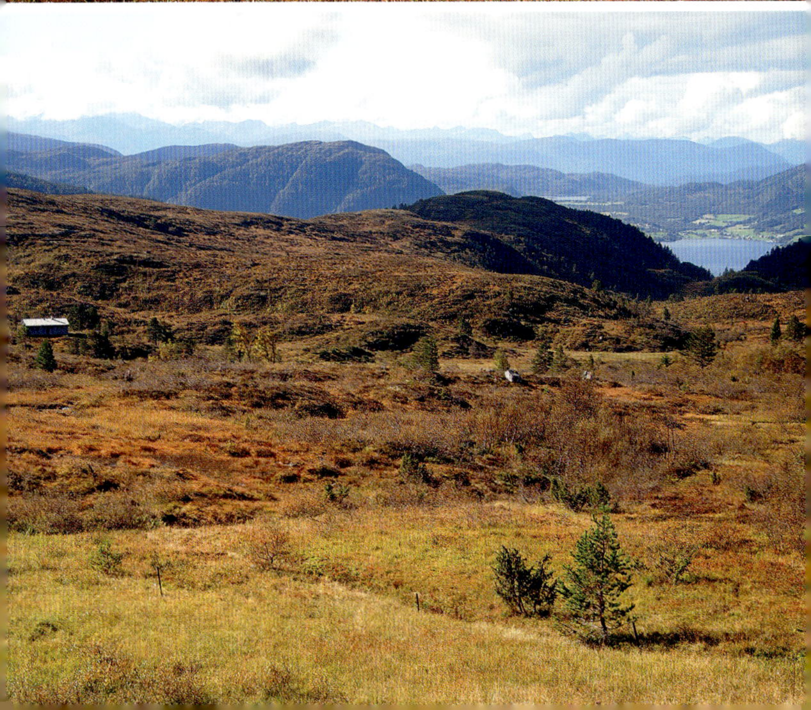

Hermannhytta

LAGE

◎ **SÜDLICHE FJORDRUTA**: siehe auf unserer Übersichtskarte im Sektor F 4.

◎ **HÖHE**: 420 m ü.d.M.

◎ **KARTEN**: Turkart Fjordruta sowie Norge-serien Nr. 10084 (Surnadal). – Karten-Info siehe Seite 19 f.

◎ **GPS**: 6988014 (N), 0498910 (O).

◎ **ZU ERREICHEN**: via Etappe 17 ab Hütte Grytbakksetra oder Etappe 18 ab Hütte Sætersetra. Zudem ab Einstiegsort E 21, Parkplatz im Surnadal (siehe Seite 172), oder ab Einstiegsort E 22, Bushaltestelle Vindøla im Surnadal (siehe Seite 173).

BASISDATEN

◎ **ERSTE SAISON**: 2004.

◎ **KATEGORIE**: *selvbetjent* – Hütte zur Selbstbewirtschaftung, mit einem Küchenschrank, aus dem Proviant gekauft werden kann.

◎ **TÜR**: steht offen, die Hütte ist das ganze Jahr über zugänglich.

◎ **SCHLAFEN**: 12 Betten in Schlafzimmern von Hütte und Annex, plus 1 Schlafplatz im Aufenthaltsraum.

◎ **TRINKWASSER**: aus einem Bach schöpfen (Wegweiser).

EXTRAS

◎ Während über viele ältere Gebäude entlang der Fjordruta nur wenig zu erfahren ist, ist die Geschichte der Hermannhytta gut dokumentiert: Ursprünglich in den 1950ern an einem anderen Ort im Surnadal als **SAUNA** errichtet, kaufte Hermann Sande die Hütte 1973/74 und versetzte sie an die heutige Position. Der Annex ist allerdings ein Neubau.

◎ Wer das norwegische **KÖNIGSPAAR** in jungen Jahren nicht kennt, findet im Aufenthaltsraum eine entsprechend betagte Fotografie.

◎ Die Hütte verfügt über einen **LAGERFEUERPLATZ**, um den eine die Kommunikation fördernde Sitzbank in Hufeisenform gebaut wurde.

◎ Um die Hütte wurde ein **GRABEN** angelegt, der vom Hang abfließendes Wasser aufnehmen soll.

WOHLFÜHLFAKTOREN

◎ **LANDSCHAFT**: Ein schöner Blick ergibt sich nach Süden auf die zum Teil bewaldete Sumpf- und Wiesenlandschaft unterhalb der Hütte, mit den mächtigen Erhebungen südlich des Surnadals im Hintergrund.

Wem das als Abendpanorama zu dürftig ist, steigt knapp 10 Minuten auf der Fjordruta Richtung Grytbakksetra auf die nördliche Anhöhe.

◎ **IM INNEREN**: Fjordruta-weit zwei von drei Sternen, landesweit drei von drei Sternen. Klein, urig, schwach belegt und wie geschaffen für einen romantischen Aufenthalt zu zweit.

Einst Sauna, heute urige Wanderhütte mit Lagerfeuerplatz: die Hermannhytta. ▶

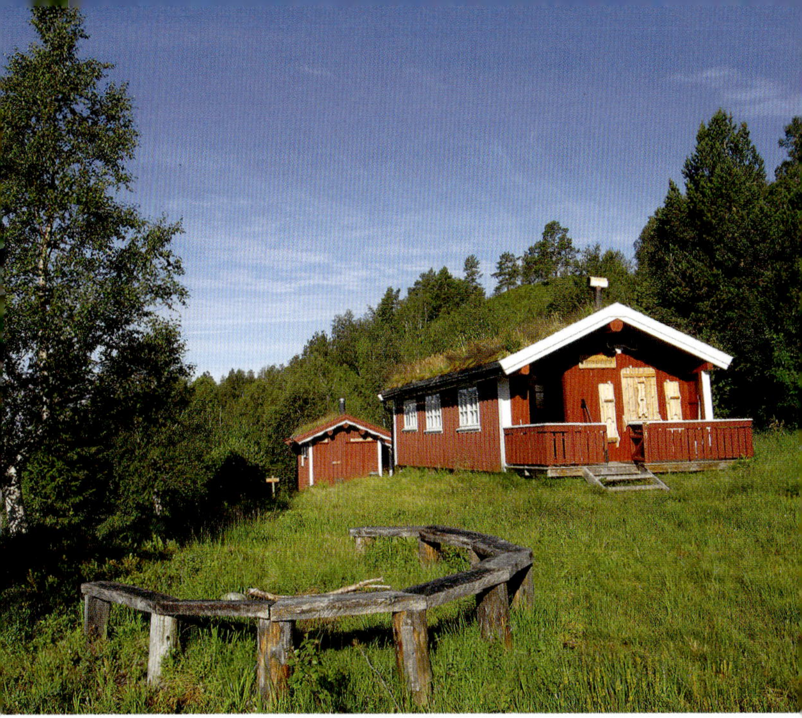

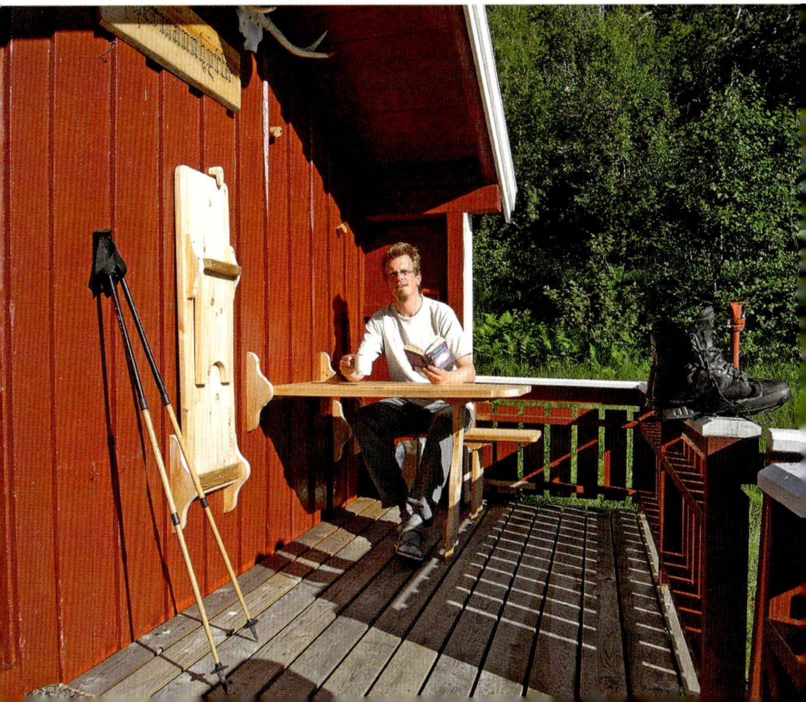

Sætersetra

LAGE

◎ **SÜDLICHE FJORDRUTA**: siehe auf unserer Übersichtskarte im Sektor F 4.

◎ **HÖHE**: 320 m ü.d.M.

◎ **KARTEN**: Turkart Fjordruta sowie Norge-serien Nr. 10084 (Surnadal). – Karten-Info siehe Seite 19 f.

◎ **GPS**: 6984252 (N), 0500033 (O).

◎ **ZU ERREICHEN**: via Etappe 18 ab Hütte Hermannhytta oder Etappe 19 ab Hütte Vindølbu. Zudem ab Einstiegsort E 22, Bushaltestelle Vindøla im Surnadal (siehe Seite 173), wobei sich beim Einstieg von der Straße in den Wald des Weiteren ein Parkplatz befindet.

BASISDATEN

◎ **ERSTE SAISON**: 2009.

◎ **KATEGORIE**: *selvbetjent* – Hütte zur Selbstbewirtschaftung, mit einer kleinen Speisekammer (Eckschrank) zum Nachkauf von Proviant.

◎ **TÜR**: steht offen, die Hütte ist das ganze Jahr über zugänglich.

◎ **SCHLAFEN**: 4 Betten und ein Sofa für Kleinwüchsige in einem Schlafzimmer, ferner 2 Schlafplätze im Aufenthaltsraum.

◎ **TRINKWASSER**: aus einem Bach schöpfen (Wegweiser).

EXTRAS

◎ Die ehemalige **ALM** wurde schon lange aufgegeben, bevor der KNT die Hütte übernehmen und für die Wanderer herrichten konnte. Ohne weidende Tiere wächst das Terrain rund um die Hütte zu, schon 2009 vor der Eröffnung musste einiges an Gehölz und Gestrüpp entfernt werden, das der Hütte auf die Balken gerückt war. Auch die zuwachsenden Wiesen im Bereich der Hütte machen den Eindruck, als würden sie nicht ganz sich selbst überlassen. Dort leuchten immerhin einige Pflanzen auf, die sonst in gemischterer Vegetation leicht zu übersehen sind, zum Beispiel Echter Mädesüß und Alpen-Milchlattich.

Wer sich mit Pilzen auskennt, wird an diesem Hang ab August ebenfalls fündig.

◎ Im Flüsschen südlich der Hütte soll sich eine als **BADEPLATZ** geeignete Kuhle befinden.

WOHLFÜHLFAKTOREN

◎ **LANDSCHAFT**: Die Aussicht von der Hütte selbst ist nach Fjordruta-Maßstäben kein Knüller, die Lage inmitten der Alm-Lichtung reizvoll.

◎ **IM INNEREN**: Fjordruta-weit zwei von drei Sternen, landesweit drei von drei Sternen. Ähnlich wie Hermannhytta: Klein, urig, schwach ausgelastet und wie geschaffen für einen romantischen Aufenthalt zu zweit (sofern das einzige Schlafzimmer ungeteilt beansprucht werden kann).

Statt zu verfallen und zuzuwuchern, bleibt die Sætersetra als Wanderhütte erhalten. Von den ehemaligen Almhütten in Diensten der Fjordruta wirkt ihr Ursprung am ehesten bewahrt. ▶

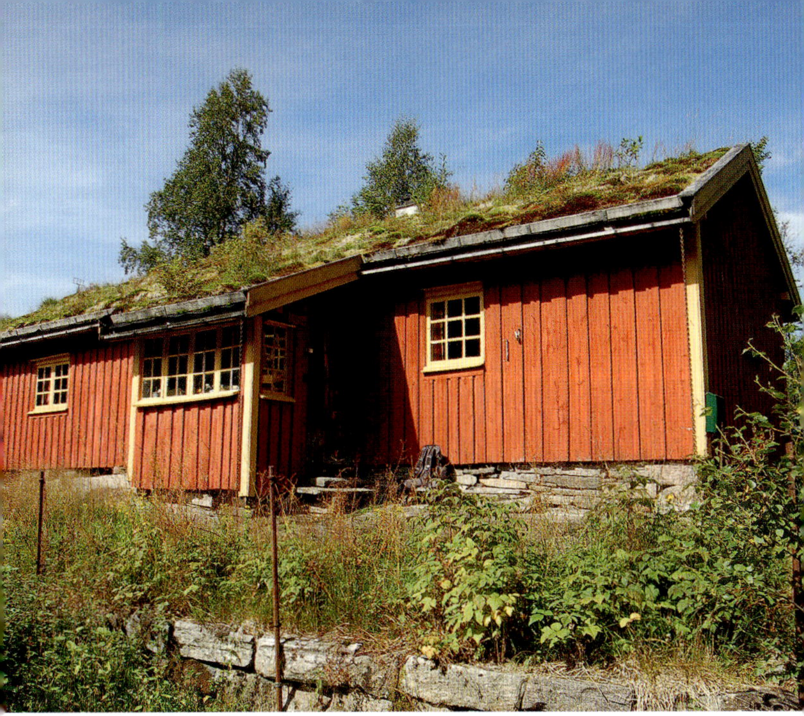

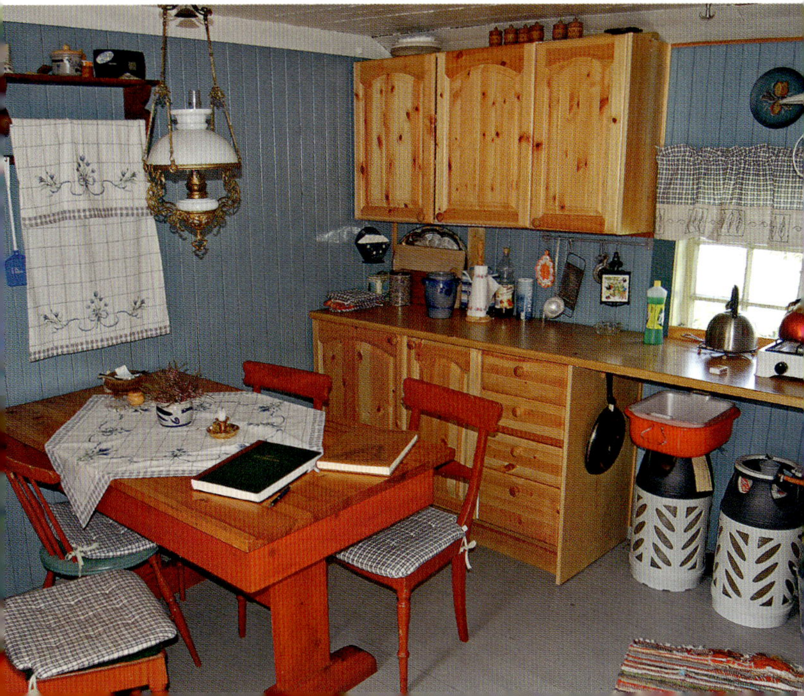

Vindølbu

LAGE

◎ **SÜDLICHE FJORDRUTA**: siehe auf unserer Übersichtskarte im Sektor F 5.

◎ **HÖHE**: 500 m ü.d.M.

◎ **KARTEN**: Turkart Fjordruta sowie Norge-serien Nr. 10084 (Surnadal). – Karten-Info siehe Seite 19 f.

◎ **GPS**: 6976853 (N), 0500472 (O).

◎ **ZU ERREICHEN**: via Etappe 19 ab Hütte Sætersetra oder Trollheimen ab der bewirtschafteten Trollheimshytta. Außerdem ab Einstiegsort E 23, Parkplatz Vindøldal, mautpflichtiger Vindølvegen (siehe Seite 173).

BASISDATEN

◎ **ERSTE SAISON**: 2007.

◎ **KATEGORIE**: *selvbetjent* – Hütte zur Selbstbewirtschaftung, mit einer Speisekammer, aus der Proviant gekauft werden kann.

◎ **TÜR**: steht offen, die Hütte ist das ganze Jahr über zugänglich.

◎ **SCHLAFEN**: 9 Betten in 3 Schlafzimmern, ferner 6 Schlafplätze auf dem Dachboden sowie 2 im Aufenthaltsraum.

◎ **TRINKWASSER**: bestens, kommt draußen aus einem Wasserhahn.

EXTRAS

◎ Ähnlich wie bei Imarbu, Jutulbu und Hermannhytta wurde draußen ein reizvoller **PICKNICKPLATZ** gezimmert, wo es sich bei Schönwetter herrlich frühstücken lässt.

◎ Es sind vor Ort **TAGESTOUREN** möglich, auf die in der Hütte selbst verwiesen wird, vor allem die Rundtour über Grønbotnen, da zwei Routen gen Trollheimen markiert sind, die sich später vereinen: der Wendepunkt dieser Tour.

◎ Die Hütte Vindølbu gilt Puristen als nur bedingt zugehörig zur Fjordruta, sondern eher wie Sætersetra und Hermannhytta als Verbindungsglied auf der Route zwischen Fjordruta und der fulminanten Bergwelt von **TROLLHEIMEN**.

WOHLFÜHLFAKTOREN

◎ **LANDSCHAFT**: Das Vindøldal ist ein Hochtal, dessen Schönheit auch draußen vom »Picknick-Podest« zur Geltung kommt.

◎ **IM INNEREN**: Fjordruta-weit drei von drei Sternen, landesweit drei von drei Sternen. Die relativ neue Hütte ist tiptop in Schuss, ebenso praktisch ausgestattet, zum Beispiel mit Desinfiziermittel an der Küchenzeile, wie sehr gemütlich, allerdings unter vielen Wanderern immer noch ziemlich unbekannt und darum schwach belegt. Insofern stehen die Chancen recht gut für einen weiteren romantischen Aufenthalt zu zweit.

Vindølbu liegt auf 500 m ü.d.M. im schönen Vindøldal. ▶

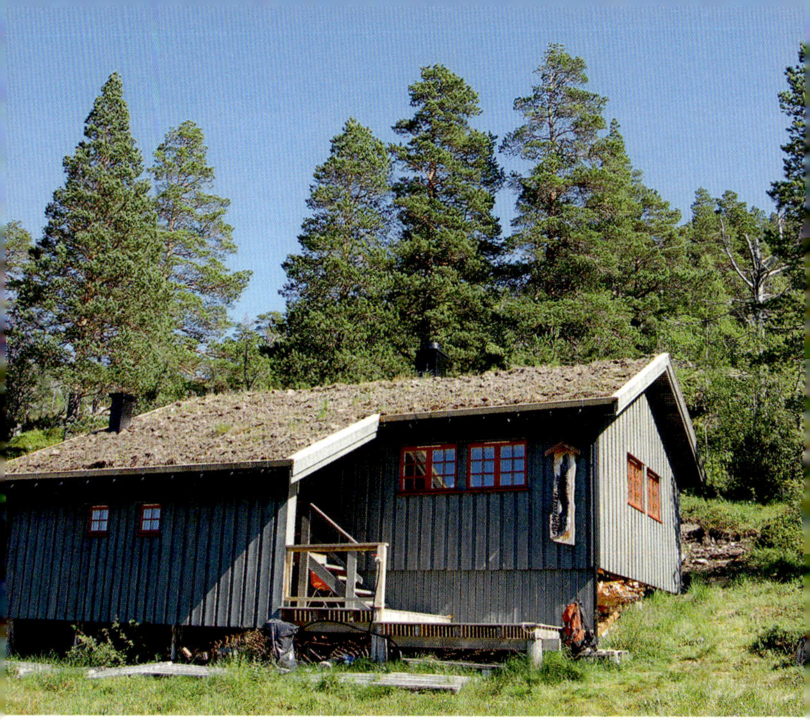

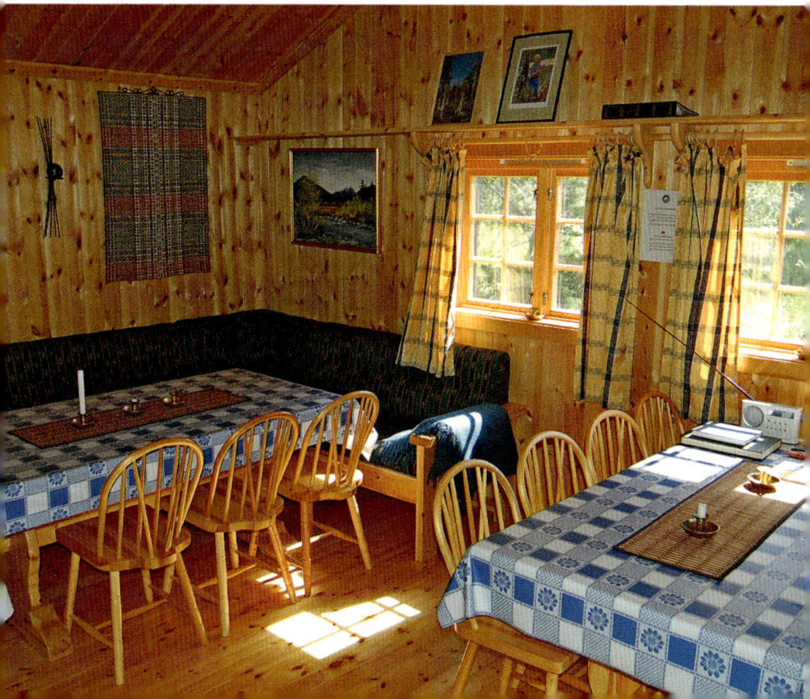

Etappen

Jede Etappe leitet vor der Tourenbeschreibung ein Info-Block ein, u.a. zu:
◎ **DAUER**: Die Angaben sind als grobe Hilfe ohne Pausen veranschlagt. Manche Wanderer rechnen im Schnitt 3 Kilometer je Stunde mit Pausen, andere 4. Bei steilen Anstiegen lautet eine Hilfsformel: 15 Minuten für je 100 Höhenmeter. Für jedes Waten veranschlage ich im Buch 15 Minuten, Schuhwechsel und andere Maßnahmen (siehe Seite 18) inbegriffen. Die tatsächliche Dauer hängt von weiteren Faktoren ab. 1. von der Person: Fürs Buch ging ein 1,90 m langer 50-Jähriger mit überdurchschnittlicher Fitness/Ausdauer, aber kein Leistungssportler; nach 2–3 Etappen können Sie einschätzen, wie Sie die Angaben für sich selbst relativieren müssen. 2. von der Jahreszeit: Im Juni ist das Gelände wegen der Schneeschmelze im Frühjahr noch relativ feucht, was das Vorwärtskommen verzögert. 3. vom Wetter: In Trockenperioden läuft man in Feuchtgebieten zügig und sanft wie auf einem Schwamm, nach starken Regenfällen sind Umwege möglich.
◎ **SCHWIERIGKEITSGRAD**: Die Angabe schwer bedeutet anstrengend, wegen Distanz und/oder Höhenprofil. Waghalsige Kletterpartien kommen nicht vor. Ich bin nicht schwindelfrei und kam überall zurecht; die kniffligste Stelle dazu gehört zur Etappe 16 (siehe Seite 141 unter »Besonderes«).

Etappe 1:	Flughafen – Trollstua	☺☺😐	ca. 3:30 h	leicht
Etappe 2:	Trollstua – Gullsteinvollen	☺☺😐	ca. 3:30 h	mittel
Etappe 3:	Gullsteinvollen – Imarbu	☺😐😐	ca. 4:45 h	mittel
Etappe 4:	Imarbu – Nersetra	😐😐😐	ca. 3:50 h	mittel
Etappe 5:	Nersetra – Rovangen	☺☺😐	ca. 6:10 h	schwer
Etappe 6:	Rovangen – Storfiskhytta	☺☺😐	ca. 4:30 h	mittel
Etappe 7:	Storfiskhytta – Storlisetra	☺☺😐	ca. 6:45 h	schwer
Etappe 8:	Storlisetra/Vinjeøra – Sollia	☺☺😐	ca. 4:00 h	mittel
Etappe 9:	Sollia – Storfiskhytta	☺☺😐	ca. 4:00 h	mittel
Etappe 10:	Storlisetra – Kårøyan	☺☺😐	ca. 5:00 h	mittel+
Etappe 11:	Kårøyan – Grytbakksetra	☺😐😐	ca. 4:30 h	mittel
Etappe 12:	Grytbakksetra – Storlisetra	☺☺😐	ca. 3:45 h	mittel
Et. 13:	Grytbakksetra – Hardbakkhytta	☺☺☺	ca. 5:10 h	mittel+
Et. 14:	Hardbakkhytta – Tverrlihytta	☺☺☺	ca. 4:25 h	mittel+
Etappe 15:	Tverrlihytta – Jutulbu	☺☺☺	ca. 6:30 h	schwer
Etappe 16:	Jutulbu – Halsa	☺☺☺	ca. 5:15 h	schwer
Et. 17:	Grytbakksetra – Hermannhytta	☺☺😐	ca. 6:00 h	mittel
Etappe 18:	Hermannhytta – Sætersetra	☺😐😐	ca. 2:15 h	leicht
Etappe 19:	Sætersetra – Vindølbu	☺☺😐	ca. 4:45 h	mittel+

☺☺☺: sog. Erlebniswert, ausschlaggebend Panorama, Abwechslung und Besonderheiten.

Etappe 1:

Flughafen Kristiansund – Trollstua

ORIENTIERUNG

◎ **NÖRDLICHE FJORDRUTA**, siehe auf unserer Übersichtskarte im Sektor A 3 und B 3.

◎ **KARTEN**: Turkart Fjordruta sowie Norge-serien Nummer 10083 (Kristiansund). Beide Karten geben den Routenverlauf nicht korrekt wieder. Eine bessere Darstellung auf der Insel Nordlandet (mit dem Flughafen) zeigt www.kntur.no unter: »Ruter, Fjordruta, Kristiansund lufthavn...«. Vage bleibt die Distanz. – Allgemeine Karten-Informationen siehe Seite 19 f.

◎ **MARKIERUNG**: gut.

PROFIL

◎ **DAUER**: ca. 3:30 Stunden für ca. 7,5 km Distanz, inkl. Fährtransfer (25 Min. ohne Wartezeit), ohne Pausen.

◎ **SCHWIERIGKEITSGRAD**: leicht. Eine fast ebene Etappe und eine der kürzesten zudem; selbst ein Hang mit Seilsicherung erweist sich bei durchschnittlicher Fitness als harmlos.

◎ **TERRAIN**: Feuchtgebiete, Heide, Misch- und Nadelwald, auch Asphalt und Forstwege.

◎ **TRINKWASSER**: mitnehmen, unterwegs schwierig, bei Bedarf nachfüllen auf der Fähre.

◎ **BESONDERES**: Startort am Flughafen. – Kurzer, steiler Hang mit Seilsicherung. – Überqueren eines Golfplatzes. – Fährtransfer zwischen den Insel Nordlandet und Tustna). – Als Ziel eine Hütte mit Bootsschuppen.

◎ **ERLEBNISWERT**: ☺☺😐 (= hoch) dank der vielen Besonderheiten und der Passage entlang der Fjordküste, wo sogar ein Picknickplatz eingerichtet ist – toller Fjordblick inklusive.

◎ **ALTERNATIVROUTE**: Einstieg am Fähranleger Seivika (wie Flughafen und Kristiansund-Ost auf Nordlandet) bzw. Tømmervåg (auf der anderen Fjordseite auf der Insel Tustna gelegen, Einstiegsort E 2, siehe Seite 163). Die Linie Seivika – Tømmervåg wird tagsüber von zwei Fähren im 30-Minuten-Takt bedient; sie ist Teil der Busroute 821 zwischen Kristiansund und Aure, die werktags bis zu 6 x verkehrt, Sa+So nur jeweils 1 x. Vom Fähranleger Tømmervåg verbleiben etwa 75 Gehminuten (ohne Pausen) bis zur Hütte Trollstua, dem Etappenziel.

◎ **START**: Entweder geht man direkt vom Flughafen los, oder man nimmt den Bus ab Kristiansund-City, der an den Wochenenden aber nur eingeschränkt verkehrt. Das Taxi von Kristiansund zum Airport Kvernberget kostet, abhängig von Tageszeit und Wochentag, um 150–200 NOK.

◎ **ZIEL**: Hütte Trollstua (siehe Seite 34).

Um den Lesefluss nicht zu stören, haben wir uns entschieden, alle Adressen in einem Anhang am Ende des Buches zu konzentrieren, wie die des Wandervereins KNT. – Zu den Etappen-Zeitangaben bitte stets Seite 66 berücksichtigen.

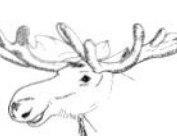

TOURENBESCHREIBUNG

Der Start an einem Airport hat etwas Besonderes. Früher – dokumentiert durch die Abdrücke der entfernten Pfeile auf dem Wegweiser – ging es sofort nach Osten, unmittelbar am Flughafen entlang. Nachdem dessen Landebahn 2011 verlängert und das Gelände erweitert wurde, musste der Auftakt der Fjordruta umgelegt werden. Leider ist dies auf der Ende 2012 erschienenen Topo-Karte der »Norge-serien« nicht eingezeichnet; diese enthält noch den früheren Wegverlauf, der bereits im Frühjahr 2011 durch die Flughafen-Baustelle aufgegeben werden musste, was KNT als zuständiger Wanderverein pflichtbewusst dokumentiert hat. Die Angabe »Kartdata 2012« am Blattrand ist also leider mit Vorsicht zu genießen.

Statt ins Grüne führt die Fjordruta ab Flughafen-Terminal erst mal links zur Straße: Ca. 200 m geht es auf dem kombinierten Fahrrad-/Fußgängerweg entlang, bevor die Route rechts abzweigt. Über Stock und Stein und streckenweise ausgelegte Holzbohlen geht man durch ein Heidegebiet, die Markierung besteht aus bemalten Steinmännchen und Holzlatten. Der Pfad begleitet das Flughafengelände: Auf dem ersten höheren steinigen Hang angekommen, zeigt sich nach Osten die besagte Landebahn-Verlängerung, vor allem aber auch ein Fjord und die Insel Tustna, wo das Ziel dieser Etappe liegt (0:15).

Wieder hinab, hindurch zwischen Heidelbeersträuchern, Farnen sowie Birken. Dann wird ein Fahrweg gequert, der früher ganz hinunter in den Inselsüden führte, heute jedoch wegen der verlängerten Landebahn abbrechen muss (0:30).

Weiter durch Heide, lichten Wald, über Wiesen, die in regenreichen Perioden recht feucht werden können; auf solchen Teilstrecken halten hölzerne Wegmarkierungen manchmal nicht sehr lange durch, hier weisen dann Holzbohlen den Weg. Der Pfad hält sich nach der Überquerung des Fahrwegs zuerst geradeaus ostwärts, knickt dann Richtung Flughafen ab, führt an einem Bach entlang, um diesen auf einem Steg zu überqueren, und nimmt den zweiten merklichen Anstieg, immer noch nahe des Flughafenareals. Wollgras, Gestrüpp und knorrige Kiefern prägen die Szenerie, die Birken treten zurück. Am Ende einer Felsbahn geht es über eine Kante, anschließend durch lichten Wald. Kurzer Abstieg, Felsbahnen, Wald, in den Senken Feuchtgebiete mit Bohlen und Anhöhen wechseln sich ab; die Höhenunterschiede bleiben moderat, der Pfad ist gut ausgetreten. Der Fjord gerät hinter der gerodeten Verlängerung des Flughafenareals vielversprechend ins Blickfeld (0:55).

Links des Aussichtspunktes geht es unterhalb der Felsbahn weiter, in eine Senke und zu der nächsten Aussicht auf Fjord, Tustna und Flugplatz, den eine Ringmauer nach Osten begrenzt. Es ist nicht mehr weit bis zur Küste, davor ist noch der unterhalb liegende Wald zu queren.

Besinnliche Pause unterhalb des Fjordufer-Rasteplass.
Im kleinen Bild Intermezzo mit Seil, vor Erreichen der Küste. ▸

Es geht also hinunter, der Wald verdichtet sich. Als Höhepunkt und Abwechslung zugleich, folgt ein kurzer, steiler Böschungsabstieg, wofür sogar ein Seil befestigt ist. Nach kurzer Strecke ist das Fjordufer erreicht. Die Fjordruta macht ihrem Namen alle Ehre und begleitet die Küste, es wird der schönste Streckenabschnitt vor großer Landschaftskulisse, stellenweise mit Seilen versehen. – Wer eine Rast einlegen will, findet unterwegs einen Tisch mit Bänken oberhalb der Küste (1:25).

Unweit ein doppelter Wegweiser, Marke Eigenbau: Vom »Rasteplass« kommt der Pfad also her, die andere Richtung verspricht: »Ferge 20 Min« – noch 20 Minuten bis zur Fähre. Es geht aufwärts, über Stock und Stein und eine Moräne wieder mehr landeinwärts, hinab in ein schmales Tal mit reichlich Farnen, Gestrüpp und lichtem Birkenwald, bis ein weiterer, gewöhnlicher Wegweiser verkündet: »Golfbanen krysses« & »Vis hensyn« & »Følg pilens retning«: Der Pfad quert das Grün eines Golfplatzes; man soll Rücksicht nehmen und der Pfeilrichtung folgen (anstatt kreuz und quer zu gehen). Südlich des Platzes ist eine Schneise in ein Stückchen Urwald mit bemoosten Findlingen geschlagen; an deren Ende erreicht der Pfad die Straße 680, wo es nach links zum Fähranleger Seivika hinunter (sowie rechts nach Kristiansund und zu einem Campingplatz) geht (1:50).

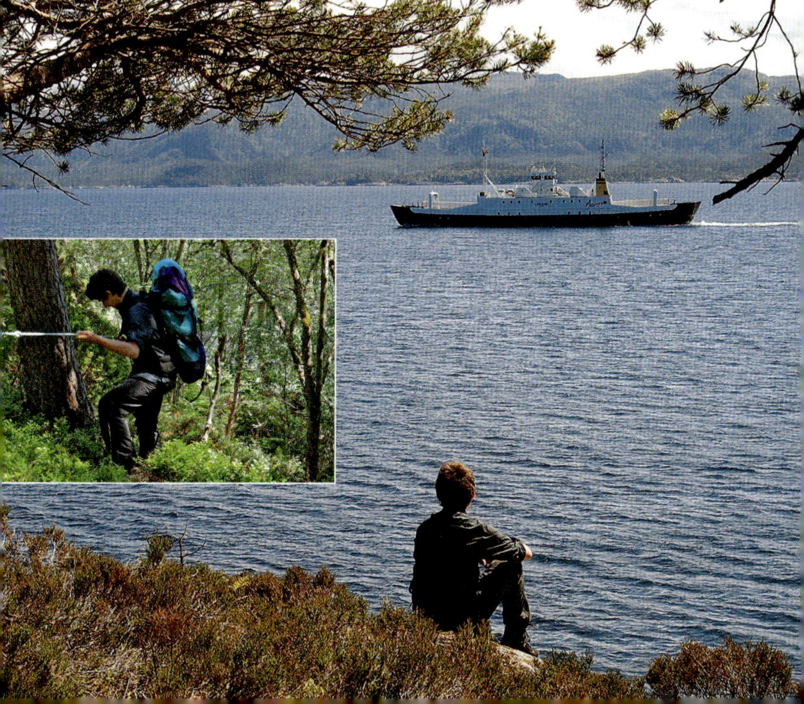

Die Überfahrt dauert 25 Minuten (2:15); tagsüber sind zwei Fähren im 30-Minuten-Takt im Einsatz, die Wartezeit am Fähranleger lasse ich hier außen vor, da sie, abhängig von der Ankunftszeit, verschieden ausfällt.

Am Zielort der Fähre, Tømmervåg, steht am Anleger-Parkplatz eine Tafel mit einer groben Karte von Tustna und den nächsten Inseln im Osten. Nach kurzer Strecke auf der 680 zeigt der Wegweiser rechts in eine weitere Fahrstraße; die Richtungspfeile befinden sich kurz an Straßenlaternen. Vorbei an einem Schießstand, biegt die Route links auf einem Heideweg ab und führt in den Mischwald hinein (2:35, ohne Fährtransfer 2:10).

Im Ortsbereich zeigen beide Karten einen abweichenden Verlauf; offenbar wurde der Routenverlauf hier mehrmals optimiert. Bei sehr nassem Wetter kann man übrigens alternativ für 1,7 km auf der Fahrstraße bleiben, um dann links in den Feldweg einzubiegen, der nahe an die Trollstua heranführt (siehe Karten).

Doch zurück zur markierten Route, die bereits früher links abzweigt. Die Vegetation im Südwesten Tustnas ist ähnlich wie drüben auf Nordlandet: Es wechselt sich feuchterer Wiesenuntergrund mit trockener Heide ab, der Mischwald mal mehr, mal weniger dicht, nur sanfte Höhenunterschiede; gen Osten zeichnen sich jedoch erste höhere Gipfel ab, wie der nahe, rundliche Sinnsetten (326 m).

Ein gelbes Schild warnt vor dem Schießstand: »Advarsel Skytebane«; wobei (angeblich) eine rote Flagge gehisst wird, bevor die Schützen loslegen. Die Markierung der Fjordruta ist nun vorwiegend in der vertrauten roten Farbe auf Bäume gepinselt. Es geht durch ein Gatter (verschließen!) und über Weidewiesen, bevor dieser Abschnitt über den Zaun hinweg zu verlassen ist. Dann mündet der Pfad in einen Forstweg, es geht nach links (3:00, ohne Fährtransfer 2:35).

Der Forstweg wird nach einer guten Viertelstunde schmaler, unwegsamer, vereinzelt sind Traktorspuren zu erkennen, während hin und wieder Wollgras an den Seiten zierliche Akzente setzt, ebenso wie ein kleiner Trollwald mit bizarren Formen. Ein Wegweiser kündigt das baldige Ende dieser Etappe an (3:30, ohne Fährtransfer 3:05).

Nach rechts weisen die Holzbohlen zur Trollstua, während es geradeaus zum Bootsschuppen der Hütte geht, der idyllisch am See Bjønnavatnet liegt. Darin Kanus und Ruderboot, das letztere allerdings so groß und schwer, dass es nur mit mehreren Personen zu bewegen ist. Mit den schmalen, relativ kippeligen Kanus können Fortgeschrittene sogar ab dem Nordufer des Sees über einen Bach zu dem benachbarten Røsvatnet paddeln. Hüttengäste dürfen im Bjønnavatnet angeln und selbstverständlich auch baden: Ein wenig nordisches Robustsein ist beim ersten Wasserkontakt nicht abträglich.

Oben am Fähranleger Seivika, noch auf der Insel Nordlandet. Unten der Bootsschuppen der Trollstua am See Bjønnavatnet. ▶

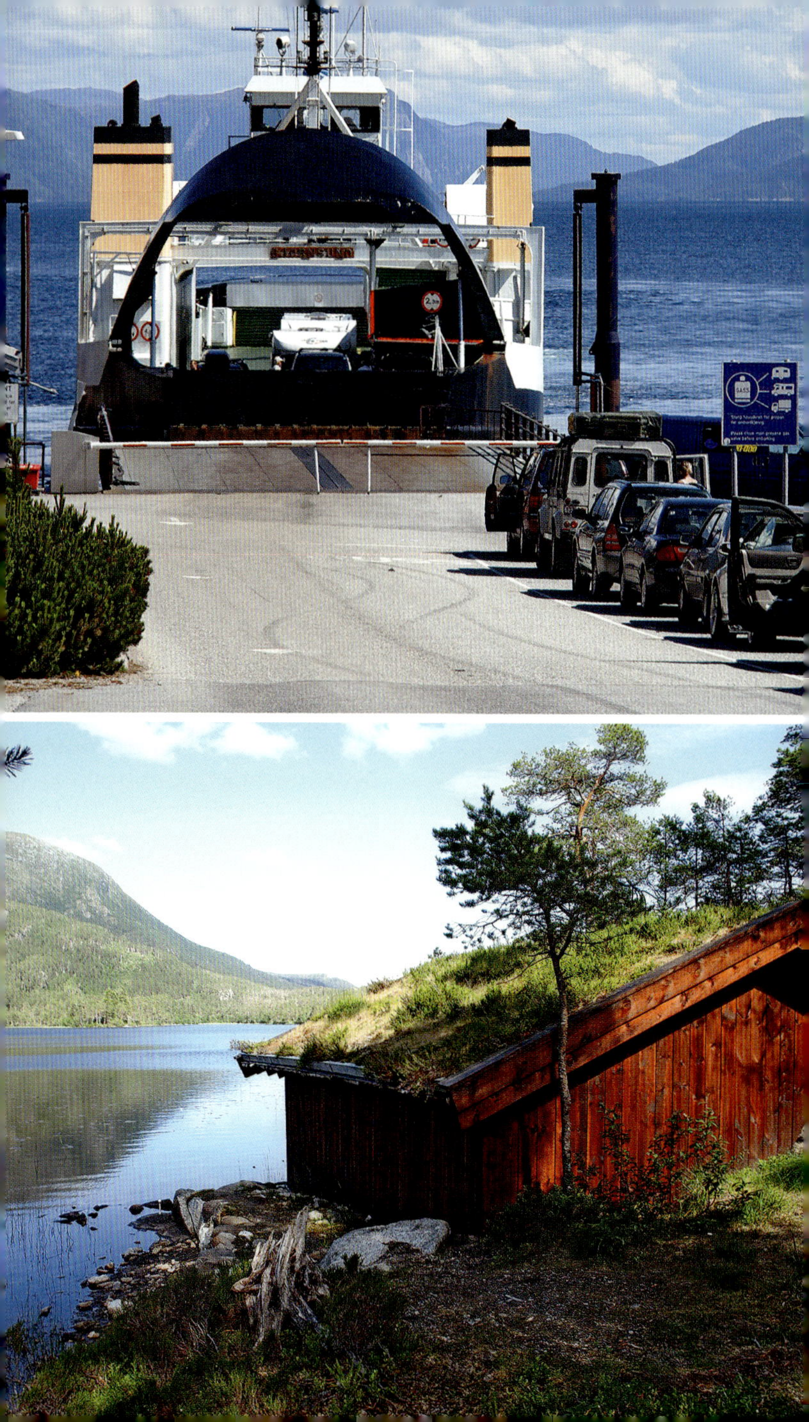

Etappe 2:

Trollstua – Gullsteinvollen

ORIENTIERUNG

◎ **NÖRDLICHE FJORDRUTA**: siehe auf unserer Übersichtskarte im Sektor B 3 und B 2.

◎ **KARTEN**: Turkart Fjordruta sowie Norge-serien Nummer 10083 (Kristiansund) und Nr. 10088 (Smøla). – Allgemeine Karten-Info siehe Seite 19 f.

◎ **MARKIERUNG**: gut.

PROFIL

◎ **DAUER**: ca. 3:30 Stunden für ca. 6,9 km Distanz, ohne Pausen.

◎ **SCHWIERIGKEITSGRAD**: mittel. Langer, teilweise steiler Anstieg über fast 500 m Höhenmeter. Wem dies Probleme bei Kondition oder Trittsicherheit bereitet, sollte auf die als »anstrengend« gekennzeichneten Etappen besser verzichten.

◎ **TERRAIN**: Wald, Feuchtgebiete, Fjell, anfangs auch Forstwege.

◎ **TRINKWASSER**: Seen und Bäche unterwegs.

◎ **BESONDERES**: wunderbare Aussicht auf die Fjorde. – Ab Flughafen erster Aufstieg ins Gebirge mit einer Sattelüberquerung.

◎ **ERLEBNISWERT**: ☺☺😐 (= hoch) dank der Aussicht auf die Fjordlandschaft, einer Sattel-Überquerung als erste lokale Fjell-Erfahrung und der besonders gemütlichen Hütte Gullsteinvollen, Meeresblick inbegriffen.

◎ **START**: Hütte Trollstua (siehe Seite 34), Hinweg auf der Etappe 1 (siehe Seite 67).

◎ **ZIEL**: Hütte Gullsteinvollen (siehe Seite 36).

TOURENBESCHREIBUNG

Ab der Trollstua geht es in südöstlicher Richtung am Bjønnavatnet vorbei, anfangs über Heide, vorwiegend durch Feuchtgebiete: Das Wollgras wächst sogar in den Abschnitten mit lichtem Nadelwald, wo auch Farne, Wacholdergewächse sowie Zwergsträucher gedeihen. Die Route passiert zwei Ferien- bzw. Wochenendhütten, die am Seeufer platziert sind. Schließlich mündet der Pfad in einen geschotterten Forstweg, dem rechts hinauf zu folgen ist (0:15).

Der Forstweg trifft auf die westliche Bucht des Sees Jørenvågvatnet, an dem ein weiterer Forstweg verläuft, dem nun nach links zu folgen ist: in östlicher, dann nordöstlicher Richtung. Dieser befestigte Fahrweg verläuft zunächst oberhalb des Sees, führt dann nahe ans Ufer heran und ist besonders attraktiv zwischen den selbst gezimmerten privaten Bootsstegen, dort wo die Felswand nahe ans Wasser reicht und einst für die Trasse des Wegs weggesprengt werden musste – typisch norwegischer

Unterwegs auf dem Anstieg zum Sattel: Blick auf den Halsafjord. ▶

Straßenbaualltag seit dem 19. Jahrhundert. Dass an den hiesigen Bootsstegen »nur« Ruderboote liegen, hat seinen Grund: Der Jørenvågsvatnet ist als Trinkwasserreservoir ausgewiesen, weshalb die Naturschutzauflagen den Gebrauch von Motorbooten mit Benzinantrieb ebenso untersagen wie das Baden.

Am nördlichsten und gleichzeitig nordöstlichsten Punkt des Sees befindet sich eine Wendeschleife. Hier kann man gut eine Rast einlegen sowie die Kleidung dem bevorstehenden Aufstieg anpassen (0:45). Während der Recherche mussten wir hier zahlreiche Zecken von den abgestellten Rucksäcken entfernen (siehe Seite 18).

Kam die Etappe bisher ohne nennenswerte Höhenunterschiede aus, ändert sich das fortan: Es geht eine Traktor-Piste steil hinauf, dann wieder eben am Hang entlang, dann mit moderater Steigung; der Traktorweg wird nur noch sporadisch zum Abtransport von geschlagenem Holz genutzt, weshalb er mit zunehmender Höhe zugewachsen ist; die Hütte unterwegs dient Forstarbeitern als zeitweiliges Domizil. Ein Stück weg vom Hang wird eine Kuppe passiert, der eine erste schöne Aussicht nach Süden auf das innere Fjordland folgt (1:10): In gut 12 km Entfernung Luftlinie pendelt die Fähre zwischen Kanestraumen im Westen und Halsa im Osten. (In Halsa endet übrigens die

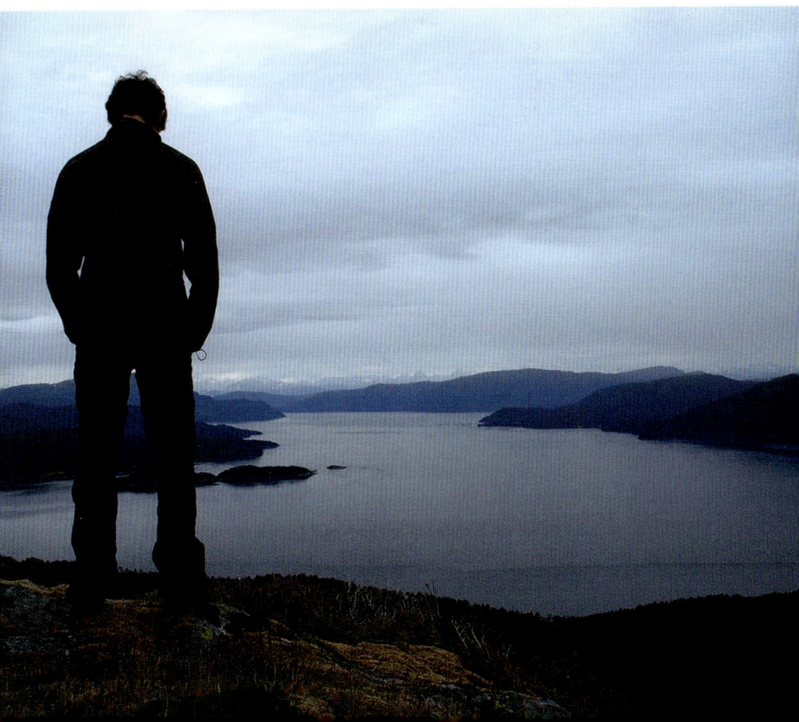

südliche Route der Fjordruta von Osten nach Westen, siehe Seite 172.)

Die Route hat den Traktorweg verlassen, um sich zwischen Birken, Nadelbäumen und jeder Menge Beerensträucher fortzusetzen. Bald geht es in einen dunklen Forst mit eng stehenden Bäumen hinein; die Markierungen an den Bäumen sind nicht grundlos in kürzeren Abständen angebracht, denn die Schonung wurde in Reihen angepflanzt, so dass man geneigt ist, sich diesen anzuvertrauen. Aus dem dunklen Tann heraus, geht es letztmals über einen mit Farnen, Buschwerk und Tannenbäumchen zugewachsenen Forstweg; im Westen ist erstmals Kristiansund zu erahnen (1:25).

Die steilsten Passagen stehen bevor, nun über Stock und Stein, zwischendurch Felsbahnen, die sich gut begehen lassen, so lange sie trocken und nicht mit bei Nässe rutschigen Flechten bewachsen sind. Die Baumgrenze rückt näher; angelangt auf einer weiteren Felsbahn, eröffnet sich ein wahres Fjordpanorama; doch es wird noch besser kommen, wenn die letzten einzeln stehenden Kiefern passiert sind und (nach Norden) der Sattel in Sicht gekommen ist. Bevor über eine Hochebene Kurs auf den Sattel zu nehmen ist, ergibt sich von etwa 500 m ü.d.M. der fantastischste Fjordblick des Tages.

Moose, Flechten, Zwergsträucher und Gräser: Das Fjell ist erreicht, die Bergtundra. In den feuchten Boden gesteckte Holzpfosten weisen den Weg nach Norden zum Sattel, hinter der Ebene geht es ein letztes Mal für heute merklich bergauf, bevor man auf dem Sattel steht, wo ein frisches Lüftchen wehen kann (2:15).

Ein Wegweiser macht auf Pfade aufmerksam, die die Gipfel zu beiden Seiten erreichen: Jeweils 45 Minuten sollen es sein bis hinauf zum Jørenvågsalen (857 m) auf der westlichen sowie zum Skarven (896 m) auf der östlichen Seite des Tales, das sich im Folgenden allmählich öffnet und in dem das Ziel dieser Etappe liegt. Besonders im ersten, steilen Abschnitt ist der anstehende Abstieg nicht unbedingt weniger anspruchsvoll als die Gipfelpfade. Gilt es doch, in dem oft feuchten Terrain nicht als Folge eines Fehltritts ins Rutschen zu kommen. Unterhalb des Sattels gibt es zwischen all den Felsen auch grasbewachsenes Terrain, das beim Abstieg weniger auf die Knochen geht und bei Nässe griffiger sein kann als Fels, der mit rutschigen Flechten bewachsen ist.

Das Tal Gullsteinsdal öffnet sich, ein typisches U-förmiges Tal, das die Gletscher der letzten Eiszeit glatt hobelten. Im Hintergrund das Meer sowie die riesige Insel Smøla. Je weiter man absteigt, desto weniger Steine liegen am Hang. Im unteren Bereich darf man davon ausgehen, dass Gestein auch mühsam geräumt wurde, da das Tal beweidet wurde und wird und es weiter unten eine *seter* (Alm) gibt. Eine knappe Dreiviertelstunde nach Beginn des Abstiegs sind die

Vor dem letzten Anstieg zum Sattel. Dann Abstieg ins Gullsteinsdal. ▶

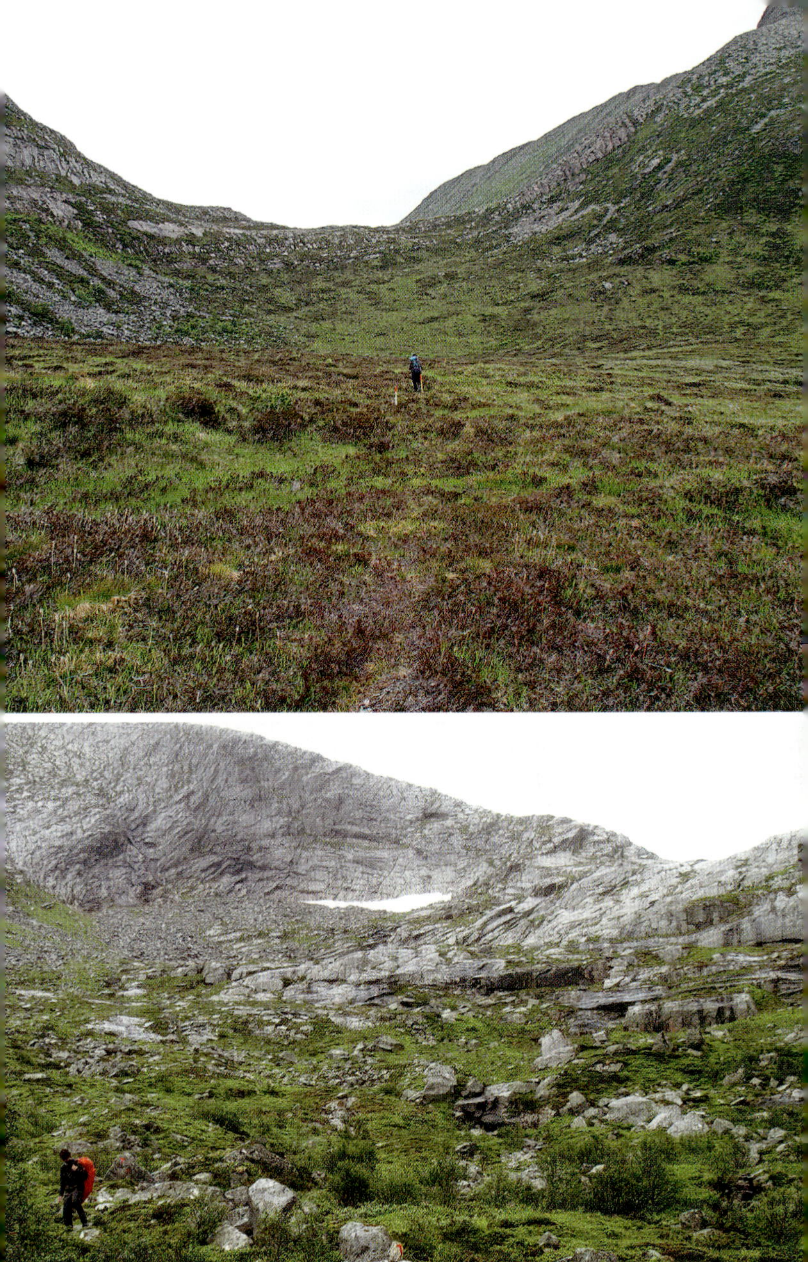

ersten zaghaften Bäumchen und höheren Sträucher erreicht (2:55).

Vor einem Geröllfeld wird das Terrain zunehmend flacher, Dickicht sowie ein erster Forst liegen voraus. Es lassen sich bei genauem Hinsehen in geschützten Ecken auch Pflänzchen entdecken, die nicht allerorten auftreten.

Ein Blick zurück: Wer in die entgegengesetzte Richtung unterwegs ist, mag sich fragen, wo und wie man die Felswand unterhalb des Sattels erklimmen kann.

Nach Norden, zum Ziel hin, rückt das Meer immer näher – und wird der Pfad nach Regen rasch matschig, da sich hier zum einen abfließendes Wasser seinen Weg sucht, zum anderen aber auch weidende Rindviecher. Im Hüttenbuch findet sich ein Eintrag, dass die Tiere mitunter stoisch den Pfad in seiner ganzen Breite blockieren, so dass die Wanderer sich, wohl oder übel, einen Umweg suchen müssen.

Zwei gräulichen Hütten mit Grasdach: die Alm Gullsteinsetra: Ab hier setzt sich der Pfad als breiterer (und rasch aufgeweichter) Fahrweg fort, noch gut 600 m bis zu den schönen Hütten von Gullsteinvollen, dem Tagesziel (3:30).

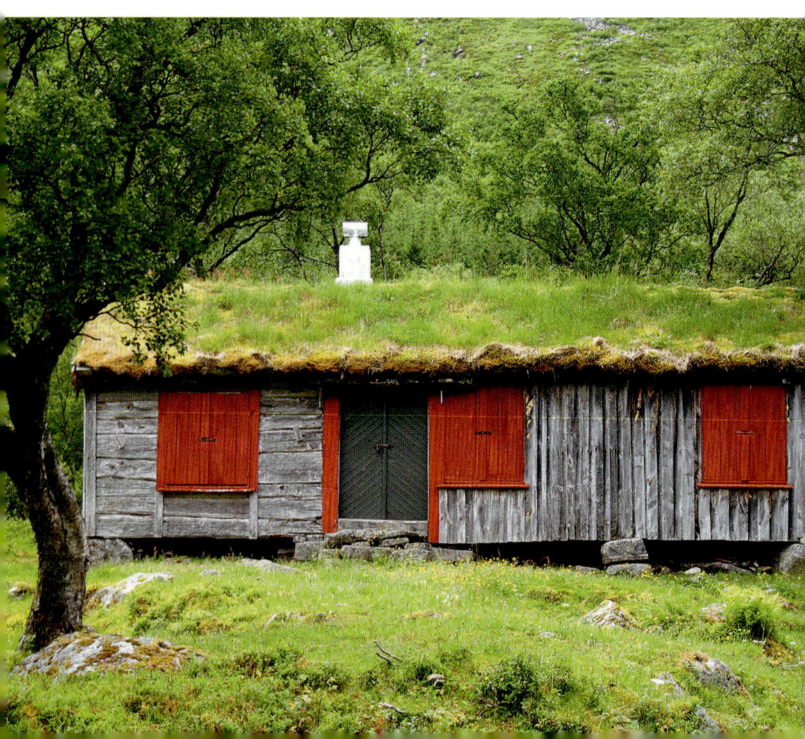

Etappe 3:

Gullsteinvollen – Imarbu

ORIENTIERUNG

◎ **NÖRDLICHE FJORDRUTA**: siehe auf unserer Übersichtskarte im Sektor B 2 und C 2.

◎ **KARTEN**: Turkart Fjordruta sowie Norge-serien Nr. 10088 (Smøla). Die Fjordruta-Karte gibt den Routenverlauf auf Tustna vor Erreichen der Ortschaft Gullstein nicht korrekt wieder; ihr fehlt zudem die neuere Straßenverbindung über den Imarsund, auf der die Fjordruta verläuft. – Allgemeine Karten-Info siehe Seite 19 f.

◎ **MARKIERUNG**: gut.

PROFIL

◎ **DAUER**: ca. 4:45 Stunden für ca. 13,3 km Distanz, ohne Pausen.

◎ **SCHWIERIGKEITSGRAD**: mittel. ziemlich eben, nur ein nennenswerter Anstieg (sogar mit kurzer, ungefährlicher Kletterpartie); aber insgesamt lange Distanzen auf befestigten Wegen, auch auf Asphalt, so dass die Füße zu »qualmen« beginnen.

◎ **TERRAIN**: Wald, Feuchtgebiete, Hügel, Forstwege und Straßen.

◎ **TRINKWASSER**: mitnehmen.

◎ **BESONDERES**: längere Teilstrecken auf Asphalt, darunter die Überquerung des 1,5 km langen Brückenbands über den Imarsund. – Die Hütte Imarbu liegt attraktiv am Ufer des Imarsunds, anbei ein Bootshaus.

◎ **ERLEBNISWERT**: ☺😐😐 (= eher bescheiden) wegen der langen Passagen auf Straßen und anderen befestigten Wegen. Am Fjord gelegen, ist die Hütte Imarbu freilich ein Erlebnis für sich.

◎ **START**: Hütte Gullsteinvollen (siehe Seite 36), Hinweg auf der Etappe 2 (siehe Seite 72).

◎ **ZIEL**: Hütte Imarbu (siehe Seite 38).

TOURENBESCHREIBUNG

Es geht nach Norden, Richtung Küste. Die Route setzt sich auf dem Fahrweg fort, der von der Alm Gullsteinsetra herkommt (siehe Etappe 2). Eine Hütte wird passiert, der Weg führt durch Heide, flankiert von Birkengestrüpp und Beerensträuchern, dann bildet sich zu beiden Seiten Mischwald, seit die Weidewirtschaft wesentlich zurückgefahren wurde. Ein Wegweiser zeigt links nach Leira, wo sich ein Parkplatz befindet, der für die Leser dieses Buches aber uninteressant ist. Die Fjordruta nach Imarbu über Gullstein knickt in Richtung Nordosten ab (0:20).

Die Landschaft ändert sich nicht, wegen der hoch wachsenden Vegetation ist nicht allzu viel zu erkennen. Eine inoffizielle Sandgrube weist auf einen ungewöhnlichen Untergrund

◀ Nicht mehr viel Betrieb: Alm Gullsteinsetra im Gullsteinsdal.

hin. Der Weg verläuft eben und erreicht die Str. 680 nördlich von Gullstein, das an Tustnas Ostküste liegt. Doch zuvor besteht die Möglichkeit, den Fahrweg zu verlassen und querfeldein nach Gullstein zu gelangen; auf dem Wegweiser steht »Imarbu«, Ziel dieser Etappe (0:50).

Endlich Abwechslung: eine steinige Moränenlandschaft mit mehreren leicht zu nehmenden Anhöhen, Nadelbäumen – teils in kleinen Wäldern, teils als vereinzeltes, knorriges Gehölz –, Moos, Gräsern und wieder Beerensträuchern. Als Marke im Südosten dient der 827 m hohe Stabben, der bereits auf Stabblandet liegt, der östlich angrenzenden Insel. Im Blick ebenfalls eine Stromleitung, die der Pfad begleitet und schließlich unterquert. Die Brücke zwischen Tustna und Stabblandet war schon im Blick, als es den Hang hinunter zur Straße geht (1:20).

An der Kreuzung zur Brücke steht die Ortskirche mit Friedhof. Hier befindet sich auch ein Bushalt der Lokalroute 821 zwischen Kristiansund und Aure, mit der man bei Bedarf die Tour verkürzen kann. Die kurze Brücke bereichert eine Bank zum Rasten – ein reelles Angebot, denn der Verkehr hält sich in Grenzen. Entlang der Küste verteilen sich einige Bootsanleger und -schuppen, ein Teil davon verfällt. Fjordauswärts ragen ein paar Schären aus dem Wasser.

Nun auf Stabblandet eingetroffen, führt die 680 links und ein Privatweg rechts um ein leicht erhöht liegendes Felsgebiet herum. Die Fjordruta aber führt dort hinauf, dann wieder hinab, um eine Nebenstraße zu queren, sowie anschließend durch drei Feuchtgebiete hintereinander, mit mehr oder weniger Kiefernbestand. In diesem Gebiet ist auch einiges an Rotwild unterwegs. Im Hintergrund erhebt sich eine bescheidene Bergkette; auf einem der rundlichen Gipfel ist eine Antenne montiert. Der Pfad überquert eine weitere Nebenstraße (2:10).

Der reizvollste Etappenabschnitt beginnt: zunächst dichter Wald, ein Heidehang, dann wird es steiler, die Bergkette hinauf, der Pfad knickt im 90-Grad-Winkel ab. Unterhalb einer Felswand mag es helfen, den Rucksack abzunehmen und hochzuwuchten, um selbst diesen 2 m hohen, abschüssigen Absatz zu erklettern. Mit zunehmender Höhe gewinnt der Blick zurück auf das durchwanderte Tal an Reiz, lassen sich landwirtschaftliche Parzellen ausmachen, weiter hinten die Felswand, die das Gullsteinsdal nach Osten begrenzt. Die Bergkette hier misst keine 200 Meter: Die Kante erklommen, reicht der Blick nach Osten auf den Imarsund, an dessen Ufer das Tagesziel liegt. Vorher aber gilt es auf angenehmem Waldboden abzusteigen: zuerst moderat, dann steiler und schließlich auf einer Moräne. Erneut ist eine Nebenstraße zu überqueren (3:00).

Dann steht die letzte Höhe an, wobei die Topo-Karte der Norge-serien dieses Teilstück einfach ausspart, um

Oben direkt vor der kurzen Kletterpartie am Fuß der Felswand. Unten ein Blick zurück auf das Flachland von Stabblandet (mit der Fjordruta), im Hintergrund die Berge von Tustna, hinter denen das Gullsteinsdal liegt, zur Linken eine Flanke vom Berg Stabben. ▶

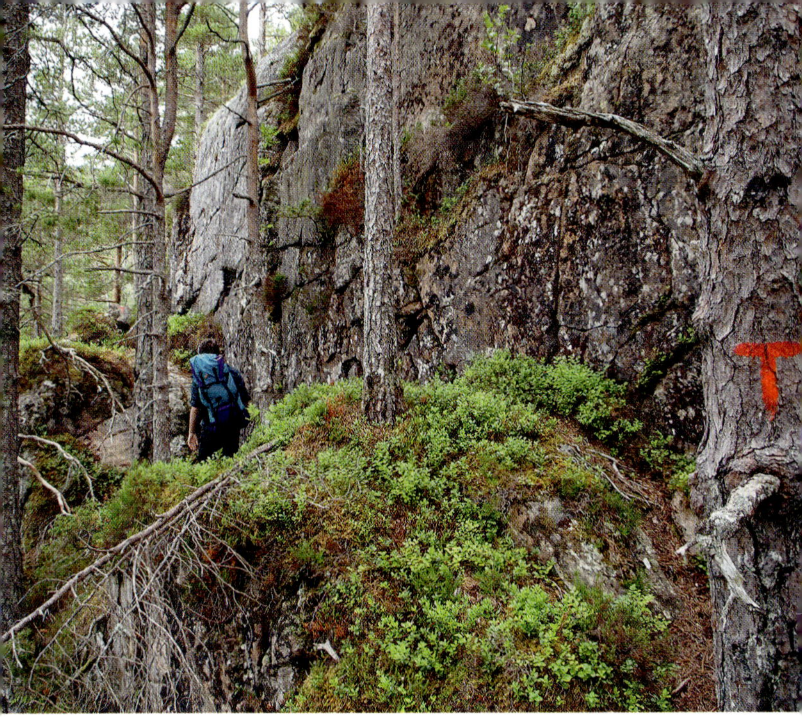

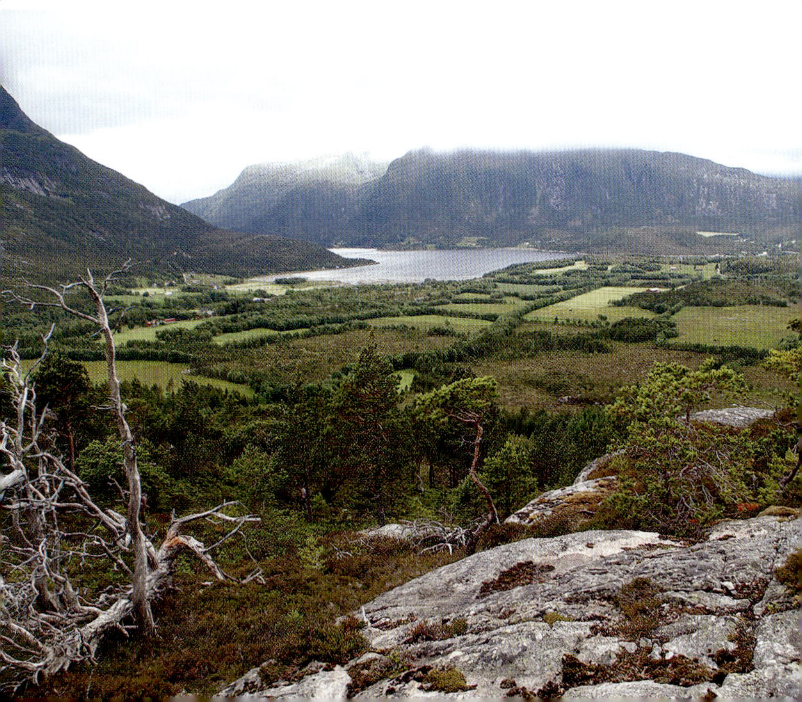

den Benutzer auf die Straße zu verweisen. Zwar ist der Pfad streckenweise nur schwach ausgetreten, dennoch aber markiert. Es bleibt beim Wechsel zwischen oft lichtem Wald, Heidebewuchs und Feuchtgebieten; das Besondere an dieser Teilstrecke ist der Blick auf die der Küste vorgelagerten Inseln und Schären. Zuletzt geht es eine Böschung steil hinunter zur Straße 680 (3:30).

Bis 2007 verkehrte ab Aukan, nördlich der Straße, eine Fähre hinüber nach Vinsternes auf Ertvågsøya. Inzwischen überquert die Straße 680 den Imarsund auf zwei Brücken und setzt sich auf neuer Trasse nach Osten fort. Fjordruta-Wanderer sind unweigerlich auf das Brückenband angewiesen, bis auf Ertvågsøya rechts ein befestigter Weg abbiegt. Bis dorthin bedeutet das 1,7 km Asphalt. Immerhin hält sich der Verkehr in Grenzen. Für die Neubaustrecke ist Maut zu zahlen, bis sie sich amortisiert hat. Die Küstenlandschaft ist schön, aber nicht überwältigend.

Es geht auf die Knochen. Denn mit Erreichen des befestigten Wegs wird der Untergrund kaum angenehmer, nur der Verkehr noch spärlicher. Der Weg erschließt abgelegene Siedlungen und ist landeinwärts als Hundhammarenveg ebenfalls mautpflichtig. Ca. 1,6 km sind es bis zur Schranke, weitere 400 m nach links zum Abzweig Imarbu und 700 m hinunter zur Hütte am Fjord (4:45). – Oben an der Straße ist ein Parkplatz für motorisierte Hüttenbesucher reserviert.

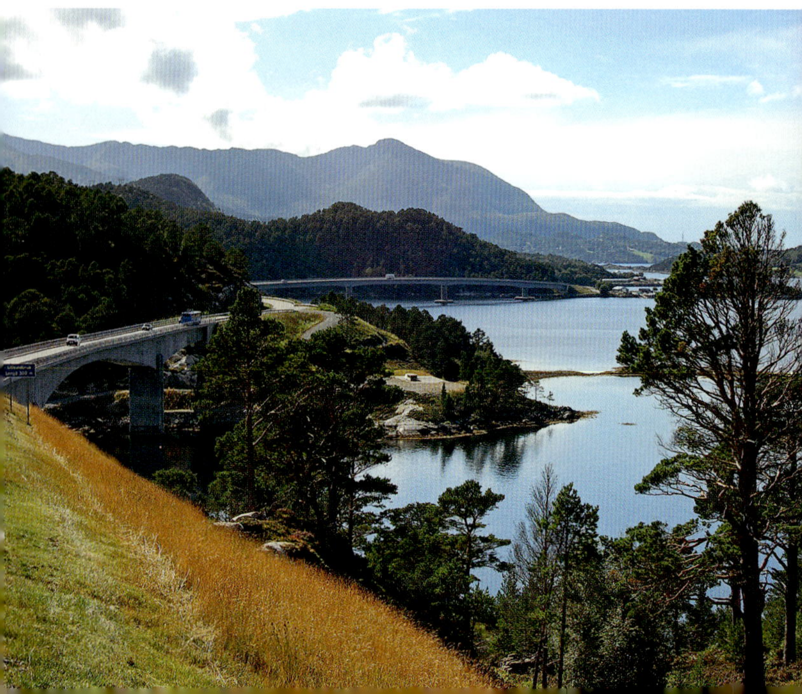

Etappe 4:

Imarbu – Nersetra

ORIENTIERUNG

◎ **NÖRDLICHE FJORDRUTA**: siehe auf unserer Übersichtskarte im Sektor C 2 und D 2.

◎ **KARTEN**: Turkart Fjordruta sowie Norge-serien Nr. 10089 (Kyrksæterøra). Kurios: Die Website des Wandervereins KNT weist eine nicht erfolgte Verlegung der Route weiter nördlich aus, die Route aus der 2004er Turkart entspricht auch nicht der wirklichen, die neue Norge-serien enthält beide Varianten. Fakt ist: Es gibt eine Markierung und man kommt an, nur die Distanz bleibt hier vage. – Allgemeine Karten-Info siehe Seite 19 f.

◎ **MARKIERUNG**: gut.

PROFIL

◎ **DAUER**: ca. 3:50 Stunden für ca. 11–12 km Distanz, ohne Pausen.

◎ **SCHWIERIGKEITSGRAD**: mittel. Zwar nur leicht wellig mit harmlosen Steigungen, aber einiges an hartem ebenso wie feuchtem Untergrund.

◎ **TERRAIN**: Feuchtgebiete, Wald, Forstwege und Straßen.

◎ **TRINKWASSER**: Bäche und Seen unterwegs.

◎ **ERLEBNISWERT**: 😐😐😐 (= mäßig), da sie die langweiligste, monotonste aller Fjordruta-Etappen ist, die bis zu der beabsichtigten Verlegung weiter nördlich zudem einige triste Straßenkilometer beinhaltet. Die beiden Hütten am Start und am Ziel sind freilich Unikate, jede auf ihre eigene Weise.

◎ **START**: Hütte Imarbu (siehe Seite 38), Hinweg auf der Etappe 3 (siehe Seite 77).

◎ **ZIEL**: Hütte Nersetra (siehe Seite 40).

TOURENBESCHREIBUNG

Zunächst einmal geht es zurück zur Hundhammaren-Mautstraße, darauf heute nach rechts. Nach etwa 800 m schickt ein Wegweiser nach Nersetra die Wandersleute nach links auf die im Einstiegsbereich mit Heidekraut und Farnen bewachsene Anhöhe, die an einigen Stellen recht dicht bewaldet ist und auch kurze, steile Hänge kennt. Doch der Pfad kehrt nach einigen feuchten Passagen und Wasserlaufüberquerungen auf den Fahrweg zurück; zwischen den Wegweisern am Fahrweg liegen gerade mal 400 Meter, für die man auf der Anhöhe gut 20 Minuten unterwegs ist. Insofern lohnt sich der Abstecher nicht unbedingt und man bleibe auf dem Mautweg, bis rund 2,6 km ab Imarbu-Abzweig eine Kreuzung erreicht ist. Hier sind Schranke sowie Mautstelle platziert und geht es wie in Verlängerung des Hundhammarenveg gut markiert in die freie Wildbahn (0:50).

◀ Das Imarsundsamband löste 2007 die Fähre zwischen Aukan und Vinsternes ab.

Der Pfad beginnt südlich des Sees Hundhammarvatnet und steigt bald fast 100 Höhenmeter den steinigen, rundlichen Hügel Olvikåsen hinauf, um den gestreckten Gipfel fast unmerklich zu passieren. Mit dem anschließenden leichten Abstieg wird sich die Landschaft (auf diesem Mittelteil der Etappe bis zu der Ortschaft Ålmo) nicht mehr wesentlich ändern: Pendelnd zwischen 100 und 200 Höhenmetern, geht es durch mehr oder weniger lichten Nadelwald mit vielen Wasserläufen und einigen Seen, als Untergrund abwechselnd feuchtes Gras, einzelne Felsbahnen oder Moose, Zwergsträucher und niedriges Gestrüpp, auf denen es sich noch am trockensten geht. Vereinzelt sind umgefallene Bäume zu meistern, da und dort erinnert Totholz in bizarren Formen an Trolle, die hinter Kuppen kauernd die Wanderer beäugen, auf dass sie wieder alleine in dem Gelände spielen können. In Richtung Osten markiert eine Bergkette, die sich nach Süden abflacht, das Ziel. Dahinter verbirgt sich der Foldfjord, an dessen südlichem Ende der Pfad eine steile Böschung hinabsteigt und auf eine Uferstraße trifft, der es nun weiter nach Osten durch den bereits erwähnten Ort Ålmo zu folgen gilt. Vergleicht man die auf den Karten verzeichneten verschiedenen Pfade, ist man im Westen am Hundhammarvatnet auf dem südlicheren gestartet und am Foldfjord auf dem nördlicheren herausgekommen. Verlaufen kann man sich jedenfalls nicht, da ab dem Einstieg am See Hundhammarvatnet Ålmo in gerader Linie im Osten liegt; der Pfad schlängelt sich dagegen zwischendurch in fast alle Himmelsrichtungen. Übrigens ist vor dem Abstieg zur Uferstraße in nordöstlicher Richtung die Alm Nersetra am Hang über dem See zu erkennen: eine von Wald umgebene, gerodete grüne Parzelle, das Rot eines Gebäude leuchtet herüber (2:30).

An der Uferstraße angekommen, steht die unangenehmste Teilstrecke bevor: 2,0 km auf Straßen, zuerst 1,2 km durch Ålmo hinauf zur Straße 682, die sich vom Fähranleger Arasvika im Süden nordwärts durch Ertvågsøya zieht. Warum das mit dem geplanten Routenverlauf direkt am Ufer nicht funktioniert, ist schwierig nachzuvollziehen: Jedenfalls müsste der anvisierte Weg über Viehweiden verlaufen und am Südostufer mitten durch ein Grundstück. – Zurück auf die Straße. Nach 800 m auf der 682 zeigt ein markanter, absichtlich geknickter Wegweiser direkt über der Leitplanke nach links (3:00).

Es geht von der Straße ein kurzes Stück steil hinunter in ein Wäldchen, und über ein Bachbett; der Pfad hält sich an einen Hang zu einem benachbarten Mini-Steinbruch hin. Bis der Pfad am Fjordufer herauskommt, ist Aufmerksamkeit angebracht, denn der eine oder andere Wegweiser ist zugewachsen, die Route aber durchaus in Benutzung, zumindest durch Fußgänger. Irreführend kann sein, dass hier ein paar Forstwege verlau-

Unterwegs durch die Feuchtgebiete Richtung Ålmo. ▶

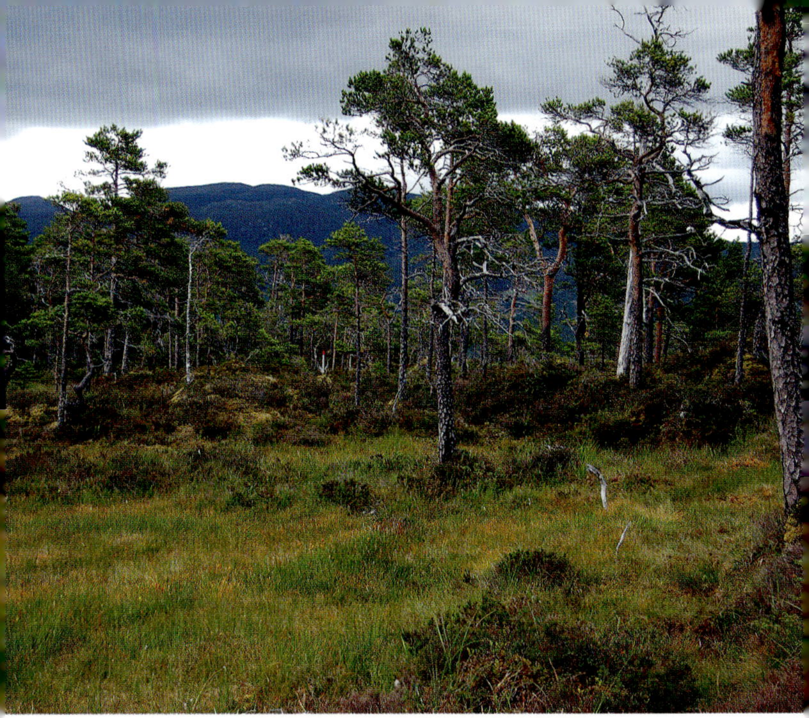

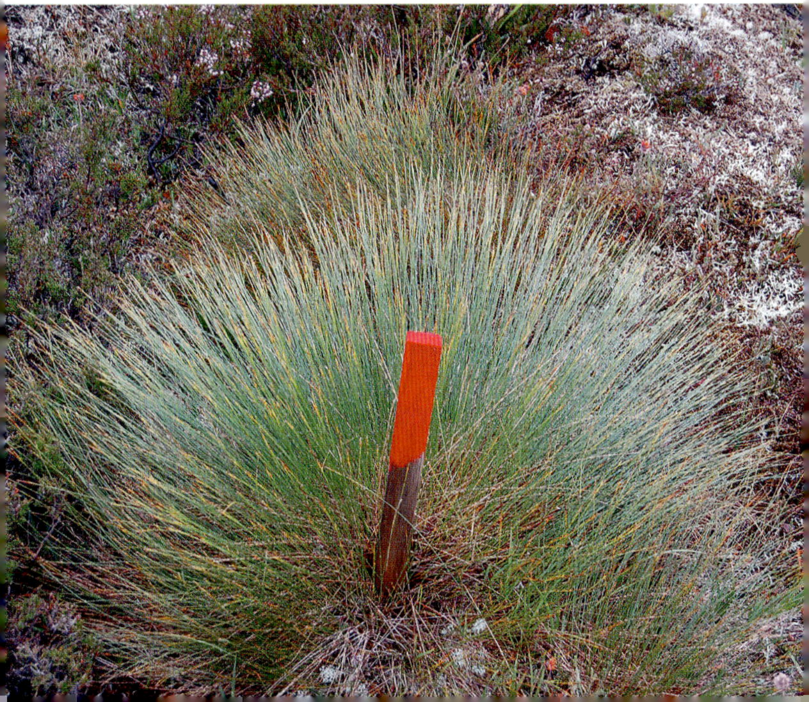

fen, die nur streckenweise noch benutzt werden und andernorts plötzlich zuwuchern. Auf einem offenbar noch benutzten Weg mit Reifenspuren auf dem Grasbelag geht es nahe ans Wasser: Pfade ermöglichen Abstecher ans Ufer, bei sonnigem Wetter ist es verlockend, eine Badepause im frischen Fjord einzulegen, zwei Stellen kommen dafür in Frage.

Der Weg wird zwischendurch wieder zum engen Pfad, bevor man unerwartet an einem einzelnen Traumgrundstück mit Uferblick steht: eine Wiesenparzelle vom Wald umgeben, darauf Wohnhaus und Schuppen im vertrauten skandinavischen Holzdesign wie einst in Bullerbü. Die Route verläuft noch für etwa 350 Meter nahe am Ufer entlang, bevor sie auf einem breiten, zuletzt zuwachsenden Forstweg landeinwärts nach Osten abknickt. Nach gut 500 Metern aufwärts überquert sie die Straße 682 – von hier aus sind es auf der Str. 682 übrigens 1.350 m bis zu jener Stelle, wo der Wegweiser mit Knick eine/n hinunter in den Wald schickt – und führt ebenfalls auf einem Forstweg in Kurven hinauf. Zunächst noch den Wald durchquerend, steht man nach ca. 400 Metern unterhalb einer Almwiese am Hang.

Auf dem Gelände der Alm Nersetra verteilen sich mehrere Gebäude; für die Hütte hat man am Rande ein rustikales Speicherhaus formidabel restauriert und eingerichtet (3:50).

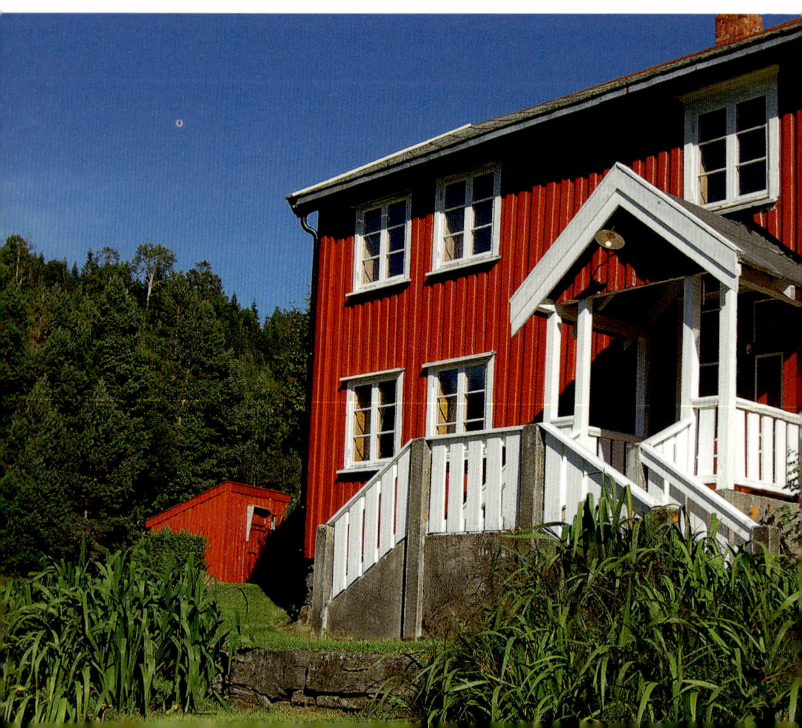

Etappe 5:

Nersetra – Rovangen

ORIENTIERUNG

◎ **NÖRDLICHE FJORDRUTA**: siehe auf unserer Übersichtskarte im Sektor D 2, D 1 und E 1.

◎ **KARTEN**: Turkart Fjordruta sowie Norge-serien Nr. 10089 (Kyrksæterøra). – Karten-Info siehe Seite 19 f.

◎ **MARKIERUNG**: gut, nur um den Berg Høstegga herum dürftig, wobei der Berg selbst die beste Hilfe ist.

PROFIL

◎ **DAUER**: ca. 6:10 Stunden für ca. 15,9 km Distanz, ohne Pausen. Variationen und Verkürzung durch Bustransfer siehe unter »Besonderes«.

◎ **SCHWIERIGKEITSGRAD**: als Folge der Länge anstrengend. Allein die letzte Teilstrecke bedeutet ca. 600 m Anstieg, wenn auch auf Raten; total sind es stattliche 1.000 Höhenmeter. Es sei dringend empfohlen, das Mittelstück der Etappe mit dem Bus zu absolvieren, anstatt zu Fuß zu gehen (siehe unter »Besonderes«).

◎ **TERRAIN**: Wald, Feuchtgebiete, Gebirge, Straßen und Forstwege.

◎ **TRINKWASSER**: vor Giset und ab Aure/Kjelklia Bäche und Seen.

◎ **BESONDERES**: Die Etappe lässt sich gut in drei Abschnitte einteilen, wobei der mittlere über 5,5 km auf Straßen führt, die die Inseln Ertvågsøya (Start) und anschließend Rottøya sowie Ruøya über Brücken mit dem Festland (Ziel) verbinden; auch Tunnel sind hierbei zu durchqueren. Für diese mittlere Teilstrecke kommt ab Giset alternativ der Regionalbus 821 bis Aure/Ortsteil Kjelkia in Frage. Wer den Bus bis zur Endstation in Aure/Zentrum nimmt, kann in dieser Ortschaft einkaufen, muss dann jedoch knapp 1,5 km zurück zum Kreisel bei Kjelklia, wo das letzte Etappendrittel hinauf ins Fjell beginnt – oder man geht ab Aure/Zentrum auf der Straße ins Aurdal weiter (die taleinwärts zum Forstweg wird), um Einstiegsort E 8, Tverrbotnen (siehe Seite 164), hinauf nach Rovangen zu nehmen; ein Taxi ab Aure/Zentrum bis Tverrbotnen kommt auf mindestens 220 NOK, aber Sie dürfen nicht davon ausgehen, dass der Taxifahrer den Startort präzise kennt. Aufgepasst: Bus 821 verkehrt Mo–Fr bis zu 6 x, Sa+So aber nur jeweils 1 x.

◎ **ERLEBNISWERT**: ☺☺😐 (= hoch) dank der schönen Aussichten auf der ersten und dritten Teilstrecke sowie dem Einstieg ins Fjell auf der dritten.

◎ **ALTERNATIVROUTE**: Auslassen des mittleren Teilstücks mit Wiedereinstieg durch das Aurdal (siehe unter »Besonderes«).

◎ **START**: Hütte Nersetra (siehe Seite 40), Hinweg auf der Etappe 4 (siehe Seite 81).

◂ Das Hauptgebäude der Nersetra, wo der regionale Wanderverein KNT Ferienlager für den Nachwuchs, Kurse, Feste und anderes organisiert.

◎ **ZIEL**: Hütte Rovangen (siehe Seite 42).

TOURENBESCHREIBUNG

Wer unten von der Straße (Parkplatz) kommt, benötigt eine knappe Viertelstunde für den Weg bis zur Übernachtungshütte in dem historischen Speicher. Hier beginnt unsere Zeitmessung für diese Etappe. Zunächst geht es über den oberen Teil der Alm, dann über zuwachsende Forstwege und schließlich – ständig bergauf – auf einen klassischen Pfad durch Nadelwald mit einer Menge an Beerensträuchern, immer wieder unterbrochen von Feuchtgebieten. Am Hang die Solvang-Hytta, die weiter unten als Skihütte angekündigt wurde, eine an diesem Ort eher überraschende Einrichtung (0:15). Auch der Posten eines Trimmpfads liegt am Weg.

Bisher verlief der Pfad in nordöstlicher Richtung, nun in nördlicher. Allmählich lichtet sich der Wald und setzt sich baumloses Fjell im Hintergrund ins Bild. Der Pfad knickt nach rechts ab, um sich auf einer Moräne fortzusetzen. Nach Nordosten gerät erstmals das Meer ins Blickfeld, nach Westen dominiert die Bergkette Ertvågsøyas hinter dem Foldfjord. Das Terrain ist auf der Moräne gewöhnlich trockener als unten im Wald, der Aufstieg nun gemächlicher; der Pfad steuert auf die Scharte voraus zu, worauf sich auch ein Panorama nach Osten öffnet. Bevor dieses voll zur Geltung kommt, knickt die Route nach links ab und führt weiter bergauf, die Baumgrenze ist überwunden. Kurze Zeit später zeigen sich im Norden offenes Meer und die große, platte Insel Smøla mit ihren Windmühlen sowie im Osten Fjord und Fjell bei Aure, für ein paar Minuten bleibender Lohn nach über 300 m Höhenmetern Anstieg (0:45). Aber auch die Berge im Westen Ertvågsøyas sowie dahinter auf Stabblandet und Tustna sind während der nun folgenden halben Stunde mehrmals einen würdigenden Stopp wert.

Ab der 500-m-Höhe geht es steil in eine Senke hinab und rechts an einem See vorbei, an dessen Südseite ein weiterer Trimmpfad-Posten platziert ist. Ab dem See ist der Pfad der Fjordruta weniger ausgetreten, sind die Markierungen spärlicher gesetzt. Wichtig ist, dass man auf dem moderat ansteigenden Weg nicht den 505-m-Gipfel Høstegga im Norden erklimmt, sondern ihn in einem Bogen auf der Westseite umgeht. Der Pfad hält sich, wo es nur geht, möglichst nahe am Bergfels, muss jedoch zwischendurch immer wieder satte Feuchtgebiete durchqueren, immerhin ohne große Höhenunterschiede, zwischen ca. 400 und 420 Höhenmetern pendelnd. Gen Nordosten und Norden kommen der Mündungsbereich des Foldfjords sowie einiges an Inseln und Schären in den Blick; nach Erreichen der letzten Kante vor dem Abstieg auch wieder das Fjell über Aure, ebenso eine Hochspannungsleitung, auf die sich der Pfad fortan schräg zubewegt (1:25).

Sommerbilder: Aussichten gen Aure im Osten und auf die Berge im Westen von Ertvågsøya. ▶

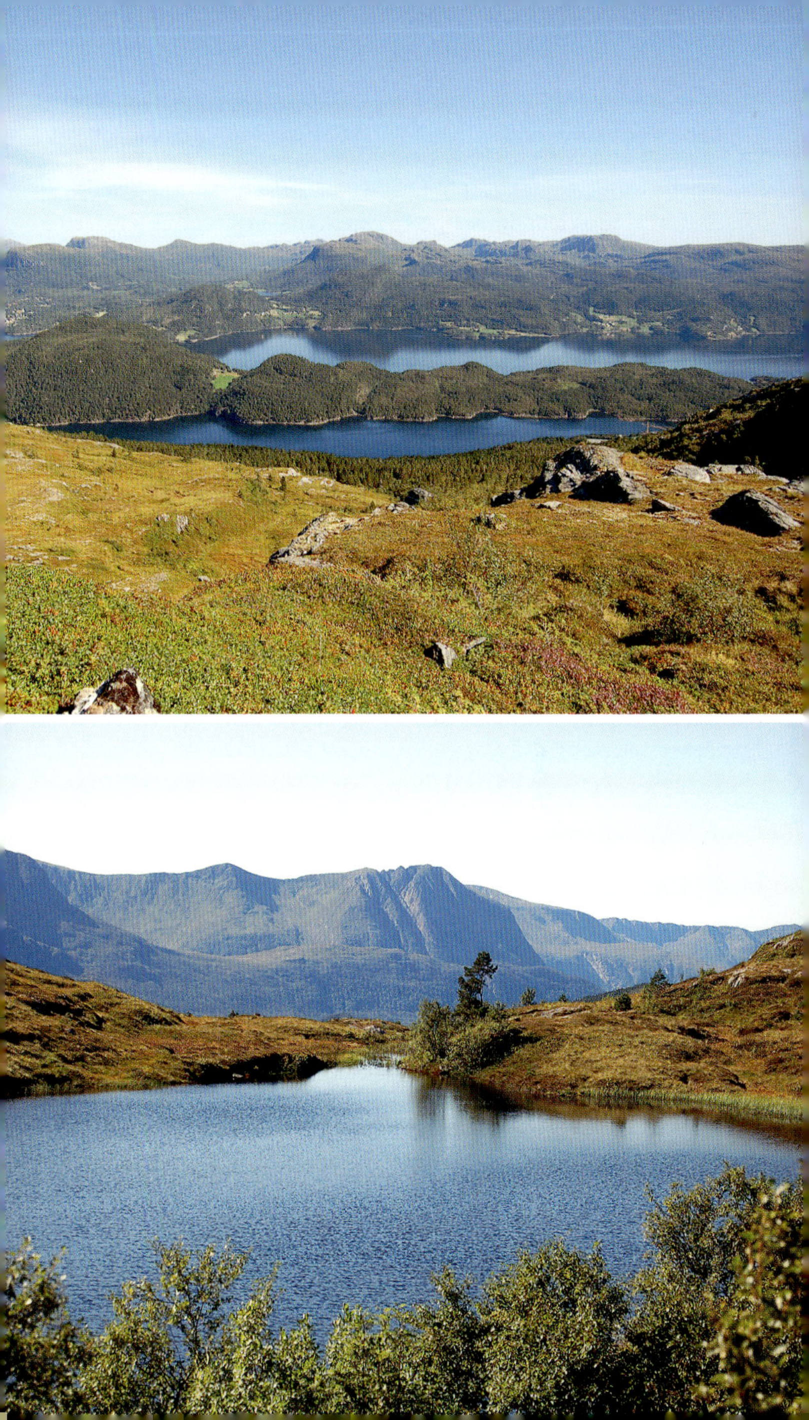

An der Hochspannungsleitung angekommen, geht es noch steiler abwärts; der Baumbestand wird dichter. Wenn die Stromleitung nach längerer Strecke geradeaus halbrechts abknickt, hält sich die Fjordruta ihrerseits halblinks, um die letzten knapp 300 Meter durch dichteren Wald zurückzulegen. Plötzlich steht man an der Straße 680, in Giset am Ufer des Mjosunds (2:10).

Praktisch: Nahe der Stelle, wo der Pfad aus dem Wald kommt, ist eine Bushaltestelle platziert: Von hier aus kann das folgende 5,5 km lange Teilstück nach Aure mit dem Bus absolviert werden – keine Schande in Anbetracht der Tatsache, dass eben nur diese Straße für Fjordruta-Wanderer in Frage kommt. Wer den Asphalt in Kauf nimmt, überquert drei Brücken: zunächst zwischen Ertvågsøya und Rottøya über den Mjosundet (346 m), zwischen Rottøya und Ruøya über den Smalsundet (208 m) sowie zwischen Ruøya und dem Festland mit Aure über den Aursund (486 m). Auf Ruøya sorgen die Tunnel Skiphamntunnelen (111 m) und Valatunnelen (303 m) für weitere Abwechslung; es gibt jeweils einen Bürgersteig.

Ist man vor Aure an einem Kreisel angelangt, wo es rechts nach Aure/Zentrum geht, hält man sich geradeaus. Die Bushaltestelle befindet sich übrigens kurz hinter der ersten Kreiselausfahrt rechts – das ist eben diejenige nach Aure/Zentrum. Die zweite Ausfahrt mit der Fjordruta führt in ein nicht unbedingt repräsentatives Industriegebiet, für das sich offenbar kein Stadtplaner ernsthaft zu interessieren scheint. Der Einfahrtsweg ab Kreisel mündet nach ca. 150 Metern vor einem (Post-)Gebäude in einen Nebenweg, wo ein Wegweiser nach links zeigt. Vorbei an einem wilden Abstellplatz für Ausgedientes aller Art geht's auf einem breiten, holprigen Weg in eine Waldschonung, wo die Fjordruta bald rechts abzweigt, um sich auf einem schmaleren Forstweg fortzusetzen (3:40).

Links auf den nächsten Forstweg, schon wieder nach rechts: Das erste Feuchtgebiet der nördlichen Fjordruta auf dem Festand steht bevor – und es wird heute gewiss nicht das letzte sein. Hinein in den Nadelwald, gewinnt der Pfad allmählich an Höhe. Das Gatter voraus ist zu meiden, die Markierung weist unbestechlich nach rechts. Ein neuer Forstweg, aus dem Wald heraus an einem Elektrozaun entlang, der den Weg teilt und nicht überstiegen werden muss, obwohl die Markierung dies nahelegt. Denn in der Tat geht es auf das hohe Bergsfjell im Osten zu, anstatt nach links (= Norden), wo ein Weiler oberhalb grüner Wiesen überrascht. Auf einem breiten Fahrweg beginnt die Umgehung der schroffen Bergflanke via Süden; dieser Weg muss einst in mühevoller Arbeit angelegt worden sein, damit Karren über ihn holpern konnten. Er führt in den Wald hinein und bergauf, bevor ein Pfad links abzweigt, dort wo der Wald sich wieder lichter zeigt. Das folgende Teilstück

Herbstbilder: oben unterwegs zum Bergsvatnet, unten zum Rostolen. ▶

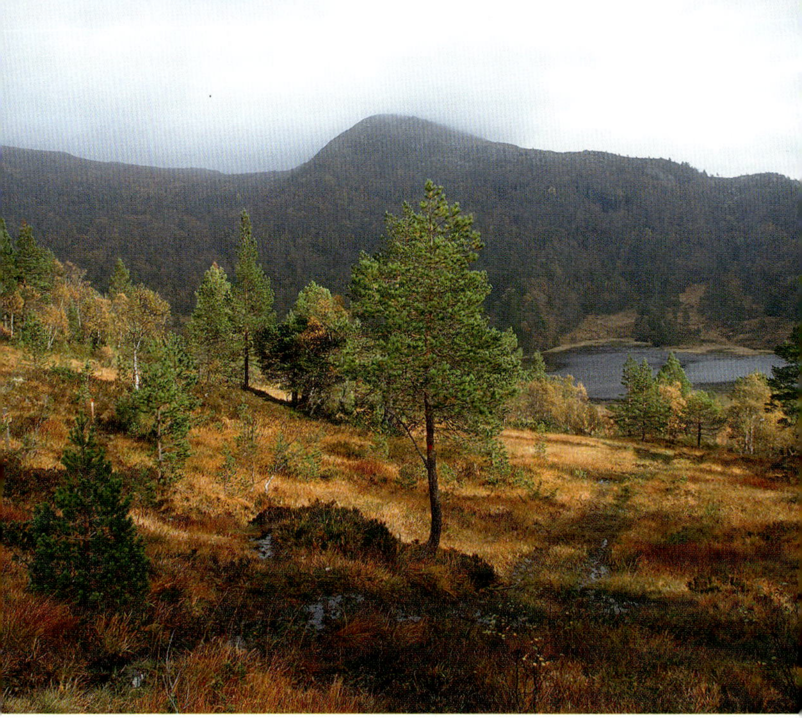

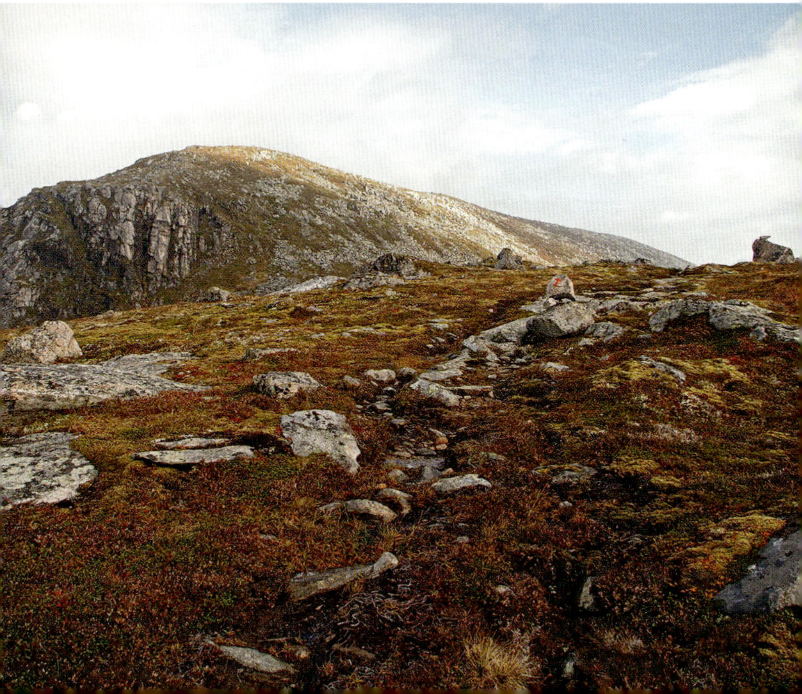

am Hang gleicht einer Wildnisdurchquerung: ein Mischwald mit umgestürzten Birken, bemoosten Findlingen und wuchernden Farnen. Plötzlich wird der Weg noch mal breiter, tritt aus dem Wald heraus und stößt auf ein längeres Feuchtgebiet. Rechter Hand erhebt sich eine gewaltige Leinwand-ähnliche Tafel, der ich keine Funktion zuordnen konnte.

Am linken Rand des Feuchtgebiets in Hörweite eines zuvor überquerten Baches bewegt sich der Pfad unterhalb der Baumgrenze – die Tannen werden immer kleiner. Lohnend der Blick zurück auf Fjord samt Brücken, der ganze Süden kommt trefflich ins Bild. Dann hält sich der Pfad ein weiteres Mal links eines Feuchtgebiets, das einem Plateau gleicht. Die Route verliert sogar an Höhe, bleibt am Hang, steuert auf einen See im Hintergrund zu und trifft auf einen Wegweiser, der eine Kreuzung vermuten lässt. In den Karten gibt es sogar einen Pfad aus dem Aurdal hier herauf, aber ausgetreten ist nichts (4:55).

Der Pfad richtet sich nach Norden, verliert weiter an Höhe, umgeht den See Bergsvatnet (311 m) mit der betagten Alm Bergsetra, die beide in einem Bogen passiert werden. Immer noch im Wald, beginnt ein steiler Anstieg nach Nordosten. Diesmal lässt der Pfad die Baumgrenze unter sich, setzt sich auf leicht zu begehenden Felsbahnen fort und kommt erneut in den Genuss toller Aussichten erst wieder gen Fjordland im Südwesten, dann via Scharte endlich gen Norden und dies nicht zum letzten Mal. Leider lag das Gebiet dort während der Recherche im Nebel, so dass ich noch nicht mit Fotos dienen kann.

Die größte Sensation mag jedoch sein, dass man dank des fortwährenden Anstiegs plötzlich höher als der Gipfel des Bergsfjells steht, das vorhin aus Westen schroff und unüberwindbar schien. Wer die ganze Etappe ohne Bustransfer gegangen ist, wird sicher Müdigkeit spüren, wissend: Die Mühe ist nicht umsonst. Voraus erhebt sich der lang gestreckte Gipfel des 650 m hohen Rostolen, den der Pfad nun zur Rechten begleiten wird, prägnant die Geröllhalden oberhalb. Fast 600 m ü.d.M. werden tangiert, zwischendurch kreuzt ein Pfad zum Gipfel die Fjordruta. Die Strecke zieht sich: Zwischen dem Berg zur Linken und einem Feuchtgebiet zur Rechten ist die Route kaum ausgetreten, aber ausreichend markiert, zumal in gerader Linie verlaufend und auf einen breiten Sattel zusteuernd; es gilt aufzupassen in dem Gelände, wo tückische Spalten überwachsen und so kaum erkennbar sind.

Noch mal eine Aussicht Richtung Norden hinunter auf die Fjordküste und schon ist unterhalb endlich die Hütte Rovangen zu sehen, Ziel dieser fordernden Etappe. Flott geht es abwärts zur Hütte am See Rostolvatnet (6:10).

Etappe 6:

Rovangen – Storfiskhytta

ORIENTIERUNG

◎ **NÖRDLICHE FJORDRUTA**: siehe auf unserer Übersichtskarte im Sektor E 1.

◎ **KARTEN**: Turkart Fjordruta sowie Norge-serien Nr. 10089 (Kyrksæterøra). – Karten-Info siehe Seite 19 f.

◎ **MARKIERUNG**: gut.

PROFIL

◎ **DAUER**: gut 4:30 Stunden für ca. 9,5 km Distanz, ohne Pausen, inklusive 2 x Waten wie bei der Recherche.

◎ **SCHWIERIGKEITSGRAD**: mittel. In Länge und Höhenunterschieden moderat; das Waten kann anspruchsvoll sein, aber kaum gefährlich.

◎ **TERRAIN**: Fjell mit vielen Feuchtgebieten.

◎ **TRINKWASSER**: Bäche und Seen unterwegs.

◎ **BESONDERES**: Sehr wahrscheinlich muss gewatet werden. – Wer unaufmerksam ist, kann kurz vor dem Ziel fehl gehen.

◎ **ERLEBNISWERT**: ☺☺😐 (= hoch) dank der ersten Etappe nur im Fjell und ohne möglichen raschen Rückzug in die Zivilisation. Keine Hütte im Gebiet der Fjordruta steht in einer unwirtlicher wirkenden Umgebung als die Storfiskhytta, das Ziel.

◎ **START**: Hütte Rovangen (siehe Seite 42), Hinweg via Etappe 5 (siehe Seite 85) oder Einstieg E 8 (Seite 164).

◎ **ZIEL**: Hütte Storfiskhytta (siehe Seite 44).

TOURENBESCHREIBUNG

Keine Gelegenheit zu gemütlichem Einlaufen: Ein paar Meter zurück auf dem Hinweg, geht es nach links den Hang hinauf, zuerst steil, dann eher schräg. Voraus erhebt sich das lang gestreckte Pikfjell. Die Markierung vollzieht einen leichten Linksknick, so dass es unterhalb der gewaltigen Pikfjell-Felsflanke nach Osten geht, für eine längere Strecke auf ziemlich genau 500 Höhenmetern. Zunächst öffnet sich der Blick nach Nordosten, auf den Dromnessund mit der Straßenbrücke bei Ulvsnes, dahinter der breite Trondheimsfjord. Die Route ist hier deutlich weniger ausgetreten als auf den bisherigen Etappen, und es sind hin und wieder steinige Abschnitte zu meistern.

Der Pfad führt nicht abwärts, sondern hält sich am Hang des Pikfjells, um es zu umgehen; so nimmt er allmählich einen Bogen um den östlichen Ausläufer, wodurch sich Aussichten gen Südosten und Süden auf markante Bergformationen eröffnen. Kurz nachdem sich die Umgehung sogar nach Südwesten wendet, erinnern Steinpyramiden zur Rechten daran, dass die Route vor Eröffnung der Hütte Rovangen hier südlich des Pikfjells verlief: Da sogar noch farbige Wegweiser des früheren Verlaufs auszumachen sind, gilt es ein wenig aufzupassen, um die Tour nicht wider Willen nach Westen in die falsche Richtung fortzusetzen – andererseits ist der korrekte, neue Wegverlauf in Richtung Süden, dann Südosten anhand der Markierungen klar zu erkennen, zumal das Terrain hier relativ eben ist. Was auch so bleibt. Eine Abwechslung bedeutet erst die steinige Höhe, an der man links entlang geht, um sie dann zu besteigen und auf einem Höhenrücken gemächlich bergab zu laufen. Beanspruchten zuvor die massiven Bergrücken im Süden die Aufmerksamkeit, die den See Steingeitvatnet mit seinem Wasserfall-ähnlichen Ablauf auf drei Seiten umschließen, setzen sich nun immer wieder die Talseen und dahinter die Fjorde im Norden in Szene. Wer um 14.15 Uhr freien Blick auf den Trondheimsfjord im Hintergrund hat, kann sogar das südwärts verkehrende Hurtigruten-Schiff erkennen. Der Höhenrücken mit dem Pfad erreicht auf ca. 500 m Höhe das Strumpfjell (614 m), auf das er die letzte Teilstrecke ohnehin zugesteuert war.

Die Route umgeht das Strumpfjell nach rechts am Hang, führt abwärts, über ein kurzes Steinfeld und zu einem welligen Sattel hinauf, wo sich nach Osten zwei Seen blicken lassen, die nach Norden und Süden von Gebirge eingerahmt sind (1:30).

Der Pfad schlüpft durch die alpin anmutende Szenerie an der kleinen Seenplatte vorbei, kurze Kletterpassagen inbegriffen. Gegen Ende der steinigen Schlucht ragt linker Hand ein strammer Felsbrocken über eine Kante. Bald wechselt man auf die südliche Seite des Wasserablaufs, nach Osten zeigen sich mehrere Gebirgsketten. Der Pfad verliert an Höhe und hält auf einen tiefer gelegenen See zu, den Skardvatnet (346 m). Anfangs sieht es noch so aus, als würde es sich um zwei Seen handeln, doch ist man an einem bestimmten Punkt unterwegs, wird die Verbindung zwischen den »vorigen« Gewässern klar.

Anders, als es beide (!) Karten vermuten lassen, führt die Route nicht direkt an den See heran, sondern hält sich in respektvollen Abstand oberhalb, um das Gewässer erst nach Süden, dann wieder nach Osten zu umgehen; die vielen feuchten Passagen lassen vermuten, dass es in Ufernähe noch nasser sein dürfte als hier weiter oben. Sollten die Felsbahnen unterwegs schwarz glänzen: umgehen! Die Flechten machen daraus wahre Rutschbahnen. Eine Moräne mit ein paar Birken und Heidebewuchs wird genommen, dahinter eine einsame, neuere Hütte: Die Karte verrät, dass hier früher eine Almhütte gestanden haben muss, die Vihalssætra. Als Namensgeber fungierte der Wildbach Vihalsbekken, der zu überqueren ist, im Normalfall watend. Die markierte Furt ist, je nach Wasserstand, nicht unproblematisch, so dass eventuell

Oben: Kletterpassage vor dem Strumpfjell. Unten die Seenplatte in der Kerbe zwischen zwei Gebirgszügen. ▶

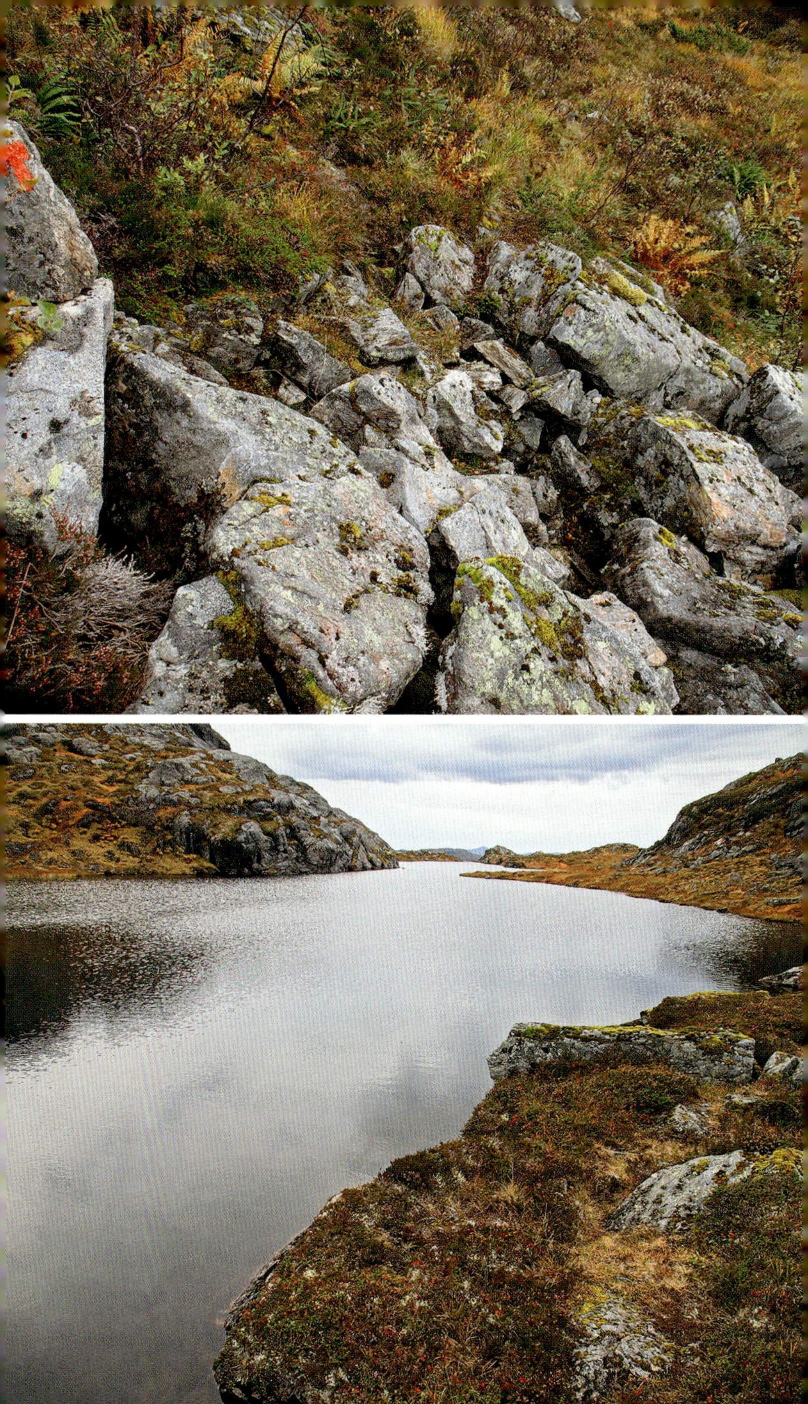

eine günstigere Stelle Zeit raubend gesucht werden muss (2:55).

Der Wildbach durchfließt ein breites Tal, in der Umgebung der früheren Alm ohne markante Höhenzüge. Nach der Furt eröffnet sich Richtung Nordosten der Blick auf eine grüne Parzelle talabwärts; dort bei Klakkan befindet sich ein Einstiegspunkt zur Fjordruta, dessen Pfad sich kurz vor der Storfiskhytta mit dem aus Rovangen vereint. Noch ist es aber nicht so weit (wobei ein historischer, nicht markierter Pfad auf der nördlichen Seite des Wildbachs hinunter nach Klakkan führt). Auf der anderen Seite steuert die Fjordruta nun schräg den Hang im Süden an und gewinnt trotz vorübergehender Senken leicht an Höhe. Hinter dem geschützt liegenden Birkengestrüpp einer Moräne öffnet sich ein Taleinschnitt, der sich nach Südosten stark verbreitet.

Rauschend hat sich schon vor Erreichen der Engstelle ein neuer Wildbach angekündigt, den es an einer breiteren Stelle weiter oben zu überqueren gilt. In Trockenperioden bzw. bei niedrigem Wasserstand mag dies über Felsbahnen und Steine gehen, wobei die Steine von ihrer Form her ungünstig wirken; ich bin dort gewatet, wo das Wasser, das sich zu einem kleinen Weiher verbreitert hat, über kleine Schnellen links abfließt: Dort kann man direkt hinter den bewachsenen Felsen durch ruhiges Wasser und dann oberhalb der Schnelle waten, erlebt bei wechselhaftem September-Wetter (3:45).

Die Storfiskhytta liegt 1,5 km Luftlinie weiter im Südosten. Von dort kommt auch der gequerte Wildbach her, der sich, abhängig von der Jahreszeit, als Wasserfall (oder Wasserfällchen) über einige Felsbahnen ergießt, unterwegs bei Bedarf Tümpel und Seen bildet sowie angrenzende Feuchtgebiete mit versorgt. Darum macht der Pfad auch einen Bogen, bevor er weiter oben den Gewässern wieder näher kommt und dort wieder mal die 500-m-Höhe erreicht.

Dann trennen sich Wildbach und Pfad, der sich ein paar hundert nach Osten hält, um den See Blomlivatnet (425 m) zu umgehen. Durch welliges Terrain mit viel Gestein, viel Wasser und nur an vereinzelten Stellen zaghaftem Grün wird schließlich der See Storfiskvatnet an seinem östlichen Ausläufer passiert, von wo aus es nur noch ein paar Schritte zur gleichnamigen Hütte sind (4:30).

Aber Vorsicht: Noch vor Erreichen der Hütte zweigt der Pfad zum Einstiegsort Klakkan nach links von der Fjordruta ab. Wer kurz vor dieser Kreuzung nur die Markierungen gen Osten wahrnimmt, läuft Gefahr, dort schräg hinüber zu laufen, um diesen Markierungen von der Hütte weg zu folgen, anstatt der eigentlichen Route zur Hütte hin.

Etappe 7:

Storfiskhytta – Storlisetra

ORIENTIERUNG

◎ **NÖRDLICHE FJORDRUTA**: siehe auf unserer Übersichtskarte im Sektor E 1, E 2 und F 2.

◎ **KARTEN**: Turkart Fjordruta sowie Norge-serien Nr. 10089 (Kyrksæterøra). – Karten-Info siehe Seite 19 f.

◎ **MARKIERUNG**: gut.

PROFIL

◎ **DAUER**: ca. 6:45 Stunden für ca. 17,3 km Distanz, ohne Pausen, inklusive 1 x Waten wie bei der Recherche.

◎ **SCHWIERIGKEITSGRAD**: durch die Länge der Etappe anstrengend.

◎ **TERRAIN**: Fjell mit vielen Feuchtgebieten, Wald, ab Vinjeøra bis Storlisetra Straßen und Forstwege.

◎ **TRINKWASSER**: Bäche und Seen vor dem Abstieg nach Vinjeøra, besonders in der ersten Etappenhälfte.

◎ **BESONDERES**: Sehr wahrscheinlich muss gewatet werden. – Als Planungshilfe: In der Ortschaft Vinjeøra, die kurz vor Erreichen der Storlisetra durchquert, gibt es keinen Lebensmittelladen (mehr), in dem Proviant nachgekauft werden könnte.

◎ **ERLEBNISWERT**: ☺☺😐 (= hoch) dank schöner (aber nicht schönster) Aussichten, einiger Abwechslung im Etappenprofil, gewiss des Glücksgefühls, diesen Marathon geschafft zu haben, und der Hütte Storlisetra als eine der gemütlichsten auf der gesamten Fjordruta.

◎ **ALTERNATIVROUTE**: Die Etappen 8 und 9 ermöglichen die Aufteilung der Etappe 7 auf zwei Tage.

◎ **START**: Hütte Storfiskhytta (siehe Seite 44), Hinweg auf der Etappe 6 (siehe Seite 91).

◎ **ZIEL**: Hütte Storlisetra (siehe Seite 48). – Oder bereits in Vinjeøra mit den Ein-/Ausstiegspunkten E 11 und E 12 (siehe Seite 166).

TOURENBESCHREIBUNG

Die Storfiskhytta liegt 490 m ü.d.M., der Storfiskvatnet auf 482 m und der Storlivatnet unterhalb der Hütte auf 439 m.

Die Etappen beginnt auf ziemlich gleich bleibender Höhe in einem Bogen um das südliche Ufer des Storlivatnet, um nicht zu tief in zu feuchtes Terrain zu geraten. Gewöhnlich werden die Schuhe ohnehin (außen) nicht trocken bleiben, weil sich von den Höhen im Süden mehrere Wasserläufe ihren Weg in den Storlivatnet bahnen. Zumal der Hang eigentlich nur im Hochsommer längere Zeit am Tag in der Sonne liegen kann. So stiefelt man auf eine schmale, nicht allzu hohe und deswegen bisher unscheinbare Klamm zu, in der der Pfad für ein kurzes Wegstück die 500-m-

Höhe übersteigt. Das ist der höchste Punkt der Etappe, was sie jedoch keineswegs entschärft (0:20).

Markanter als die 500-m-Marke ist aber der fast archaisch anmutende Steinverschlag, der sich jenseits des Baches an den steilen Schluchtfels drückt. Aus dem mit Moos bewachsenen Dach ragt ein langes Ofenrohr Marke Eigenbau; flankiert wird diese Kate von einem verwitterten, fensterlosen hölzernen Schuppen, sowie einem eigenwilligen schmalen, doppelstöckigen Holzbau, dessen obere Tür anhand des Herzens die Funktion verrät. Als Toilettendach ist sogar Wellblech zur Anwendung gekommen. Ansonsten lagert Holz für weiteres Zimmern und zum Brennen unter Dachüberhang und Planen, steht ein Ofen samt Rohr im Freien neben dem Schuppen und ist ein moderner Müllbehälter das einzige Anzeichen, das unmittelbar mit der Jetztzeit in Verbindung gebracht werden kann. Die umherliegenden Findlinge, die knorrigen Birken, Ebereschen sowie das ungezähmte Gestrüpp weisen auf anspruchslose Zeitgenossen hin, die hier zeitweise Quartier nehmen.

Während Storfiskhytta und Storlivatnet aus dem Blickfeld geraten, ist der nächste See im Südosten schnell erreicht. Die Route verbleibt auf fast 500 Höhenmetern auf dem Ausläufer des Storlia im Westen und durchquert weiter werdendes, relativ ebenes Hochland, aus dem zumeist bewachsene Felsen und Felsbahnen ragen, das jedoch vor allem teilweise sumpfartige Feuchtgebiete prägen: Je nach Niederschlagsmenge in der jüngeren Vergangenheit ist fortan nicht immer Verlass auf die nächste Markierung – soll heißen: Die Richtung stimmt, aber den Weg müssen Sie sich streckenweise neu suchen, je nachdem wie tief im Wasser stehend oder morastig der Untergrund eben ist. Kaum ein Baum, im Schutz von Felsen mitunter Gestrüpp sowie Beerensträucher, ansonsten die Gräser der Feuchtgebiete, Wasserpflanzen in Seen und Tümpeln. Dennoch ist die Vegetation nicht so weich, wie es erscheinen mag, denn es geht unmittelbar an Tümpeln vorbei, die höher liegen als der Pfad und von ihrem Uferbewuchs dennoch im Zaum gehalten werden. Vorwärts geht es fast in südsüdöstlicher Richtung. Dabei eignen sich die länglichen, abgerundeten Höhenzüge, die sich kilometerweit am Horizont abzeichnen, gut als Orientierungsmarken. Zunächst sind ein paar unspektakuläre Kanten zu passieren, dann, in Nachbarschaft eines rauschendes Wasserfalls, gibt eine neue Kante die bisher schönste Fernsicht preis (0:50).

Der Wasserfall entleert den oberhalb der Kante gelegenen See Erklipollen und speist den Wildbach Erklibekken, der sich durch das breite Tal drunten schlängelt, je nach Wasseraufkommen zu beiden Seiten von Lachen, Tümpeln, Mini-Seen flankiert. Alles fließende Wasser sammelt sich talabwärts im Skardsetervatnet, der von hier aus jedoch noch nicht ein-

Oben das archaisch anmutende Hütten-Ensemble in der Scharte östlich der Storfiskhytta. Unten der Ausblick in Nachbarschaft des Wasserfalls nach Süden: voraus der Auftakt für die nächsten Stunden. ▶

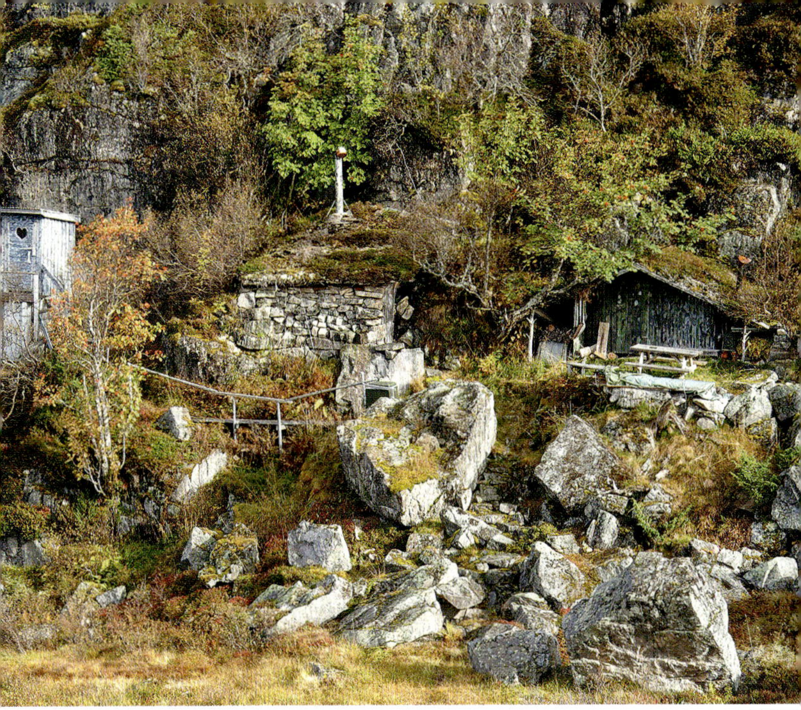

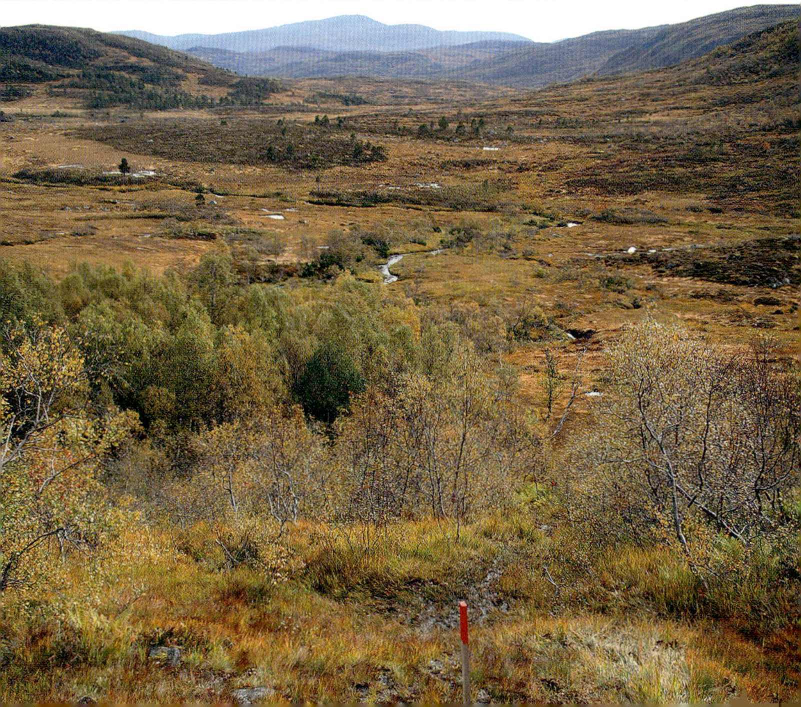

zusehen ist. Zunächst geht es neben dem Wasserfall über Stock und Stein und Farne und aufgeweichte Passagen den Hang hinab, in dem richtiger Mischwald etabliert hat, neben den üblichen Birken zum Beispiel die Gemeine Eberesche. Nächste Landmarke ist ein rechts zu passierender Höhenrücken mit einer Reihe Nadelbäume, die, näher herangekommen, gar nicht neben-, sondern hintereinander stehen. Nach Osten hin ist eine einsame braune Hütte am Hang auszumachen. Die nächste Kante erwartet die Wanderer in einem Birkenhang mit Findlingen, nun liegt der angekündigte Skardsetervatnet mit mehreren umstehenden Hütten voraus. Inzwischen auf nur noch 400 m, begibt sich der Pfad möglichst immer am (nicht ganz so nassen) Hang hinunter auf ca. 360 m, wo Wegweiser zuletzt an eine abgebrochene Birke genagelt waren. Rechts ab geht's nach Sollia, geradeaus nach Vinjeøra und Storlisetra (1:50). Wenige Meter hinter der Kreuzung empfiehlt sich ein stattlicher, oben abgeflachter Felsbrocken für eine Rast.

Eine Bachüberquerung steht an. Wem der Sprung zu gewagt ist, kann über die Sollia-Route bachaufwärts gehen und die dortige Furt nehmen, muss aber noch über einen zweiten Bach, der sich zwischen den beiden Furten mit dem ersten vereint (und auf der Sollia-Route nicht überquert werden muss); durch Gestrüpp und feuchtes Terrain geht es pfadlos zurück zur eigentlich Route, wofür total 15–20 Minuten Umweg anzusetzen sind; bei dem Zeitaufwand kann man unten natürlich ebenso waten. Im Bereich der Kreuzung gilt es übrigens auf überwachsene Wasserläufe zu achten, die man streckenweise nur hören kann. Auch bei sichtbaren Bächen und Rinnsalen hängen im weiteren Wegverlauf hin und wieder Mooslappen über, die Fehltritte verursachen können.

Der Pfad nach Vinjeøra/Storlisetra setzt sich durch leicht welliges Terrain nach Südosten fort, immer in gewissem Abstand zuerst zum Skardsetervatnet, später zum noch größeren Leiråvatnet. Die Spur ist schwach ausgetreten, was mit den feuchten Passagen unterwegs zu tun hat, die je nach Speisung kurze, vorübergehende Routenänderungen erzwingen. Mit der Topo-Karte und ausreichend markiert, besteht aber keine Gefahr sich zu verirren; auf einer bemoosten Zwischenhöhe lagen während der Recherche mehrere Wegweiser als Ersatz bereit, wenn einzelne Holzpfosten im feuchten Terrain verrottet sein sollten.

Eine Abwechslung zwischen trockeneren Höhen und feuchten Senken schenkt ein Birkenwald mit Meeren an Heidelbeersträuchern – Wohl denen, die hier im August wandern. Ebenso wird der Geruchssinn angesprochen, wie würzig nämlich Moos riechen kann. Dann geht es bergauf, erst behäbig, dann steiler, bis sich in ostnordöstlicher Richtung die Ortschaft Kyrksæterøra am Hemnfjord

Oben der Birkenwald, in dem es würzig nach Moos riecht und im August Legionen von Heidelbeeren zu pflücken sind. Unten zurück auf Meereshöhe: Blick auf den Vinjefjord bei Vinjeøra, vor dem letzten Aufstieg zur Storlisetra. ▶

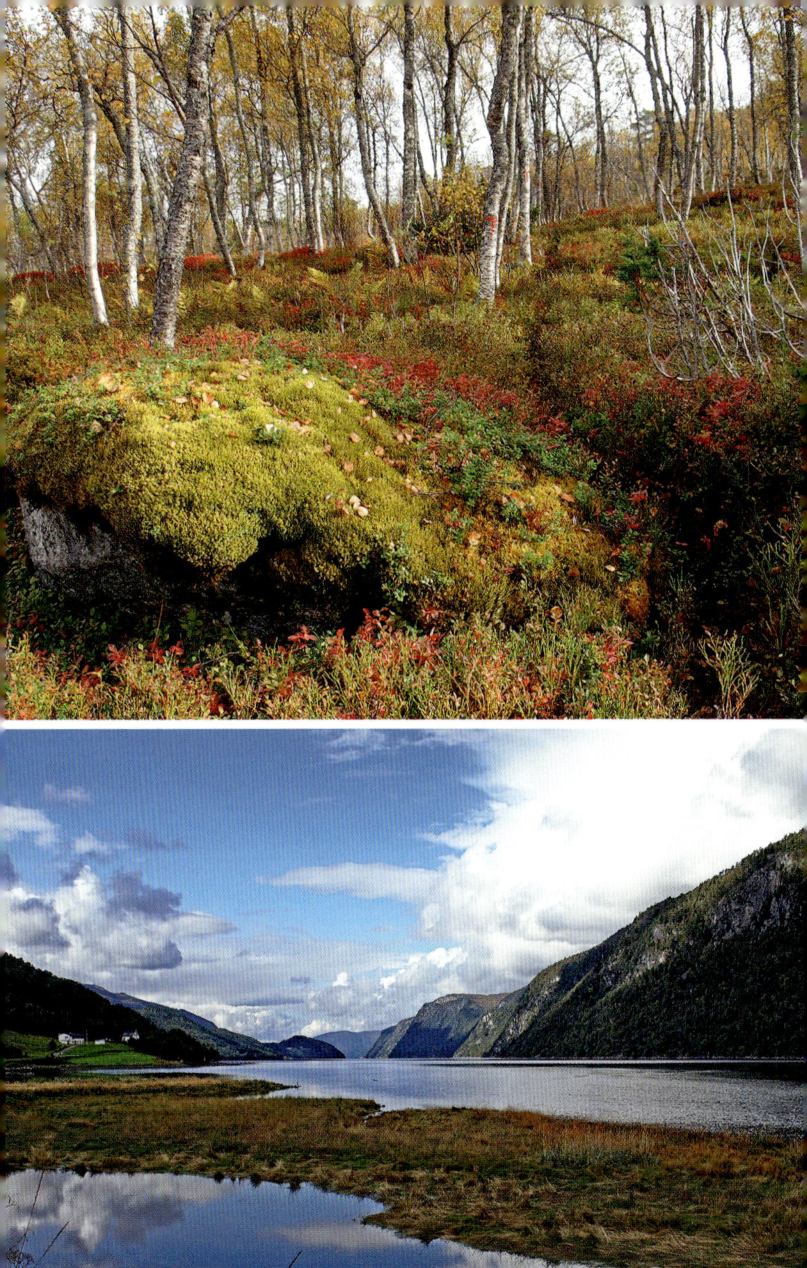

abzeichnet – ein Panorama, das die Tour für eine längere Distanz je nach Höhe immer wieder hergibt, ebenso wie gen Nordwesten den Wasserfall des Erklibekken (3:00).

Der Pfad bevorzugt die Hanglage, erreicht Kuppen und passiert knreiffliges Terrain mit überwuchertem Untergrund sowie einer Passage an einem recht steilen Abhang; den Blick nur auf den Pfad gerichtet, hatte ich – obwohl nicht schwindelfrei – keine Probleme. Eine Moräne mit markanter Kieferngruppe wird passiert, nach Nordosten sieht man ein paar Häuser von Eidet am See Rovatnet. Es geht moderat bergauf durch fast baumloses Hochland, knapp an einem Höhenzug an dessen östlichem Ausläufer vorbei und über Moränen. Der Weg zieht sich hin, in der Abendsonne war dies andererseits eine besonders stimmungsvolle Passage bis zum Eintreffen an der Kreuzung mit dem Abzweig nach Sollia (4:35).

Ein kurzes Wegstück später geht es steil einen bald bewaldeten Berghang abwärts, gut 300 Meter Höhendifferenz auf knapp 1,5 km Wegstrecke. Am Rand eines Wohngebiets tritt der Pfad aus dem Wald (5:20).

Die Ortschaft Vinjeøra liegt am Ende des Vinjefjords, an dessen Südufer die E 39 zwischen Trondheim und Kristiansund verläuft. Es gibt schöne Häuser in Hanglage, nur ohne Laden zum Einkaufen ist die Lebensqualität für die 300 Einwohner abhängig von der Mobilität. Die Fjordruta setzt sich auf folgenden Straßen fort: am Hang Geilhaugen (!), rechts Vinjebakken, links Strandvejen, rechts Hauptstraße E 39, dann hinter der Brücke links Parkplatz (als Auftakt für Wanderer) zur Storlisetra (5:45).

Es geht auf einem Fahrweg sanft aufwärts und mitten durch den Hof Fjelnset. Dann gabelt sich der Weg, die Route bleibt links, oberhalb des Flusses, und überquert in der Folge mehrere Bäche. Holzschilder mit geschnitzten sowie farblich nachgezogenen Buchstaben benennen einige Orte und landschaftliche Merkmale von lokaler Bedeutung. An der nächsten Gabelung halte man sich rechts. Der Weg gewinnt moderat an Steigung, verläuft zwischendurch sogar eben, bleibt im Mischwald, in dem sich auch Wacholder sowie Beerensträucher wohlfühlen, Heidelbeeren in stattlichen Feldern gedeihen.

Bereits mehr als eine halbe Stunde ab Parkplatz unterwegs, wird zur Rechten ein Gebirgsbach überquert, der in der Schlucht hangabwärts nur zu vernehmen war. Die Brücke wirkt provisorisch, hält immerhin schwere Fahrzeuge aus, die weiter oben ihren Wendeplatz haben. Die Route bleibt zwar auf dem Forstweg, der aber mit zunehmender Höhe zugewachsen ist, solange hier kein neuer Holzeinschlag erfolgt. Zuletzt weist ein rotes T auf den Pfad zum Hügel Storlibakkan mit der Hütte, die einst im Dienst einer Alm stand und für die Wanderer zu einem urgemütlichen Domizil umgebaut wurde (6:45).

Etappe 8:

Storlisetra – Vinjeøra – Sollia

ORIENTIERUNG

◎ **NÖRDLICHE FJORDRUTA**: siehe auf unserer Übersichtskarte im Sektor F 2.

◎ **KARTEN**: Turkart Fjordruta sowie Norge-serien Nr. 10089 (Kyrksæterøra). – Karten-Info siehe Seite 19 f.

◎ **MARKIERUNG**: gut.

PROFIL

◎ **DAUER**: ca. 4:00 Stunden ab Storlistera bzw. ca. 2:50 Stunden ab Parkplatz Vinjeøra (Einstiegsort E 11) für ca. 11,6 km bzw. ca. 6,8 km Distanz, jeweils ohne Pausen.

◎ **SCHWIERIGKEITSGRAD**: mittel. Steiler Aufstieg ab Vinjeøra.

◎ **TERRAIN**: ab Storlisetra Wald inklusive Forstwege, in Vinjeøra Straßen, anschließend Wald und Fjell mit Feuchtgebieten.

◎ **TRINKWASSER**: Bäche und Seen nach dem Anstieg ab Vinjeøra.

◎ **BESONDERES**: Bisher habe ich die Fjordruta von Norden nach Osten (bzw. nach Süden) beschrieben. Für Etappe 8 und 9 wähle ich die umgekehrte Richtung, da beide Routen anhand der Erfahrungswerte häufiger ab Vinjeøra begangen werden und nicht von der Storfiskhytta aus. Denkbar ist zum einen die Rundtour ab Vinjeøra via Sollia (Etappe 8) zur Storfiskhytta (Etappe 9) und direkt zurück (Etappe 7) sowie zum anderen die kürzere Variante ab Vinjeøra zur Sollia-Hütte (Etappe 8) und am gleichen oder am nächsten Tag zurück. Denkbar ist selbstverständlich auch eine längere Tour über die Storfiskhytta hinaus, nur ist die Rückkehr mit einem Bus nicht praktikabel. Ebenso ungünstig für Fernwanderer ist, dass es in der Ortschaft Vinjeøra (300 Einwohner) am Übergang zwischen der nördlichen und südlichen Fjordruta keinen Laden mehr gibt, wo Proviant gekauft werden könnte.

◎ **ERLEBNISWERT**: ☺☺😐 (= hoch) dank der Route auf dem Höhenzug oberhalb des Vinjefjords sowie der Hütte Sollia; bemerkenswerte Hütten gibt es einige auf der Fjordruta, aber wenn nur eine den Titel Unikat tragen dürfte, dann diese.

◎ **ALTERNATIVROUTE**: Die Etappe 7 zwischen der Storfiskhytta und Vinjeøra / Storlisetra spart Sollia als Station der Fjordruta aus; man kann so einen Tag gewinnen, falls man eine Fernwanderung unternimmt.

◎ **START**: Hütte Storlisetra (siehe Seite 48). – Oder in Vinjeøra, wo sich am Ende einer Nebenstraße hinauf zu einem Wohngebiet am Hang und Start des Pfads der Einstiegsort E 11 befindet (siehe Seite 166).

◎ **ZIEL**: Hütte Sollia (siehe Seite 46).

Die Gehzeit von der Storlisetra zum Parkplatz Richtung Sollia ist eine andere als bei Etappe 7 in umgekehrter Richtung. 1. geht es von der Hütte aus bergab, 2. bildet diese Teilstrecke heute den Anfang statt das Ende einer 17-km-Tour.

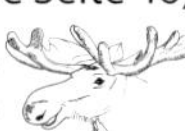

TOURENBESCHREIBUNG

Wer an der Storlisetra beginnt, hat – siehe Seite 48 – zunächst 45 Minuten durch Wald und über Forstwege vor sich sowie anschließend in Vinjeøra 1,5 km auf Straßen: An dem Parkplatz für die Storlisetra-Wanderer vorbei geht's auf der Hauptstraße E 39 nach rechts über die Brücke, dann links in den Strandvejen, gleich wieder rechts den Vinjebakken hinauf sowie links den Geilhaugen hinauf. Da das Wort *haug* Hügel bedeutet, könnte man meinen, der Name sei der schönen Fjordaussicht hier geschuldet – doch so salopp drücken sich die Norweger nicht aus: Mit dem Wort *geil* ist ein Weg gemeint, über den Vieh getrieben wird (oder früher mal wurde, wie in Vinjeøra) – das neudeutsche *geil* ist im Norwegischen kein Begriff. Am Ende des Hanglagen-Wohngebiets ist Schluss mit den öffentlichen Fahrwegen und geht es nun endlich in die Natur hinein (1:10).

Wer mit dem Bus anreist, läuft an der E 39 ortseinwärts (weg vom Fjord) und hat ab der Brücke den gleichen Weg, wie oben beschrieben, jedoch ca. 40 Minuten weniger als von der Storlisetra aus.

Der Einstiegspunkt am Wohngebiet liegt bereits rund 90 m ü.d.M. Bis zur Wegscheide Sollia/Storfiskhytta auf 420 m führt der Pfad streckenweise sehr steil den bewaldeten Hang hinauf; auch sind hier feuchte Passagen zu meistern, wenn sich abfließendes Wasser gerne der ausgetretenen Spuren bedient. Worauf die Wanderer sich wieder neue Umgehungen erschließen... Über die Baumgrenze hinaus, wird das Terrain allmählich flacher, es öffnet sich zuerst der Blick nach Westen, dann nach Südwesten und schließlich nach Süden, wo der Fahrweg zur bedienten Hütte Kårøyan verläuft, Ziel der Etappe 10. Wer die südliche Hälfte der Fjordruta begangen hat, wird Richtung Kårøyan, Grytbakksetra und Staurset noch einige markante Punkte mehr wieder erkennen. Dies zumindest von dem Steinhaufen, der mit T's und Pfeilen markiert ist. Die Kreuzung der Pfade nach Vinjeøra, Sollia und Storfiskhytta ist nur wenige Minuten später erreicht, aber nicht mehr so reizvoll an Aussichten (2:05). Insofern lohnt die Rast, sofern gewünscht, bereits am Steinhaufen.

Der Pfad nach Sollia umgeht anfangs den See Grytvatnet (430 m) an dessen Südufer, um sich dann westwärts fortzusetzen. Nur ganz vereinzelt stehen hier noch ein paar Birken oder Kiefern, wächst etwas niedriges Gestrüpp, geht es über felsigen Untergrund mit Beerensträuchern und anderen Bodendeckern sowie durch Feuchtgebiete. Am Grytvatnet-Nordufer stehen einige wenige Hütten in ausreichender Distanz voneiander, auf dass, nordisch gewissenhaft, der Nachbar nicht gestört werde. Ein Nebenpfad, der nicht in den Karten verzeichnet ist, zweigt von der Fjordruta links zu einer Aussicht über dem Fjord ab – der Wegweiser verkündet: »Utsiktsplass 300 m«.

Oben: nach dem steilen Aufstieg unterwegs nach Westen, vorbei am Grytvatnet. Unten der Blick von Sollia hinunter auf Staurset/Opsal, den Vinjefjord und die E 39. ▶

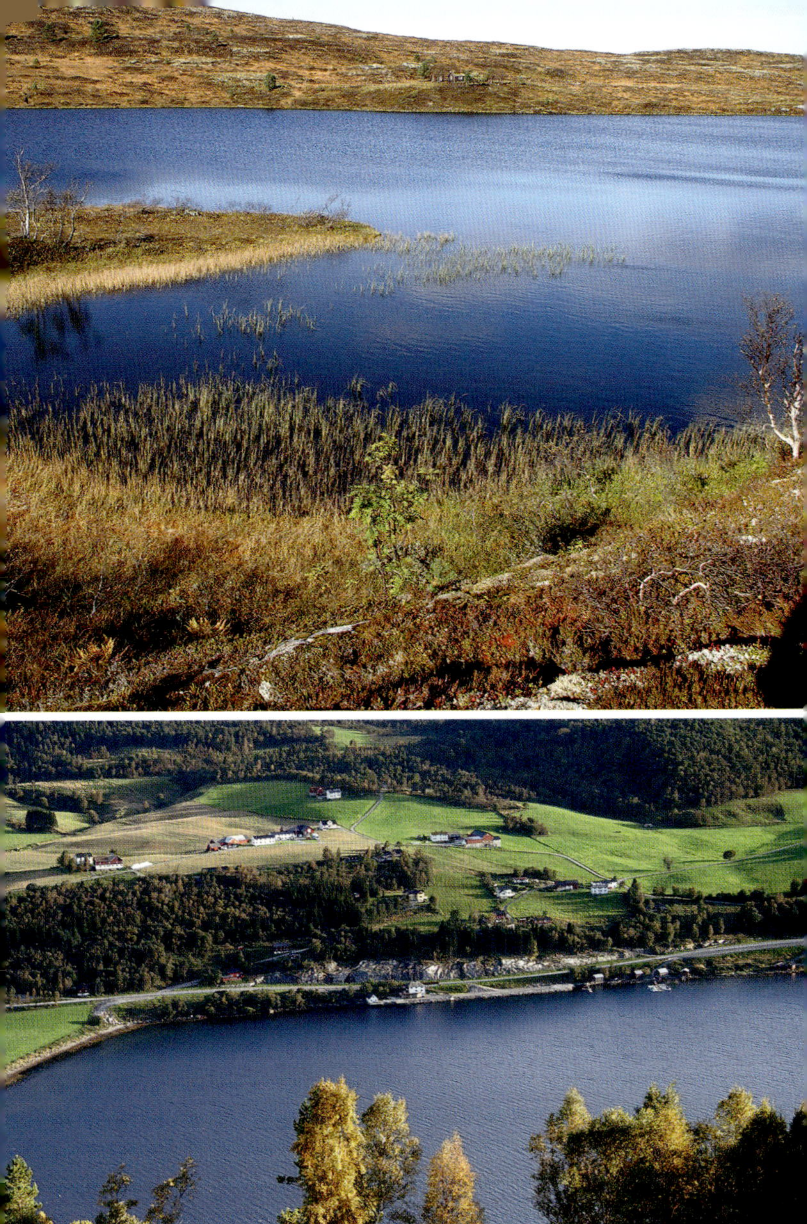

Zurück nach Sollia: Hin und wieder ist eine bescheidene Anhöhe zu überwinden, eine mehr oder weniger feuchte Senke zu durchqueren, liegt ein Kiefernwäldchen am Weg, geht's auf einer bemoosten Moräne vowärts, ein Mal sogar fotogen zwischen zwei kleinen Seen, aus denen Wasserpflanzen ragen.

Allmählich verliert der Pfad an Höhe, insgesamt darf das Profil als sanft bezeichnet werden. Der Eindruck, als bewege man sich auf den Fjord zu, ist allerdings unzutreffend, wie der Blick auf die Karte beweist. Erst wenn sich der Blick auf den Vinjefjord weit Richtung Westen öffnet, bewegt sich die Route langsam zum Fjord hin und beginnt stärker als bisher an Höhe einzubüßen (3:10). Wobei es im Bereich des frisch aufgetauchten Fjordblicks einen breiten Felsen gibt, der wie geschaffen als Rastplatz ist.

Es geht bergab, die Baumgrenze wird erreicht, der Pfad nahezu idyllisch, überrascht dann aber noch mal mit einem steileren Anstieg. Mittlerweile ist der Fjord, lugt man nach Süden, auch direkt unterhalb ins Blickfeld geraten, und nach Südosten die Höfe des Weilers Haukvika. Hinab in eine feuchte Senke, an einem kaum minder feuchten Hang entlang, wieder unter die Baumgrenze und nun steiler abwärts. Kurz vor Sollia steigt der Pfad über Stock und Stein und Farne in einem Birkenhain hinab; womöglich sind bereits die Schafe zu vernehmen, die sich sommers rund um die Hütte aufhalten (4:00).

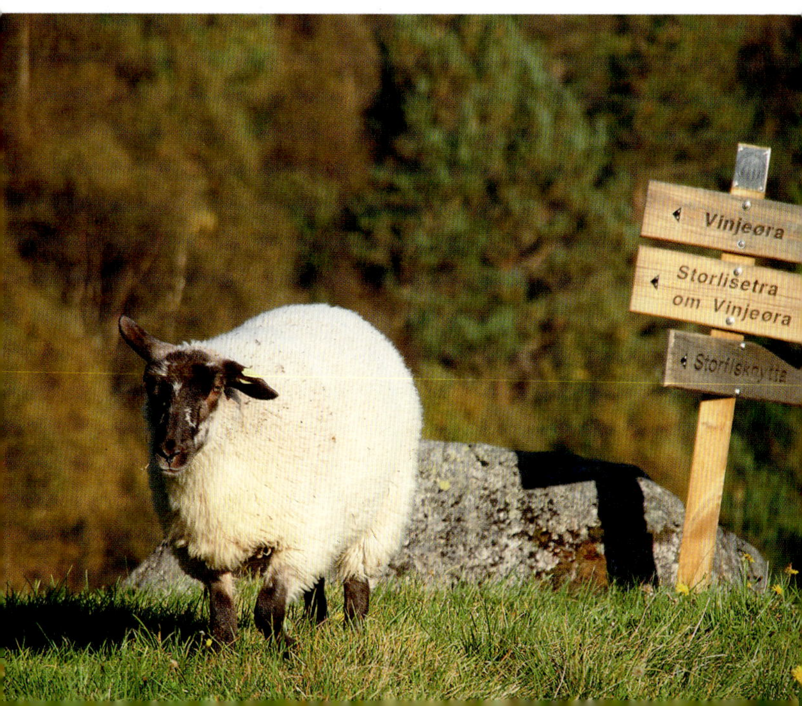

Etappe 9:

Sollia – Storfiskhytta

ORIENTIERUNG

◎ **NÖRDLICHE FJORDRUTA**: siehe auf unserer Übersichtskarte im Sektor F 2, E 2 und E1.

◎ **KARTEN**: Turkart Fjordruta sowie Norge-serien Nr. 10089 (Kyrksæterøra). – Karten-Info siehe Seite 19 f.

◎ **MARKIERUNG**: gut.

PROFIL

◎ **DAUER**: ca. 4:00 Stunden für ca. 9,8 km Distanz, ohne Pausen, inklusive 1 x Waten wie bei der Recherche.

◎ **SCHWIERIGKEITSGRAD**: mittel. Gut 360 Höhenmeter ab Sollia bis aufs Snøfjell, größtenteils moderat.

◎ **TERRAIN**: Fjell mit vielen Feuchtgebieten, anfangs Waldhang.

◎ **TRINKWASSER**: Bäche und Seen besonders in der zweiten Hälfte mit und nach dem Abstieg vom Snøfjell.

◎ **BESONDERES**: Warum die Etappe nicht in umgekehrter Richtung ab Storfiskhytta beschrieben wird, findet sich auf Seite 101 ebenfalls unter »Besonderes« erläutert. – Im Bereich der nördlichen Fjordruta erreicht die Etappe den höchstgelegenen Punkt mit entsprechender Aussicht.

◎ **ERLEBNISWERT**: ☺☺😐 (= hoch) dank der Route sozusagen über das Dach der nördlichen Fjordruta, Aussichten inbegriffen.

◎ **ALTERNATIVROUTE**: Die Etappe 7 zwischen der Storfiskhytta und Vinjeøra / Storlisetra spart Sollia als Station der Fjordruta aus; man kann so einen Tag gewinnen, falls man eine Fernwanderung unternimmt.

◎ **START**: Hütte Sollia (siehe Seite 46), Hinweg auf der Etappe 8 (siehe Seite 101).

◎ **ZIEL**: Hütte Storfiskhytta (siehe Seite 44).

TOURENBESCHREIBUNG

Der Pfad klettert hinter der Hütte den Hang hinauf und gibt nach wenigen Höhenmetern fotogene Aussichten von Hütte, Fjord und Fjell preis.

Auf der anderen Seite des Fjords liegen die Häuser von Staurset, das einen Einstieg in die südliche Fjordruta ermöglicht, allerdings nicht, wie man meinen mag, durch das Staursetdal, das sich in Südrichtung zwischen die rundlichen Berge zwängt, sondern weiter östlich auf mehr als 320 m vom See Opsalvatnet aus, der sich, wenn die Etappe 9 an Höhe gewinnt, ebenfalls ins Blickfeld schieben wird. Dass ab Staurset ein Einstiegspunkt für die Fjordruta ausgewiesen ist, hat mit dem Bootstransfer zu tun, der zweitweise zwischen Staurset und dem nördlichen Fjordufer unterhalb von Sollia bestand, auf dass Wanderer diese steile Wand (in 35–45 Minuten) hinauf nehmen

◀ Im Sommer sind auch Wollige am Sollia unterwegs.

konnten. In der Praxis kamen jedoch nicht genug Wanderer, um eine Person in Staurset zur Bereitschaft verpflichten zu können. Ausgeschlossen ist der Bootstransfer auch heute keineswegs, aber eher denkbar, wenn man relativ kurzfristig eine Wanderung plant und den Transfer zum Beispiel fürs nächste oder übernächste Wochenende arrangieren will. Eine längerfristige Planung vom Ausland aus würde ich ohne die Bootsüberfahrt und dadurch mit einer Etappe ab Storlisetra/Vinjeøra oder Storfiskhytta bevorzugen.

Zurück zum Aufstieg ab Sollia, der relativ bald, noch vor der 400-Meter-Marke das letzte Birkenfeld hinter sich zurück lässt. Ein paar vereinzelte Kiefern klammern sich an die Hänge, dann geht es nur noch über Heidekraut, Zwergsträucher und durch Feuchtgebiete. Allmählich lugen die ersten fernen Bergkanten hinter den bevorstehenden Höhen hervor. Der Pfad entfernt sich vom Bach Sollielva und hält sich Richtung Nordosten. In dem zunehmend steinigen, vegetationsarmen Terrain stünden hölzerne Wegweiser auf verlorenem Posten, zumal der Wind hier oben recht kräftig blasen kann. So fungieren rot angepinselte Steine als Markierungen, sind aufgeschichtete Steinmänner von weither zu erkennen. Die häufigeren steinigen Passagen sorgen für gutes Vorwärtskommen, der Anteil der Passagen durch Feuchtgebiete ist wohltuend geringer als im niedriger gelegenen Terrain. Als Folge ergeben sich mehr mögliche Rastplätze, um die schönen Aussichten wertzuschätzen. Der Panorama-Preis des Tages geht, beginnend nach etwa einer Dreiviertelstunde, an den Nordosten, wo die Ortschaft Kyrksæterøra auf einer schmalen Landzunge zwischen dem See Rovatnet im Süden und dem Hemnfjord im Norden liegt, der sich fjordauswärts in zwei Arme teilt. Zwischen Aussichtspunkt und Fjordniveau erstreckt sich ein welliges Hochland mit Erhebungen über 300 m ü.d.M., Wäldchen, Seen – der größte ist der Leiråvatnet –, Bächen und Tümpeln. Dort unten verläuft (allerdings nicht sichtbar, da relativ nahe am Hang unterhalb des Aussichtsplatzes) die Fjordruta zwischen Vinjeøra und Storfiskhytta, unsere Etappe 7.

Schließlich ist die namenlose Höhe 664 passiert, danach das Snøfjell auf 674 m. Längst ist ein Zipfel Meer im Nordosten auszumachen, blickt man nach Nordwesten auf einen erhöht liegenden Taleinschnitt und direkt voraus im Norden auf die mächtige Wand des Todalsfjells (1:15).

Das Todalsfjell wird an seiner Ostseite zu umgehen sein, doch zuvor steht der Abstieg an. Der Pfad führt in unregelmäßigen Schleifen auf angenehmem, vorwiegend trockenem Untergrund abwärts, erst steil, dann ebener, begleitet idyllisch den Wildbach Raudbekken, hinweg über Farne, Moose und Gräser und vorbei an im August prall behängten Heidelbeersträuchern, zwischendurch wie-

Beim Anstieg und auf dem Dach der nördlichen Fjordruta. Unten der Blick vom Snøfjell nach Nordosten, unterhalb das Terrain der Etappe 7 mit dem Leiråvatnet. ▶

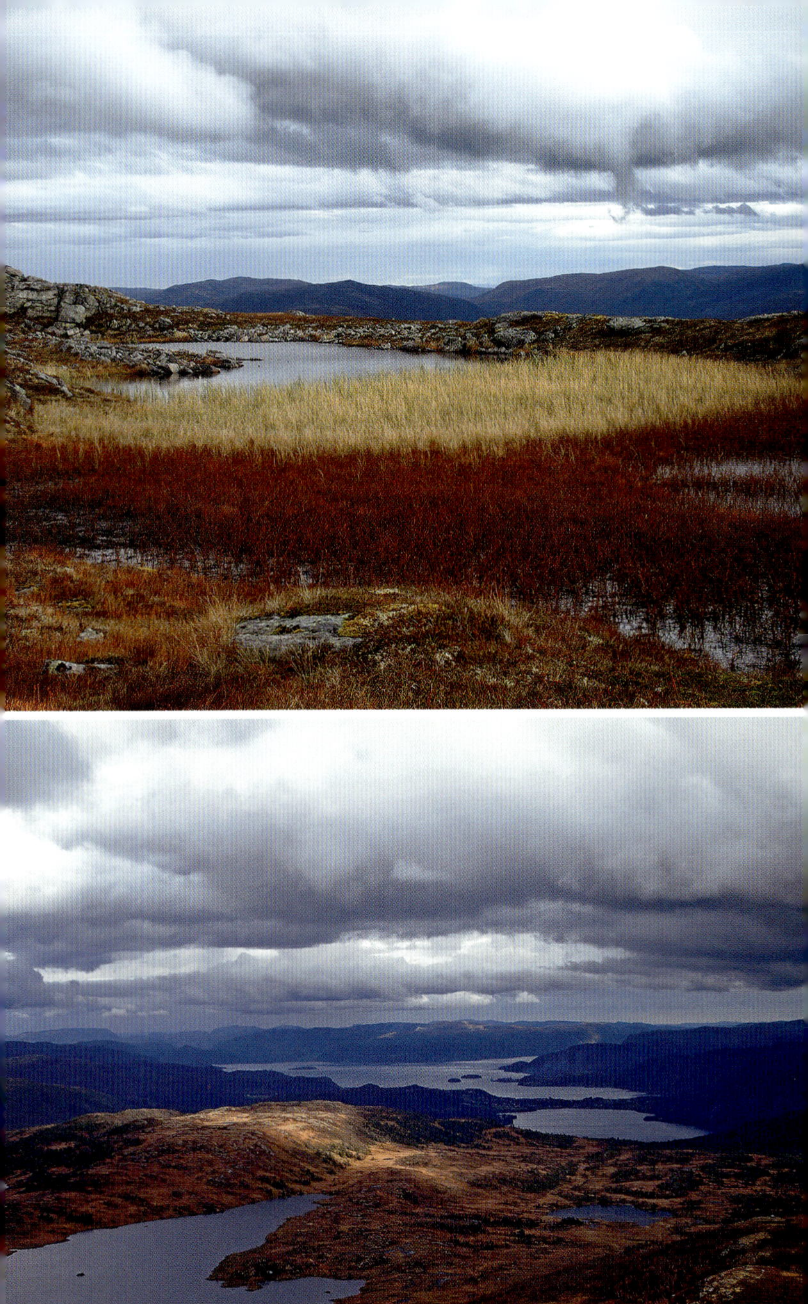

der steiler. Die Route entfernt sich vom Wildbach, wendet sich nordostwärts, durchquert ein sattes Feuchtgebiet auf fast ebener Strecke – und trifft wieder den Wildbach, begleitet ihn auf einer Moräne, um ihn schließlich zu überqueren; nur hat er inzwischen Verstärkung durch einen weiteren Wasserlauf erhalten: Meistens wird dies Waten bedeuten. Rund um die Furt gilt es vorsichtig zu sein, da einige Bäche und Rinnsale ganz oder an ihren Rändern von Mooslappen überwachsen sind. Wenige Minuten nach der Furt ist die Wegscheide erreicht, geht es links zur Storfiskhytta (und rechts gen Vinjeøra/Storlisetra); ein paar Meter nach rechts bietet sich ein nach oben abgeflachter Fels bestens für eine Rast an (2:00).

Nach Nordosten erstreckt sich der See Skardsetervatnet (336 m), davor die gut in Schuss wirkenden Häuser der Alm Skardsetra, die Wegscheide liegt auf 360 m. Der Pfad wendet sich nach Nordwesten, muss durch ein Feuchtgebiet, klettert einen Birkenhang auf 400 m und steuert nun auf einen Wasserfall zu, deseen Fallhöhe an seiner linken Flanke in merklicher, aber dennoch moderater Steigung erklommen wird: Hier drücken sich Bäume einzeln wie in Gruppen in die windgeschützten Stellen, erscheint die Artenvielfalt größer als sonst im nahen Fjell, wächst zum Beispiel die Gemeine Eberesche (dies ebenso im Bereich der Wegscheide talabwärts). Auf derselben Höhe wie die Wasserfallkante, ergibt sich ein großartiger Blick zurück auf das breite Hochland (2:55).

In kleinen Etappen wird es nun sozusagen von Kante zu Kante gehen, bis hinauf auf 500 m bei sanfter Steigung und zwischendurch auch wieder mal abwärts. Zur Rechten taucht der See Erklipollen (459 m) auf, aus dem sich der Wasserfall speist. Mehr Aufmerksamkeit erfordern aber die Feuchtgebiete unterwegs, die mitunter sogar eine Änderung im Weg erzwingen, bevor man zur nächsten Markierung gelangt. Es geht auf das markante Flatfjell im Norden zu, an dessen Ausläufer sich rechter Hand der Nyvatnet fotogen erstreckt. Der Pfad nimmt die 500 Höhenmeter am Hang links und begibt sich in den schmalen Einschnitt unterhalb des Flatfjells. In der Klamm, in der es eher trocken zugeht, überrascht ein Hüttenensemble wie aus vergangener Zeit (siehe Seiten 96/97).

Aus der Schlucht heraus, liegt die Storfiskhytta seitlich hinter dem See Storlivatnet (439 m), der in einigem Abstand links umgangen wird, dies wieder ein feuchter Abschnitt. Hier, in dieser ungeschützten Höhe, wirkt die Umgebung, die Vegetation noch spärlicher als beim vorigen Anstieg durch das breite Hochland zwischen Wegscheide und Flatfjell. Umso gemütlicher wird der Aufenthalt in der Storfiskhytta sein (4:00).

Etappe 10:

Storlisetra – Kårøyan

ORIENTIERUNG

◎ **SÜDLICHE FJORDRUTA**, auf unserer Übersichtskarte siehe im Sektor F 2 und F 3.

◎ **KARTEN**: Turkart Fjordruta sowie Norge-serien Nr. 10089 (Kyrksæterøra) und 10084 (Surnadal). Sowohl Turkart als auch Norge-serien geben den tatsächlichen Routenverlauf bei der Umgehung des Bergs Flya nicht korrekt wieder. Selbst die Aktualisierungen der Turkart Fjordruta auf der Website des Wandereins KNT lassen die korrekte Route unerwähnt. – Allgemeine Karten-Info siehe Seite 19 f.

◎ **MARKIERUNG**: gut, etwas weit auseinander beim Abstieg zum Ziel.

PROFIL

◎ **DAUER**: ca. 5:00 Stunden für ca. 11,2 km Distanz, ohne Pausen, inklusive 3 x Waten wie bei der Recherche.

◎ **SCHWIERIGKEITSGRAD**: mittel bis antrengend je nach Untergrund. Über 500 Höhenmeter Anstiege.

◎ **TERRAIN**: Fjell mit vielen Feuchtgebieten, Wald.

◎ **TRINKWASSER**: Flüsse, Bäche sowie Seen unterwegs.

◎ **BESONDERES**: während der Recherche die Etappe mit den meisten, teilweise kniffligen Überquerungen von Bächen und Flüssen, wobei an zwei weiteren Orten Brücken/Stege montiert waren. – Beim Ziel Kårøyan handelt es sich um die einzige bewirtschaftete Hütte auf der Fjordruta, mit kommerziellen Alpenhütten nicht zu vergleichen.

◎ **ERLEBNISWERT**: ☺☺😐 (= hoch) dank des abwechslungsreichen Profils und auch der Spannung, die das mehrfache Überqueren von Wildbächen und Flüssen bereiten kann, abhängig von den Niederschlagsmengen der letzten Tage und Wochen. – Der Bergbauernhof Kårøyan ist ein authentisches Stück Norwegen.

◎ **ALTERNATIVROUTE**: Die Etappe 12 zwischen Storlisetra und Grytbakksetra spart Kårøyan als Station der Fjordruta aus; man kann so einen Tag gewinnen, falls man eine Fernwanderung unternimmt.

◎ **START**: Hütte Storlisetra (siehe Seite 48), Hinweg auf der Etappe 7 (siehe Seite 95) oder ab Einstiegsort E 12 in Vinjeøra (siehe Seite 166).

◎ **ZIEL**: Hütte Kårøyan (siehe Seite 50).

TOURENBESCHREIBUNG

Der Pfad muss in südwestlicher Richtung den Hang hinauf, zuerst durch den Wald, später über das Fjell. Zwar ist er gut ausgetreten, nach stärkeren Regenfällen aber nicht so griffig, weil sich das abfließende Wasser eben die ausgetretenen Passagen als Abfluss-

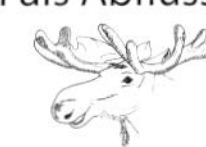

Mit Etappe 10 ist der Wechsel von der nördlichen auf die südliche Fjordruta vollzogen. Die eher alpinen Strecken beginnen mit Etappe 13 auf Seite 123.

rinnen sucht. Besondere Vorsicht ist bei allen bemoosten Felsen anzuraten, so verführerisch der direkte Weg auch sein mag: In steilem Terrain rutschiger als sonst, sollten sie umgangen werden. Nach ordentlicher Steigung und einer guten Viertelstunde steht ein gezimmerter Picknickplatz mit Tisch und Bank am Weg, gekrönt durch eine schöne Aussicht. Wenige Minuten später ist bereits die Baumgrenze erreicht. Die tollste Aussicht zeigt nach Nordosten, wo der bewaldete, markante Felsen Roberget steil zum See Rovatnet hin abfällt.

Sämtliche Karten wollen die Wanderer hier nach links östlich an dem Berg Flya vorbei schicken; vielleicht handelt es sich um die ursprünglich für die Fjordruta ausgewählte Route. Doch führt die tatsächliche stattdessen auf der Westseite des Berges entlang, wofür sie noch ein ganzes Wegstück länger, als in den Karten verzeichnet, auf der Route nach Grytbakksetra bleibt, und zwar bis zum See Storlivatnet. – Für die Wanderer ist die Verlegung von Vorteil, da die Route viel abwechslungsreicher ist.

Mit einem zweiten Aussichtsplatz wird die Steigung verträglicher und der Untergrund trockener. Auf einem Moränen-Hügel ergeben sich neue Aussichten; auf der nördlichen Seite des Vinjefjords ist die Hütte Sollia am Hang gut auszumachen, zumindest wenn man dort abgestiegen ist und die Position kennt oder die Karte zu Hilfe nimmt. Schließlich kommt zur Linken der See Storlivatnet ins Blickfeld. Ein kurzer, steiler Abstieg endet an einem Holzsteg, der einen Abfluss des Sees überquert – ein paar Meter weiter steht man an der Abzweigung nach links zum »Kårøyan Fjellgard« (0:45). (Ich notierte 35 Minuten, was laut Distanz nicht stimmen kann.)

Auch hier ist die Hütte Sollia drüben über dem Fjord im Blick, unweit der Abzweigung Ruderboot und eine verwitterte Mini-Hütte am Ufer. Hier oben an den Seen verteilen sich einige Freizeitbehausungen, die anderen aber größer und moderner.

Der Pfad touchiert fast den See, um sich schräg von ihm zu entfernen, erklimmt gemächlich den Hang, unterwegs ein Feuchtgebiet. Die erste Kuppe genommen, belohnt ein hübscher Blick zurück auf See und Hügel.

Bei der zweiten Kuppe handelt es sich um eine Moräne, bei der man versucht sein kann, hinauf zu gehen, da die Markierungen hier in größerem Abstand als bisher platziert sind; jedenfalls muss man sich geradeaus halten und mit dem leichten Abstieg Kurs auf den nächsten See nehmen, den Middagslitvatnet (493 m). Direkt am Nordufer geht es zwischen See und Berg Flya weiter, sorgt ein wildes Steinfeld für Abwechslung. Vom See fort den Hang in ostsüdöstlicher Richtung hinauf (dort wo Ruderboot und Hütte liegen), mag man denken, man habe mit dem Middagslivatnet nicht mehr zu tun, doch weit gefehlt: Hinter einer Moräne geht es steil hinab zum Auslauf des Sees – und hier wird meistens zu waten sein (1:25).

Keine 100 Höhenmeter Unterschied und im September dennoch ein Wechsel in den Landschaftsfarben. Oben am Middagslivatnet. Unten der Blick von den drei Findlingen nach Norden (siehe Seite 112). ▶

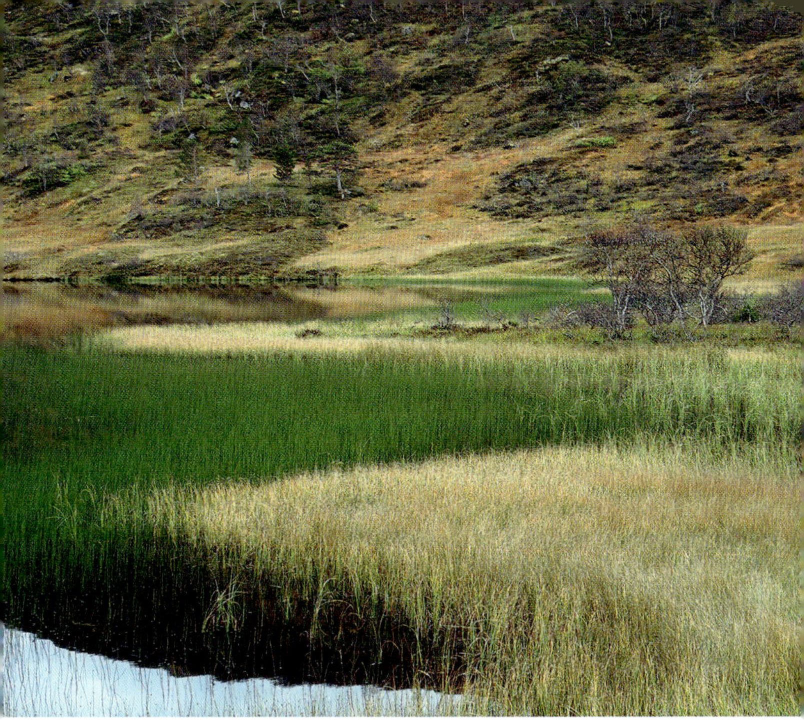

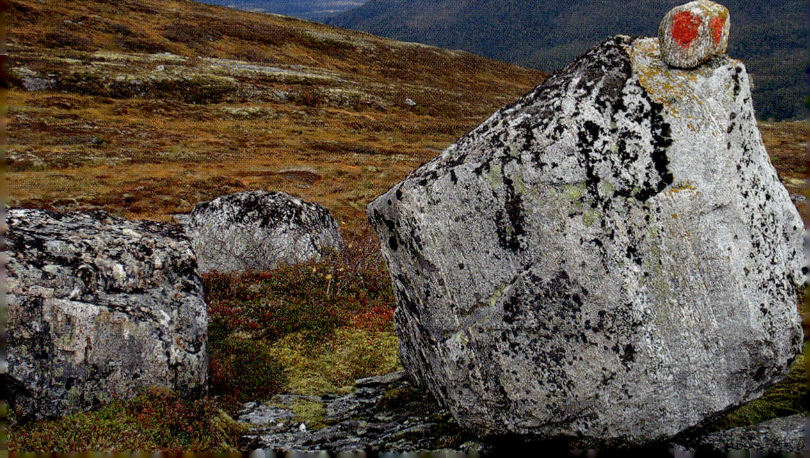

Bei starker Strömung ist die markierte Furt durchaus problematisch, da man nur schlecht erkennen kann, wie tief das Wasser zwischen all den Steinen im Bachbett reicht. Günstiger erwies sich die Stelle oberhalb, dort wo der See, bereits zu dem Bach verengt, wie über eine Kante abläuft und ungefähr in der Mitte sogar Gräser sowie Gestrüpp aus dem Wasser ragen: Direkt an der Kante ist der Untergrund ziemlich eben und gut zu erkennen. Gutes Gelingen!

Nach Überquerung einer ersten bescheidenen Höhe geht es in ziemlich gerader Linie rechts schräg den Hang hinauf. Das Terrain ist knifflig: Zwar ist das Moos angenehm zu begehen, doch muss auf Hohlräume und Löcher geachtet werden, die das Moos im Bereich von Wasserläufen überdeckt. Durch den Moosbewuchs und wechselnde Feuchtgebiete ist der Pfad eher schwach ausgetreten. Zurück nach Norden ist der Rovatnet wieder zu sehen. Dem Hang folgend, beschreibt die Route einen Bogen zunehmend in südöstlicher bis südlicher Richtung und erreicht wieder die 500-m-Marke. Im Osten erstreckt sich das tiefer gelegene, bewaldete Kårøydal; gut zu erkennen die Straße, die u.a. bis an das Tagesziel führt. Das fast unmerkliche Wechselspiel von Kuppen und Senken macht an einer auffälligen Anhöhe Station, wo drei stattliche Findlinge als Orientierungshilfe dienen. Nach Süden gerät unterhalb ein verschilfender, kleiner See neu ins Blickfeld (2:15).

Die Route führt hinunter zum See Anderslitjønnet, der nur die größte Wasseransammlung eines weiteren Feuchtgebietes ist, das sich je nach Niederschlagsmenge der letzten Tage und Wochen verändert. Dazu gehört auch ein eher breiter Bach, der sich gabelt und darum, abhängig von Beinlänge und Muskelkraft, mit zwei Sprüngen gemeistert werden kann:

Ich nahm den Rucksack ab, schleuderte ihn hinüber und sprang; sonst bleibt nur Waten. Links vom Anderslitjønnet steht der nächste Hangaufstieg bevor: Farne, Beerensträucher, Birken säumen den Pfad über Stock und Stein. Voraus die steile Felswand des Anderslifjells, wobei noch nicht erkennbar ist, ob sie links oder rechts davon umgangen wird. Je höher der Standpunkt, desto famoser die Aussicht zurück auf den Anderslitjønnet und den verbliebenen Zipfel des Rovatnet im Hintergrund.

Kuppen, zwischendurch feuchte Passagen, dann zunehmend felsiger Untergrund und nach oben immer steiler, geht es auf den Sattel rechter Hand an besagter Felswand vorbei. Hier bläst oft ein kräftiger Wind und hält die Vegetation niedrig; die karge Steinlandschaft erinnert sehr an jenen Wegabschnitt mit der kleinen Seenplatte zwischen Rovangen und Storfiskhytta, nur ein stehendes Gewässer gibt es hier oben nicht (2:45).

Inzwischen auf über 600 m, ist der Sattel noch nicht der höchste Punkt dieser Etappe, wofür man links über den Hang steigt. Der Pfad steigt näm-

Ohne Wasser keine Fjordruta: Oben Nieselregen am Anderslitjønnet. Unten die Überquerungen von Fosselva und Fjelna mit und ohne Brücke. ▶

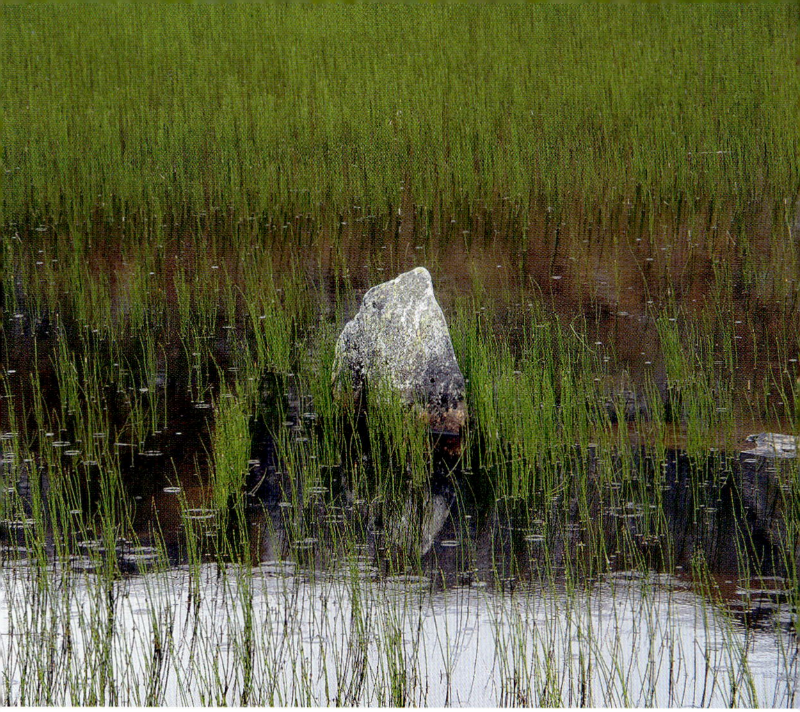

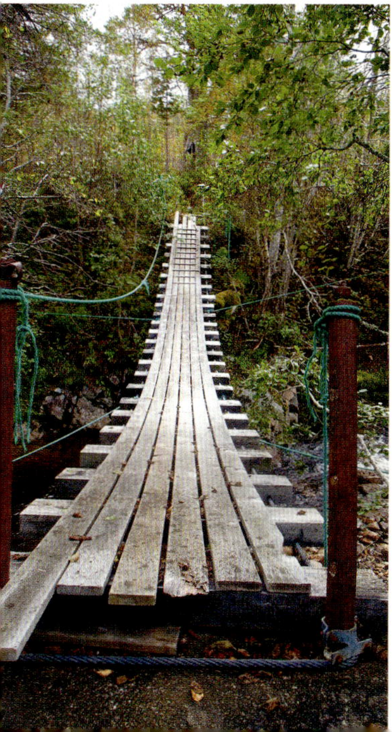

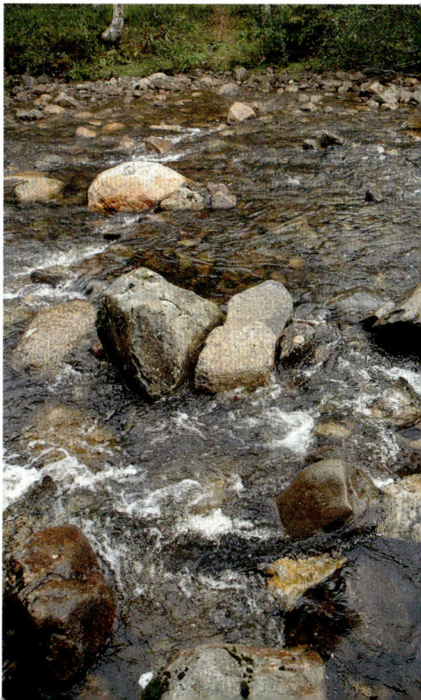

lich nicht in die sich nach Süden öffnende Senke hinab, sondern verweilt noch ein gewisses Stück um das Anderslifjell herum an dessen Hang, bis er schließlich in gerader Linie auf diesem Hang zwischen Senke zur Rechten und den Ausläufern des Anderslifjells zur Linken an Höhe verliert. In diesem Bereich stehen die Markierungen teilweise weit auseinander, sind die rot bepinselten Holzpfosten niedrig, so dass sie im Herbst leicht zu übersehen sind; immerhin sorgen die Moränen auf dem welligen Hang mit ihren Kuppen für Überblick, auch eine einsame 5-Meter-Kiefer eignet sich zur Orientierung. Voraus im Tal zur Rechten liegt der Hof Fossdalen inmitten einer grünen Parzelle. Dann wird mal wieder ein Steinmännchen als Markierung passiert, erreicht der Blick weitere Häuser und eine Straße, folgen eine Kuppe und ein Hang mit Birkengestrüpp, werden die Bäume immer zahlreicher und liegt die Zivilisation in Form von Weidewirtschaft voraus, in direkter Nachbarschaft zu satten, zu durchquerenden Feuchtgebieten; wessen Schuhe die Nässe draußen halten, kann hier sanft wie auf einem Moosteppich absteigen.

Der Pfad unterquert eine Stromleitung, knickt etwas nach links ab, passiert ein Birkenwäldchen und erreicht die Fossdalen-Straße (3:35).

Was die Karten nicht exakt wiedergeben: Die Fjordruta nutzt die Straße nach links, um nach ca. 100 Metern den Fahrweg rechts ab zu nehmen – an der Kreuzung besteht die Möglichkeit, diese »Hauptstraße« bis zum Ziel weiterzulaufen, wobei man sich an einer späteren Kreuzung unbedingt rechts halten muss. So aber entginge den Wanderern die Überquerung des rauschenden Talflusses Fosselva, die auf einer schwingenden Brücke trockenen Fußes möglich ist. Feuchtgebiete, mitunter Matsch, Birkenhain und einen Hang hinauf: so das Profil der Strecke auf den nächsten Metern, bis ein weiterer Talfluss ansteht, der Fjelna. Diesmal heißt es wieder Waten, was bei der Breite des Flusses seine Zeit braucht (4:10).

Die Reststrecke nach Kårøyan ist mit der Auftaktstrecke von Kårøyan zur Grytbakksetra identisch, nur dass diese den Fjelna erst später, weiter südlich überquert. Dafür, dass man Kårøyan längst von weiter oben ausgemacht hatte, kann sich dieser Rest hinziehen, je nach Verfassung in Anbetracht der letzten Stunden, wobei das Terrain auf Seite 116 oben erläutert wird. Schön ist jedenfalls der Abstieg von einem Hang durch/über Farne, das Ziel Karøyan voraus.

Die Gebäude schon zum Greifen nahe, ist allerdings das dritte Waten angesagt, wobei der breite, aber als Bach benannte Kårbekken an dieser Furt weniger stürmisch ist, als Fjelna und Fosselva zuvor. Der Fahrweg hinauf, halte man sich an das schwärzliche Holzhaus links hinten (5:00).

Etappe 11:

Kårøyan – Grytbakksetra

ORIENTIERUNG

◎ **SÜDLICHE FJORDRUTA**, auf unserer Übersichtskarte siehe im Sektor F 3.

◎ **KARTEN**: Turkart Fjordruta sowie Norge-serien Nr. 10084 (Surnadal). – Karten-Info siehe Seite 19 f.

◎ **MARKIERUNG**: gut.

PROFIL

◎ **DAUER**: ca. 4:30 Stunden für ca. 11 km Distanz, ohne Pausen, inklusive 1 x Waten (so bei der Recherche).

◎ **SCHWIERIGKEITSGRAD**: mittel. Es ist mehr der feuchte Untergrund als die Summe der Anstiege, was die Fitness beansprucht.

◎ **TERRAIN**: Fjell mit vielen Feuchtgebieten, Wald.

◎ **TRINKWASSER**: Flüsse, Bäche sowie Seen unterwegs.

◎ **BESONDERES**: die Funktion der Etappe zum Ausruhen, ist man in umgekehrter Richtung unterwegs: Wer die Grytbakksetra von der Hardbakkhytta oder – vor allem – von der Hermannhytta aus angesteuert hat, hat eine eher antrengende Etappe hinter sich und kann Richtung Kårøyan gemächlich fortsetzen. Von Kårøyan zur Grytbakksetra ist die Etappe aber fordernder. – Die attraktivere Etappe zwischen Storlisetra und Kårøyan kann im Rahmen einer Rundwanderung nur erleben, wer ebenso Etappe 11 geht. – Der Hof Kårøyan ist ein authentisches Stück Norwegen.

◎ **ERLEBNISWERT**: ☺😐😐 (= eher bescheiden) wegen des relativ monotonen Profils.

◎ **ALTERNATIVROUTE**: Die Etappe 12 zwischen Storlisetra und Grytbakksetra spart Kårøyan als Station der Fjordruta aus; man kann so einen Tag gewinnen, falls man eine Fernwanderung unternimmt.

◎ **START**: Hütte Kårøyan (siehe Seite 50), Hinweg auf der Etappe 10 (siehe Seite 109) oder über mautpflichtige 10-km-Straße ab Vinjeøra.

◎ **ZIEL**: Hütte Grytbakksetra (siehe Seite 52).

TOURENBESCHREIBUNG

Gleich zu Beginn besteht das Risiko fehlzugehen, da direkt am Parkplatz ein missverständlicher Wegweiser die Wanderer quer über den angrenzenden Acker (und über Forstwege nach Osten hinauf ins Fjell) schickt – nur ist das nicht die Fjordruta nach Grytbakksetra, also aufpassen. Richtig ist der Feldweg abwärts am Stall vorbei, den unterhalb des Anwesens eine Furt unterbricht, die je nach Regenmenge der letzten Tage und Wochen einfach durchgangen werden kann oder wo man waten muss.

Auf der anderen Seite geht's nach rechts durch einen eng bewachsenen Birkenhain, sind mehrere Bäche und Rinnsale zu überqueren, keiner davon jedoch sonderlich breit, und steigt man über Farne einen Hang hinauf, von dem sich Kårøyan noch mal gut überblicken lässt. Moränen und Feuchtgebiete wechseln sich ab, es geht hinunter zum Talfluss Fjelna und an der Abzweigung/Furt Richtung Storlisetra/Vinjeøra vorbei.

Die Watstelle der Grytbakksetra-Route liegt weiter südlich und ist gewöhnlich leichter zu nehmen als die vorige. Zunächst aber sind noch einige sumpfige Wegabschnitte zu absolvieren, mal hält sich der Pfad oberhalb des Flusses, mal direkt am Ufer. Als beste Furtstelle erwies sich übrigens nicht diejenige, die der rot bepinselte Baum drüben nahelegt, sondern die Stelle mit einigen Felsen im Flussbett (die vom anderen Ufer besser markiert ist). In der Regel wird man waten müssen, sind die Steine zu unförmig zum Daraufsteigen.

Vorläufig ändert sich die Richtung noch nicht, führt der Pfad nun auf der Westseite des Fjelna über Stock und Stein, wobei die durch Farne sowie Gestrüpp überwucherten Passagen bei Nässe ziemlich rutschig sind. Eine Stromleitung gesellt sich hinzu, wird später unterquert, bequemere Wege durch Mischwald entschärfen das Profil. Dann verabschiedet sich der Pfad zur Saga Skysstasjon/Rindal von der Fjordruta (1:30).

Es geht nun in westlicher Richtung den Hang hinauf und an der Alm Tørsetsetra vorbei durch ein »Hochtal« zwischen Nønsfjell im Norden sowie Saurapiken im Süden. Die Fjordruta macht Steigung, besonders auf dem ersten Abschnitt an der Alm vorbei, und wird bis auf gut 500 Höhenmeter kommen. Das Getreide rund um die Alm wird nicht mehr abgeerntet, mit zunehmender Höhe rücken zur Linken weitere Hütten ins Blickfeld, nur Schafe ließen sich im September blicken.

Oberhalb der Alm steht noch mal ein überwuchertes Wegstück bevor, lassen sich unzählige Heidelbeeren im August abernten. Streckenweise geht es nahe an einem Bach entlang, bevor allmählich die Vegetation immer niedriger wird. Ein angenehmer Abschnitt über eine längere Moräne beginnt, und das bedeutet: tendenziell trockener Untergrund. Fast unmerklich wird eine sanfte Kuppe genommen, jetzt halten sich nur noch Heidekraut, Beerensträucher, Birkengestrüpp. Ein ca. 1,70 m hoher Baumstumpf zeugt vom Kampf ums Überleben im Fjell, erfüllt weithin sichtbar mit roter Markierung seinen letzten Zweck.

Nur noch leicht ansteigend, wird die Fernsicht dennoch immer besser, zeichnen sich im Süden zum Beispiel Gipfel von Trollheimen am Horizont ab. Der Pfad wechselt auf eine neue Moräne zur Linken und hält auf einen See zu, der sich als Bestandteil eines Feuchtgebiets erweist und am rechten Ufer passiert wird. Auf Höhe

Auf dem Weg zur Grytbakksetra. Unten der Blick zurück auf das obere Fossdal. ▶

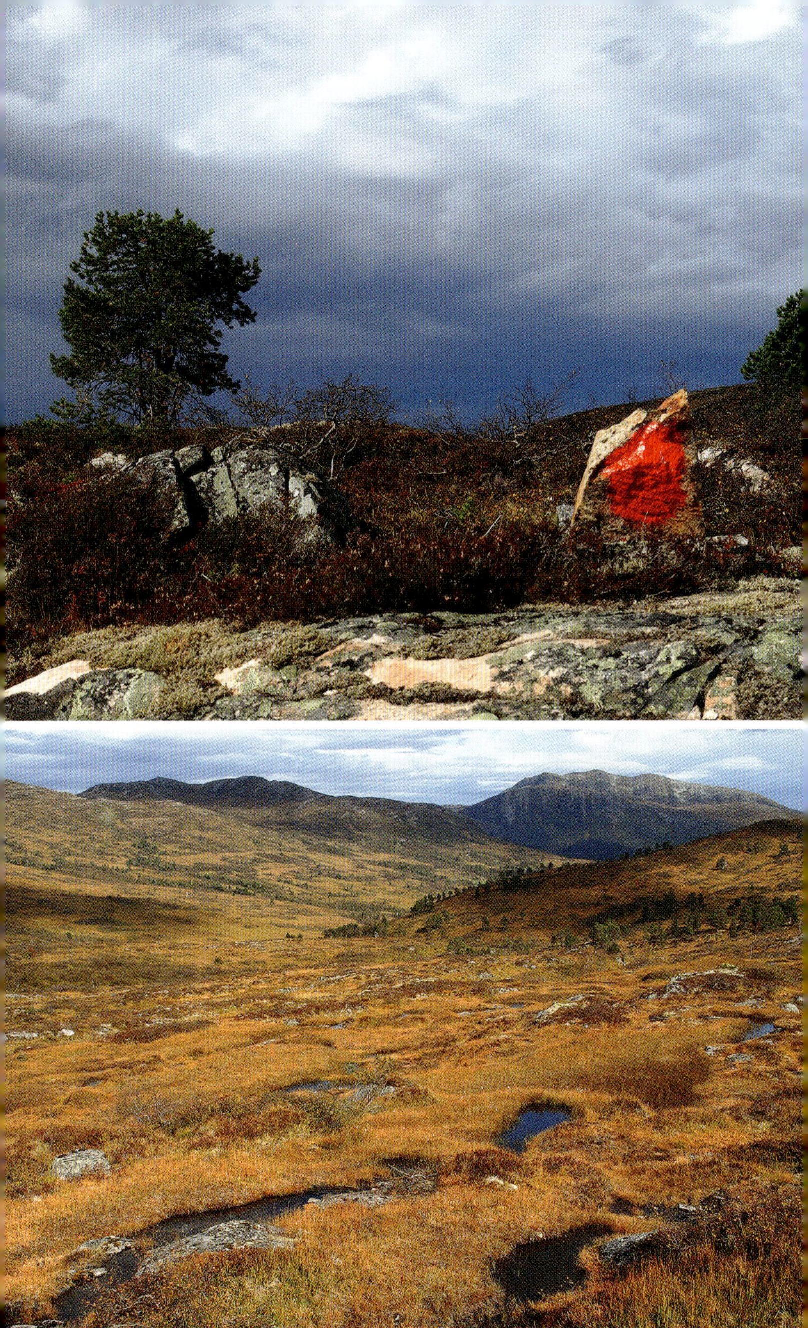

des Sees überrascht eine Ansammlung von Steinplatten, die hier schon längere Zeit zu liegen scheinen und früher eine Art Wetterschutz gebildet haben könnten, denn für ein Gebäude sind es zu wenige (2:35).

Der Pfad steigt gemächlich bis auf 560 Höhenmeter an, in westsüdwestlicher oder westlicher Richtung. Die Fernsicht ist prima. Nur kann mit all den Höhen und Gipfeln mehr anfangen, wer bereits da oder dort gewesen ist. Nach Süden bis Südosten ist gut ein welliges Hochland mit zahlreichen Moränen in Ost-West-Richtung zu erkennen; dort verläuft übrigens die Route zwischen Grytbakksetra und Hermannhytta. Auch der Pfad nimmt erneut eine Moräne mit ein paar Nadelbäumen, worauf sich der Blick nach Nordosten in das Fossdal öffnet, wo sich später der gleichnamige Hof inmitten einer grünen Parzelle abzeichnet.

Dann verlässt der Pfad die Höhe, an einer einsamen Birke mit Markierung vorbei, hält sich mehr am Hang, verliert an Höhe und hat in der Folge diverse Feuchtebiete zu meistern. Die Vegetation wird wieder üppiger: Bereits in einem lichten Birkenforst werden zwei Privathütten passiert, die bisher noch in keiner Karte verzeichnet sind.

Wenige Minuten später verkündet ein Schild: Bakliholt-Slettet, darunter ein Wegweiser ins Rindal. Ein zweiter kümmert sich um die Fjordruta, Kreuzungspunkt zwischen Kårøyan, Hermannhytta, Grytbakksetra (3:40).

Unverändert geht es abwärts, sind an den umliegenden Hängen vor allem nach Norden einige Hütten auszumachen, regiert plötzlich ein sattes Sumpfgebiet in einer neuen Senke. Zwar hält sich die Route noch am Hang, doch dann gibt es kein Entrinnen, gilt es tatsächlich die Sumpfwiesen zu durchqueren. Endlich geschafft, zeugt drüben eine verfallene Hütte von besseren Tagen hier in Drøggutjønn-Øyan – wie ein hölzernes Schild diesen Ort auf ca. 300 m ü.d.M. benennt.

Der Pfad erklimmt einen weiteren Hang, in nordwestlicher, dann westlicher Richtung, steigt wieder bis auf 400 m. Man mag sich in Anbetracht der Hütten kurz vor dem Ziel wähnen, doch die Karte ist unbestechlich. Erst wenn zur Linken hoch stattliche Steinpyramiden eine mögliche Furt signalisieren, ist das Finale eingeläutet: Wer den dortigen Wildbach von weither rauschen hört, sollte sich allerdings lieber dem Steg anvertrauen, der noch ein Stück weiter oben erreicht wird.

Zehn Minuten bleiben bis zur Hütte, die sich hangabwärts auf einem bewaldeten Hügel versteckt, der von Norden bzw. von der Brücke aus gar nicht als Heimat der Alm Grytbakksetra zu identifizieren ist. Der Hangaufstieg zum Schluss ist kurz, aber extrem steil (4:30).

Etappe 12:

Grytbakksetra – Storlisetra

ORIENTIERUNG

◎ **SÜDLICHE FJORDRUTA**, auf unserer Übersichtskarte siehe im Sektor F 3 und F 2.

◎ **KARTEN**: Turkart Fjordruta sowie Norge-serien Nr. 10084 (Surnadal). – Karten-Info siehe Seite 19 f.

◎ **MARKIERUNG**: gut.

PROFIL

◎ **DAUER**: ca. 3:45 Stunden für ca. 10 km Distanz, ohne Pausen. (Wer in umgekehrter Richtung geht, sollte knapp 4 Stunden veranschlagen.)

◎ **SCHWIERIGKEITSGRAD**: mittel. Es ist mehr der feuchte Untergrund als das Höhenprofil, was die Fitness auf Dauer beansprucht.

◎ **TERRAIN**: Fjell mit Feuchtgebieten, zuletzt steil im Wald bergab.

◎ **TRINKWASSER**: Flüsse, Bäche sowie Seen unterwegs.

◎ **BESONDERES**: Obwohl die Storlisetra wegen der Nähe zu Vinjeøra ein günstiger Einstiegspunkt für die Fjordruta ist, wird diese Etappe mit Start an der Grytbakksetra und Ziel Storlisetra vorgestellt. Hintergrund: Das Dreieck Storlisetra – Kårøyan – Grytbakksetra eignet sich perfekt für eine 3-Tages-Tour auf der Fjordruta, wobei die Etappe nach Kårøyan von der Storlisetra aus spannender zu begehen ist als umgekehrt, während es bei den beiden anderen Teilstrecken weniger relevant ist, von wo aus man geht; insofern fiel die Entscheidung, wo die Etappe/Beschreibung startet, zu Gunsten der 3-Tages-Wanderer. Den Fernwanderern sei ohnehin die Alternativroute über Kårøyan empfohlen (siehe unten).

◎ **ERLEBNISWERT**: ☺☺😐 (= hoch) dank der Aussichten unterwegs, auf dem letzten Wegstück zum Beispiel auf den See Rovatnet landeinwärts.

◎ **ALTERNATIVROUTE**: Die Etappen 10 und 11 verbinden Storlisetra und Grytbakksetra mit dem Umweg über den Hof Kårøyan, der auch als bewirtschaftete Hütte fungiert (siehe Seite 50); wer die Zeit aufbringt, macht mit dieser »Extra-Tour« nichts verkehrt, denn die Etappe zwischen Storlisetra und Kårøyan ist eine der attraktivsten auf der Fjordruta, im Normalfall mit einigen Gelegenheiten zum Waten.

◎ **START**: Hütte Grytbakksetra (siehe Seite 52), Hinweg auf Etappe 11 (siehe Seite 115).

◎ **ZIEL**: Hütte Storlisetra (siehe Seite 48).

TOURENBESCHREIBUNG

Zunächst gilt es den extrem steilen Abhang hinter der Hütte ohne Blessuren bei Wanderer und Ausrüstung hinunterzukommen. Dann geht es schräg hinüber zur Brücke über den rauschenden Wildbach Storbekken (übersetzt: der große Bach), worauf sich die Routen nach Kårøyan sowie nach Storlisetra trennen.

Der Pfad führt zunächst in nordöstlicher, später fast nördlicher Richtung bergaufwärts, um den lang gezogenen, rundlichen Gipfel des Fossdalsfjells an dessen nördlichem Ausläufer zu umgehen. Schon im Bereich der Brücke spärlich bewaldet, ist die Fernsicht auf das Storbekkdal Richtung Norden fotogener Begleiter dieser Anfangsstrecke. Der See in dem Tal speist den Storbekken, der bis zu seinem Wildbach-Auftritt an der Grytbakksetra vorbei durch einige Zuflüsse verstärkt wird. Diese Zuflüsse kommen aus dem Storbekkdalsfjell, das das Tal nach Westen begrenzt, und sind vom Anstieg unserer Etappe gut auszumachen. – Übrigens gehört auch das Storbekkdal zum Netz der Fjordruta, indem es die Einstiegsvariante ab Staurset durchquert, die ab der Grytbakksetra auch ausgeschildert und markiert ist, aber per Wegweiser nach Sollia. (Da der Bootstransport über den Vinjefjord beim besten Willen nicht zu garantieren ist, rate ich von der Tour ab, jedoch nicht vom Einstieg ab Staurset/Opsalvatnet, siehe Seite 166.)

Zurück zur Fjordruta in Richtung Storlisetra, die den Hang mit lichtem Birken- und Kiefernbestand nimmt, zuletzt mit strammer Steigung, um sich bei 520–540 Höhenmetern einzupendeln und dort oben in einem baumlosen, breiten Hochtal in nordöstlicher Richtung fortzusetzen. Unterbrochen von sanft welligen Moränen, prägen Feuchtgebiete den Routenverlauf auf diesem für knapp 2 Kilometer langweiligsten Abschnitt der Etappe. Außer womöglich ein paar Schafen ist nicht viel los. Die Höhenzüge rundum sind eher unspektakulär, wobei das Knippelfjell im Osten von anderen Stationen der Fjordruta, aus anderen Himmelsrichtungen, durchaus markant und selbst vom Fjell nördlich des Vinjefjords leicht wiederzuerkennen ist.

Streckenweise geht es nahe am See Holavatnet entlang, der zum Talende hin breiter wird. Eine einsame Hütte wird passiert, dann steht man sozusagen hinter dem See samt angrenzendem Tümpel, wo es ein paar niedrige Birken, Sträucher und Farne aushalten (1:30).

Beim Blick zurück ist ganz in der Ferne links des Sees eine Baumreihe am Hang erkennbar: Dort muss hin, wer die Etappe ab Storlisetra geht.

Der Pfad hält sich fortan in nördlicher Richtung und klettert gemächlich auf über 600 Höhenmeter, vorübergehende Senken inklusive. Etwa 12/13 Minuten seit dem Seeblick mit Zeitangabe überrascht zur Rechten ein einem Liegesessel ähnlicher Felsen. Der könnte aber bald vergessen sein, wenn sich das Augenmerk auf die Gipfel verlagert, die im Südosten gen Grytbakksetra den Horizont verschönern. Dort in Trollheimen ist so-

Oben nahe der Baumgrenze, vor dem langen Teilstück am Holavatnet entlang. Unten zurück am Storlivatnet, wo sich die Abzweigung nach Kårøyan befindet. ▶

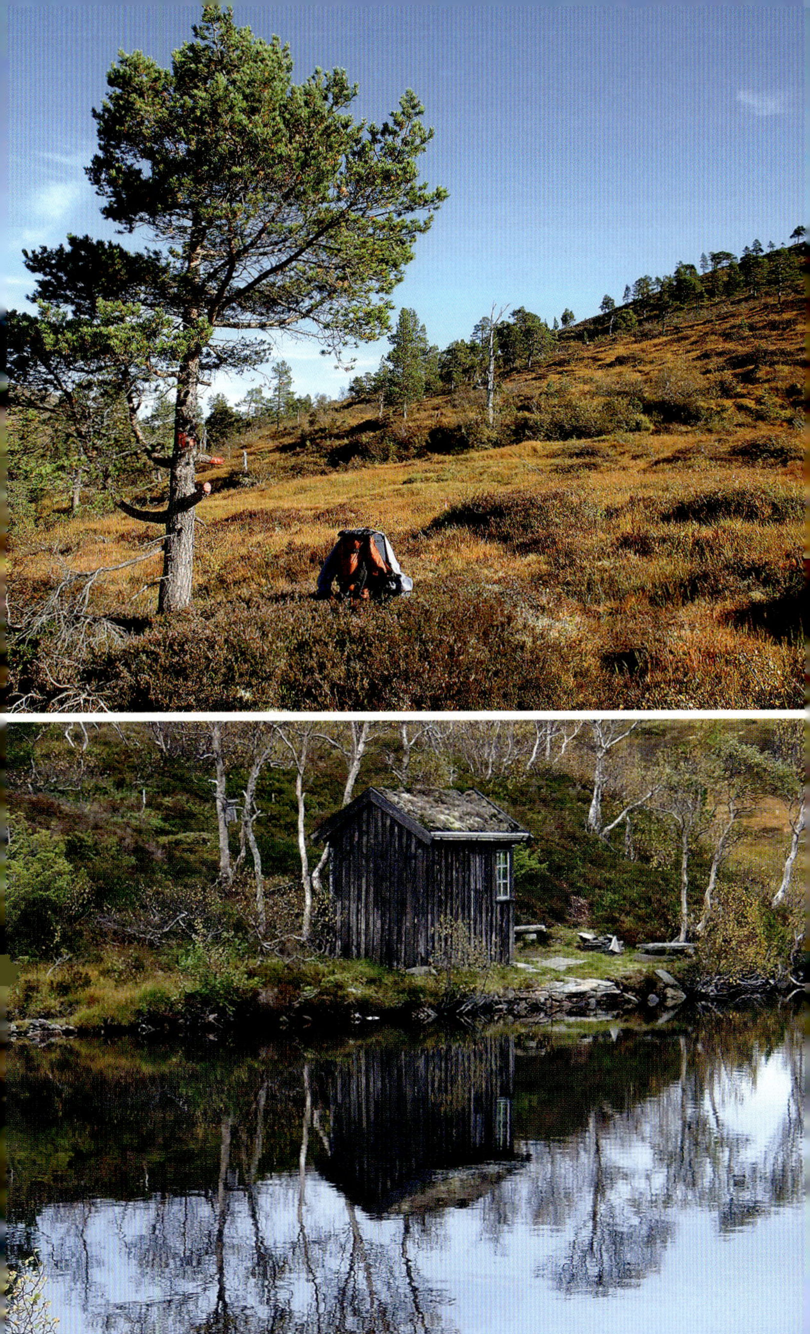

gar ein Gletscherfeld zwischen den Gipfeln zu würdigen. (Über die Hütte Vindølbu ist die Fjordruta übrigens mit Trollheimen verbunden.)

Längst wieder zwischen niedriger Vegetation unterwegs, liegen einige Tümpel, aus denen Wasserpflanzen ragen, an der Route. Dazwischen ein langer, aufrecht gestellter Stein als Markierung sowie ein Linksknick der Fjordruta, wobei man hier oben auf relativ trockenem Untergrund rasch vorwärts kommt – sofern man sich nicht zu sehr von den schönen Landschaften einfangen lässt, die im Osten auftauchen: unterhalb ein neuer See, der Middagslivatnet (493 m) mit Hütte am Hang, im Nordosten in der Ferne ein Zipfel des Rovatnet, landeinwärts einige Kilometer vom Vinjefjord entfernt.

Der Pfad führt im Westen am Middagslivatnet vorbei, bleibt aber bei ungefähr 580 bis 650 Höhenmetern ein ordentliches Stück über dem See, so dass sich ständig neue Fotostandorte ergeben, mal von einer leichten Senke aus, mal an einem Hang in geschützter Lage mit geradezu üppiger Vegetation und wie in einen Bogen um den See laufend. Man schaut nach Osten genau in den Auslauf des Sees (dort wo man auf der Fjordruta nach Kårøyan durch den Wildbach waten muss). Ein paar Meter hinauf und es geht weiter auf einer Hochebene, wo einige feuchte Passagen zu bewältigen sind.

Schließlich zweigt links ein kaum begangener Pfad zum Einstiegsort Staurset/Opsalvatnet ab, der zusammen mit Sollia bereits zu Beginn der Etappenbeschreibung Thema ist.

Fast auf nacktem Fjell geht es weiter und bald in den Abstieg, Vinjeøra und ein Zipfel des Vinjefjords zeigen sich im Norden, Sollia über dem Fjord im Nordosten, aufzuspüren eher für Ortskundige. Den Blick zurück dominiert das Knippfelsfjell. Der Pfad richtet sich nach Nordosten und steigt bald zügig über Felsbahnen u.a. zum nächsten See hinab, dem Storlivatnet (464 m), wo sich auch der Abzweig nach Kårøyan befindet (3:00).

Ein Steg über den Abfluss des Sees und kurz und steil den Hang hinauf; dann beginnt der unwiderstehliche Abstieg, die Baumgrenze zwischen zwei hergerichteten Aussichtsplätzen überquerend.

Obgleich es durch einen lauschigen Mischwald geht, gilt das Augenmerk während des steilen Abstiegs stets dem nächsten Schritt – da abfließendes Wasser hier leicht zu rutschigen Stellen führt, die auch überwuchert sein können. Insofern ist die Tour abwärts nicht unbedingt flotter als die beraguf. Die Storlisetra ist jedenfalls ein echtes Schmuckstück in herrlicher Lage am Waldhang (3:45).

Etappe 13:

Grytbakksetra – Hardbakkhytta

ORIENTIERUNG

◎ **SÜDLICHE FJORDRUTA**, auf unserer Übersichtskarte siehe im Sektor F 3 und E 3.

◎ **KARTEN**: Turkart Fjordruta sowie Norge-serien Nr. 10084 (Surnadal). – Karten-Info siehe Seite 19 f.

◎ **MARKIERUNG**: gut.

PROFIL

◎ **DAUER**: ca. 5:10 Stunden für ca. 12,3 km Distanz, ohne Pausen.

◎ **SCHWIERIGKEITSGRAD**: mittel bis anstrengend. Insgesamt mehr als 750 Höhenmeter Anstieg.

◎ **TERRAIN**: Fjell mit Feuchtgebieten, durch die Hochlage auch längere trockene Abschnitte.

◎ **TRINKWASSER**: Bäche und Seen unterwegs.

◎ **BESONDERES**: Die Route führt auf mehr als der Hälfte der Distanz auf einem Höhenrücken an acht Gipfeln vorbei, darunter der 929 m hohe Dyrstolan, wo der höchste Punkt der Fjordruta erreicht wird. Entsprechend karg ist die Vegetation dort oben, entsprechend groß das Panorama.

◎ **ERLEBNISWERT**: ☺☺☺ (= sehr hoch) dank der Aussichten auf Fjell, Seen, Fjorde und Meer vom Höhenrücken zwischen Skorvhattan im Osten und Hardbakkfjell im Westen, sozusagen das Dach der Fjordruta.

◎ **ALTERNATIVROUTE**: Der erste Streckenabschnitt kann mittels Start in Øygarden verkürzt werden, wobei der erlebnisreichere Teil der Etappe über die Höhenzüge erhalten bleibt.

◎ **START**: Hütte Grytbakksetra (siehe Seite 52), Hinweg entweder auf der Etappe 11 (siehe Seite 115), Etappe 12 in umgekehrter Richtung (siehe Seite 119), Etappe 17 (siehe Seite 149) in umgekehrter Richtung oder ab Einstiegsort E 14 (siehe Seite 168).

◎ **ZIEL**: Hütte Hardbakkhytta (siehe Seite 54).

TOURENBESCHREIBUNG

Der Wegweiser unterhalb der zwei KNT-Hütten schickt die Wanderer nach Südwesten, dann wendet sich der Pfad ganz nach Westen und verläuft auf dem Hang des von Norden nach Süden auslaufenden Vardfjells. Nach verträglichem Anstieg pendelt sich die Route auf ca. 460 Höhenmetern ein, um (weiter westlich) in eine sich nach Süden öffnende Senke zu wechseln und fast 80 Höhenmeter zu verlieren. Unterwegs sind Bäche zu überqueren; zurzeit der sonnigen August-Recherche erforderten sie jedenfalls keine nennenswerten Aktionen. In der Senke trifft von links der Pfad vom Einstiegsort E 14, Øygarden, hinzu (0:55).

Um den Lesefluss nicht zu stören, haben wir uns entschieden, alle Adressen in einem Anhang am Ende des Buches zu konzentrieren, wie die des Wandervereins KNT. – Zu den Etappen-Zeitangaben bitte stets Seite 66 berücksichtigen.

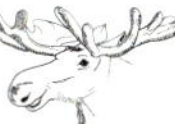

Gütlich vereint, geht es allmählich ans Eingemachte, mit den üblichen Worten: Der Pfad wendet sich dem Höhenzug im Nordwesten zu, zuerst ist der Anstieg noch moderat, dann immer steiler. Man mag sich fragen, warum die Hütten in der Senke weitläufig umgangen werden: Kann sein, dass es die Grundbesitzer so wollen, kann sein, dass die direkte Linie heftige Feuchtgebiete zu durchqueren hätte. Obwohl der Routenverlauf einige geringfügige Änderungen bereit hält, die die Karten so nicht vermuten lassen, ist die Hauptrichtung an sich klar. Bald sind die letzten vereinzelten Bäume zurückgeblieben, wird die Aussicht immer grandioser: Wer schon einige Etappen der Fjordruta gegangen ist, wird in Erinnerungen schwelgen, vor allem beim Blick nach Süden und Südosten. Etwa 400 Höhenmeter sind seit der Wegkreuzung genommen, als ein Steinhaufen den Gipfel auf dem Skortfjell (788 m) verkündet; zwischen den Steinen ist ein Heft versteckt, in das sich die Gipfelstürmer eintragen können. In den Karten ist vom Skjortfjell die Rede – abweichende Schreibweisen sind in Norwegen meistens in den regionalen Dialekten begründet (2:10).

Die Gipfel rundum zu zählen wäre jetzt schon ein anspruchsvolles Unterfangen, aber es wird noch besser kommen. Wobei auch der Blick in die Täler manche Augenweide verheißt, zum Beispiel nach Ostnordost: Dort wo sich die Senke mit der Wegkreuzung hin fortsetzt, nimmt ein blaues Band von Seen bis zu kleinsten Tümpeln all das Wasser auf, das von den Hängen herabgeschickt wird. Sarek en miniature, je nach Niederschlagsmenge in der letzten Zeit mehr oder weniger beeindruckender.

Hier oben ist es wesentlich trockener als dort unten, gestattet der felsige, nur karg bewachsene Untergrund ein flottes Vorwärtskommen. Gestein allerorten: Der Pfad könnte so auch in den Dolomiten verlaufen; die rundlichen Berge freilich sehen ganz anders aus. Nicht selten bläst hier ein frischer Wind, der selbst an Sonnentagen im Sommer Stirnband oder Mütze erfordern kann. Der Pfad befindet sich nun auf dem Höhenzug Skortfjellhalsen.

Eine sanfte Senke ist zu queren, es folgt ein steilerer Anstieg, dann liegt der 929-m-Gipfel des Dyrstolan voraus. Hat man die Mehrfach-Markierung mit dem schmalen, senkrecht gestellten Stein passiert, ist im Norden erstmals ein Streifen des Vinjefjords auszumachen, dahinter Berge der nördlichen Fjordruta. Im Osten kommt die Bergwelt um Kårøyan immer deutlicher zum Vorschein. Nach Süden thront der Bollen über dem Surnadal. Noch eine steile Passage, und der höchste Punkt der Fjordruta ist erreicht, auf etwa 900 m unterhalb des Dyrstolan-Gipfels (3:05).

Die Aussichten zum Vinjefjord, in die Täler und auf alle möglichen Gipfel ist umwerfend – doch selbst bei Sonnenschein nicht selbstverständlich: An einem warmen, sonnigen Au-

Oben auf dem Weg zum Dyrstolan. Unten fast auf dem Gipfel stehend und an einem Sonnentag von einer Wolkenbank umhüllt. ▶

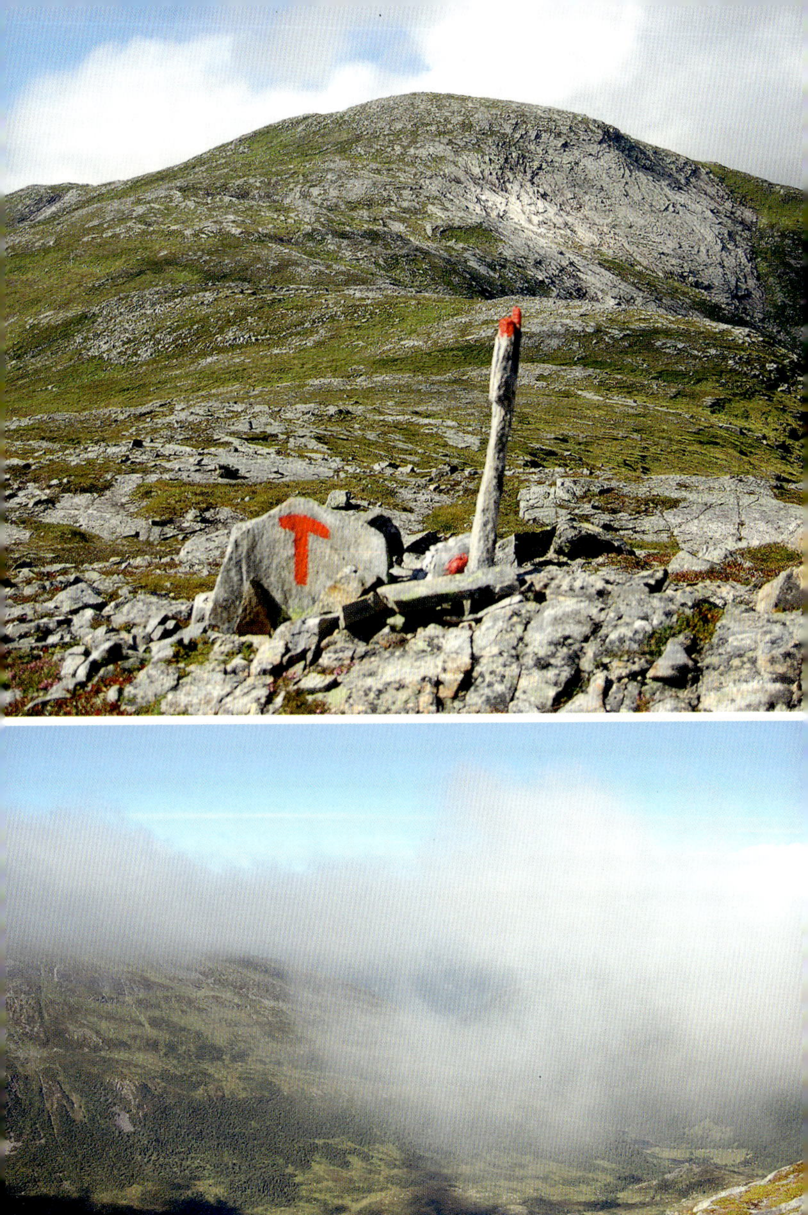

gusttag war ich plötzlich von einer Nebelwolke umhüllt, die die meisten Aussichten verschleierte und zeitweise nur wenige Meter Sichtweite gestattete; das Ganze zog sich eine gute Dreiviertelstunde hin – ein phänomenales Erlebnis.

Es beginnt ein Abstieg über fortgesetzt steiniges, gut zu begehendes Terrain, der die Route auf wenigen hundert Metern 100 Höhenmeter kostet. Während dieses Abstiegs richtet sie sich nach Südwesten, um dann den See Dyrstoltjønna zu umgehen; wobei die Passage in den Karten auf der falschen Seite verzeichnet ist. Es gibt hier oben eine ganze Reihe Seen und Tümpel, von denen der kleine Dyrstoltjønna immer noch der größte ist, und eine günstige Gelegenheit, die Trinkwasserflasche(n) nachzufüllen. Auch in den Tälern bilden sich eine Vielzahl von Seen bis zu kleinsten Gewässern, die, genau wie unterhalb des Dyrstolan, Ränder und Flächen mit der Schneeschmelze, jedem Starkregen, jeder Trockenperiode ändern und im Fall durchfließender Bäche regelrechte Deltalandschaften bilden. Bis zum Tagesziel Hardbakkhytta ist mehrfach mit faszinierenden Aussichten auf solche Täler zu rechnen. Im Südwesten taucht übrigens zwischenzeitlich ein Zipfel des Surnadalsfjords auf, während sich noch weiter entfernt, am Horizont, eine Küstenlandschaft abzeichnet. Im Nordwesten macht das Blåfjell Eindruck. Bitte beim Panorama-Genuss die Uhrzeit beachten!

Hinter dem Dyrstoltjønna geht es weiter mit dem Abstieg, stehen fast 100 Höhenmeter Verlust an. Dieses Wegstück ist unangenehmer zu gehen als das erste seit dem Dyrstolan, da selbst in Trockenperioden auf rutschige, matschige Passagen zu achten ist. Mit der Senke geht es unter der Stromleitung hindurch dann in den nächsten, fordernden Anstieg.

Eine (gute) Stunde nach dem begonnenen Abstieg vom Dyrstolan ist die letzte merkliche Senke der Etappe zu durchqueren: Brynbekkskaret ist ein feuchter Sattel mit mehreren Gewässern auf knapp 760 m ü.d.M. Viel Sonne ist diesem Fleckchen Erde nicht beschieden.

Steil und steinig geht es hinauf auf über 840 Höhenmeter, die Route ist auf dem Hardbakkfjell eingetroffen. Auf dem Höhenzug geht es gut voran, sind die Steinhäuflein mit ihren Markierungen schon aus einiger Entfernung wahrzunehmen – sofern die Aufmerksamkeit nicht vollständig den umliegenden Landschaften gilt. Berge über Berge am Horizont, unterwegs wie auf dem Dach des norwegischen Fjordlands.

Schließlich tauchen die Unterkünfte der Hardbakkhytta auf: der steinerne Bau, die als Reserve dient, und die hölzerne Haupthütte mit ihrem fantastischen Ausblick durch die Küchenfenster sowie jeder Menge weiterer Aussichtsplätze rundum (5:10).

Auf dem Hardbakkfjell, das Dach der Fjordruta mit üppigem Panorama. Unten reicht der Blick bis aufs Meer unterhalb der untergehenden Sonne. ▶

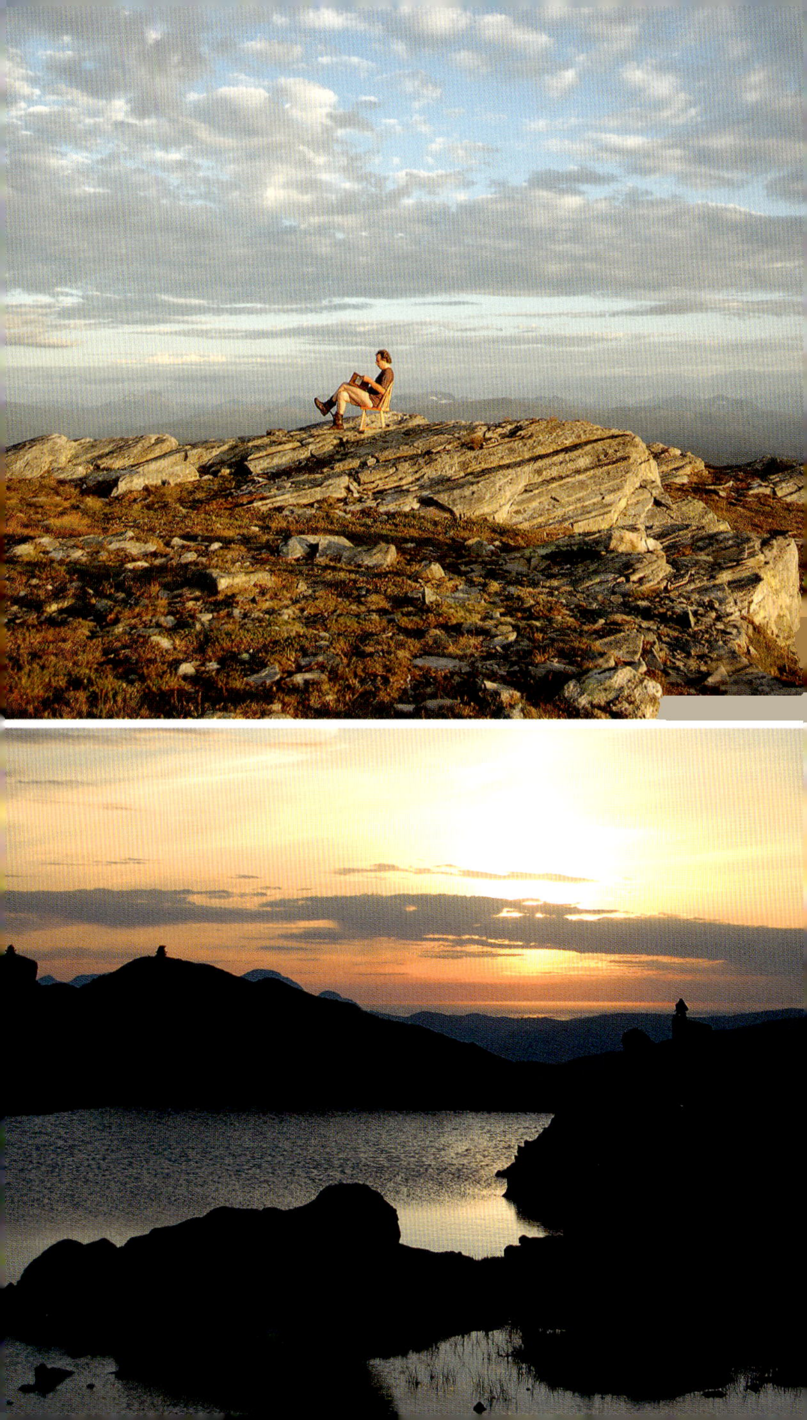

Etappe 14:

Hardbakkhytta – Tverrlihytta

ORIENTIERUNG

◎ **SÜDLICHE FJORDRUTA**, auf unserer Übersichtskarte siehe im Sektor E 3 und D 3.

◎ **KARTEN**: Turkart Fjordruta sowie Norge-serien Nr. 10084 (Surnadal). Kurz vor dem Ziel weicht die Kartendarstellung für ein kurzes Stück von der tatsächlichen Route ab. – Allgemeine Karten-Info siehe Seite 19 f.

◎ **MARKIERUNG**: gut.

PROFIL

◎ **DAUER**: ca. 4:25 Stunden für ca. 9,6 km Distanz, ohne Pausen.

◎ **SCHWIERIGKEITSGRAD**: mittel bis anstrengend, dies besonders in umgekehrter Richtung. Vor dem Erreichen der Tverrlihytta fordert ein steiler 280-Höhenmeter-Anstieg.

◎ **TERRAIN**: Fjell mit Feuchtgebieten, im ersten Drittel längere trockene Abschnitte.

◎ **TRINKWASSER**: Bäche, aber nur wenige Seen unterwegs.

◎ **BESONDERES**: Die Etappe ist relativ abwechslungsreich, da sie von der kargen Hardbakk-Höhe bis ins bewaldete Holtadal absteigt, um dann wieder steil ins Gebirge zu klettern.

◎ **ERLEBNISWERT**: ☺☺☺ (= sehr hoch) dank der Aussichten auf Fjell, Seen, Fjorde und Meer. Forderndes, recht abwechslungsreiches Profil.

◎ **ALTERNATIVROUTE**: Einstiegsort E 17 (Valsøybotn, siehe Seite 169) eignet sich sowohl für Hardbakkhytta als auch Tverrlihytta; insofern gibt es zur südlicher verlaufenden Etappe 14 eine nördliche Variante, die von der Hardbakkhytta aus aber unangenehmer zu begehen ist, da sie den längsten Abstieg im Rahmen der Fjordruta sowie eine Passage auf einer Straße beinhaltet. Etappe 14 ist zwar ähnlich anstrengend, jedoch vom Untergrund her angenehmer zu begehen – sie geht weniger auf die Knochen.

Wer keine Fernwanderung unternehmen möchte, kann mit Hilfe der Alternativroute prima eine 3- oder 4-tägige Rundwanderung zusammenstellen (siehe Seiten 177–179).

◎ **START**: Hütte Hardbakkhytta (siehe Seite 54), Hinweg entweder auf Etappe 13 (siehe Seite 123), über Einstieg E 14 (siehe Seite 168) oder Einstieg E 17 (siehe Seite 169).

◎ **ZIEL**: Hütte Tverrlihytta (siehe Seite 56).

TOURENBESCHREIBUNG

Wer am Vortag die Aussicht von der Harbakk-Höhe nicht mehr genießen konnte, sollte dies unbedingt vor dem Aufbruch nachholen: ob Meer, Fjord, See oder Gebirge – allerspätestens hier erschließt sich der Reiz, das Besondere an der Fjordruta.

Der Einstieg mag der angenehmste aller Etappen sein: Auf dem vom Vortag vertrauten steinigen Terrain mit etwas Heide-ähnlichem Bewuchs geht es bei annehmbarem Gefälle nach Westen. Bei schwerem Regen mag die Erde zwischen dem Fels aufweichen; sumpfige Passagen wie in den Niederungen oder im Hochland zwischen Baumgrenze und Gipfelregionen sind hier oben rar.

Ein stattlicher Steinmann aus früheren Tagen steht rechts vom Pfad, die Steinplatten längst mit Flechten bewachsen. Dahinter im Nordwesten verschwinden der See Botnavatnet (Einstiegsort E 17) und der Vinjefjord bald aus dem Blickfeld. Ab diesem Steinmann wird der Abstieg steiler, macht die Route vor dem Svarthammaren (635 m) einen Knick nach Süden und trifft an der Kreuzung mit dem Wegweiser zum Einstiegspunkt Myrholten (siehe Seite 169 unter Einstiegsort E 15) ein (0:40).

Während des Abstiegs hat man im Süden das Myrholten-Gebiet bereits im Blick: eine sehr feuchte Fläche mit zwei größeren und mehreren kleinen Seen, die sich auf zwei Terrassen oberhalb der Baumgrenze verteilt – das norwegische *myr* bezeichnet sowohl Sumpf als auch Moor (in Bergregionen).

Feuchter wird es demnächst auch auf der Fjordruta zur Tverrlihytta, die Büsche und Sträucher beidseits des Weges werden größer, die erste Kiefer taucht auf. Um eine grüne Senke mit ein paar Tümpeln und dem sich daraus speisenden Wildbach zu queren, muss man zwischendurch auf unter 500 m ü.d.M. Und aufgepasst: In der Senke wachsen größere Mengen der arktischen Moltebeere – wer hier im August vorbeikommt, sollte eine Verkostung ansetzen.

Unmittelbar hinter der markierten Furt geht es mit kräftiger Steigung in den ersten längeren Anstieg des Tages, der mit zunehmender Höhe erträglicher wird. Dafür stehen hartnäckige Feuchtgebiete bevor, in denen selbst in Trockenperioden das Wasser in abfallendem Terrain durch den ausgetretenen Pfad abfließen kann. Wer die Füße gerade nicht im Sumpf stecken hat, sollte sich bei Gelegenheit mal umdrehen und den hier beeindruckenden Blick zurück auf das Hardbakkfjell würdigen.

Im Rahmen des nächsten strammeren Abstiegs geraten zur Linken zwei sichelförmige Seen mit ein paar Hütten zwischen vereinzelt stehenden Nadelbäumen ins Blickfeld: der Svarthammanvatnet (432 m) und der Langvatnet (414 m), dem sich, unterhalb und von hier nicht einzusehen, ein weiterer See anschließt. Im Nordwesten ist nur für kurze Zeit der Vinjefjord mit dem Fähranleger Arasvika zu sehen, den man nur als solchen identifizieren kann, sofern die weiße Fähre dort gerade am Kai pausiert, anlegt oder abfährt.

Spannender wohl bleibt die Wegstrecke an der kleinen Seenplatte im

Süden, der die Fjordruta näher an den Svarthammanvatnet führt. Nun ist der Blick auf eine massive Felsnase zurück im Osten frei, direkt am See abfallend, von Geröllfeldern und Nadelbaumhainen flankiert, welch ein Landschaftsmotiv! Laut Karte ist diese Felsnase ein Ausläufer des Lykkjefjells.

Es geht noch ein ganzes Wegstück um den Svarthammanvatnet herum, schräg einen Hang hinauf, ebenso schräg hinunter, steil abwärts durch ein Weidendickicht, eine kleine Senke passierend, in der man links am Hang bleiben sollte, statt mitten hindurch zu laufen, und auf die nächste Kante zu. Die Hauptrichtung ist nun Süden, auf die Höhe Holtakammen (560 m) zu, durch welliges Terrain im Bereich der Baumgrenze entlang.

Neuer Höhepunkt in Sachen Panorama ist der Nordwesten mit einem blauen Band aus den Seen Litlreinslivatnet (192 m) vorne, Reinslivatnet (153 m) dahinter und Valsøyfjord, ein Arm des Vinjefjords, der ganz hinten als Streifen erkennbar ist.

Der Pfad beschreibt einen rechten Winkel, und bald danach blickt man hinunter in ein tiefes Tal (2:30). Unbestechlich verdeutlicht ein Blick auf die Karte, dass man hinunter und drüben wieder hinauf muss.

Zu Anfang ist der Abstieg besonders steil und selbst durch Schräglaufen am Hang kaum zu besänftigen. Ein Mischwaldhain, eine Kehre, ein weiterer steiler Abschnitt, bevor das Gefälle verträglicher wird. Zwar sind die Markierungen mitunter lückenhaft, andererseits ist die Route gut sichtbar ausgetreten. Wie nicht anders zu erwarten, bedecken satte Feuchtgebiete den Talboden – wer in einer regenreichen Periode unterwegs ist, darf hier mit erzwungenen Umgehungen bzw. improvisierten Routenabweichungen und längerer Gehzeit rechnen. Auch der Wildbach, der zu überqueren ist und sich zum Auffüllen der Trinkwasserflasche(n) eignet, dürfte dann vehementer daherfließen als zu sonniger Sommerzeit. Über 200 Höhenmeter hat verloren, wer vor Holtakammen in den Abstieg gegangen ist und sich am Bach nur noch auf 280 m ü.d.M. befindet. Bis zum Tagesziel Tverrlihytta werden wieder 280 Höhenmeter gutzumachen sein.

Und nicht weit hinter dem Wildbach geht es auch wieder aufwärts: abwechselnd moderat und steil bis sehr steil, streckenweise über Felsbahnen und -platten, mal über Stock und Stein durch einen Birkenwald, in dem Farne den Weg überwuchern, weiter oben als schmaler Heidepfad an zahllosen Beerensträuchern vorbei und auf halbwegs flachen Teilstücken durch die unvermeidlichen Feuchtgebiete. Hier an den Hängen sind im Sommer auch Schafe unterwegs, die natürlich eigene Pfade zu ihren Weidestellen trampeln. Rasch geht man auf solchen Pfaden fehl, weshalb man in Gebieten mit Schafsbeweidung mehr denn je die Wegweiser im Auge behalten soll, anstatt

Oben der Blick zurück auf die Felsnase des Lykkjefjells am See Svarthammanvatnet. Unten links formt sich hinter der Steinpyramide das Dauermotiv Seen/Fjord. Daneben: kurz vor dem Ziel, den Anstieg in den Beinen, die höchsten Punkte des Tages im Blick. ▶

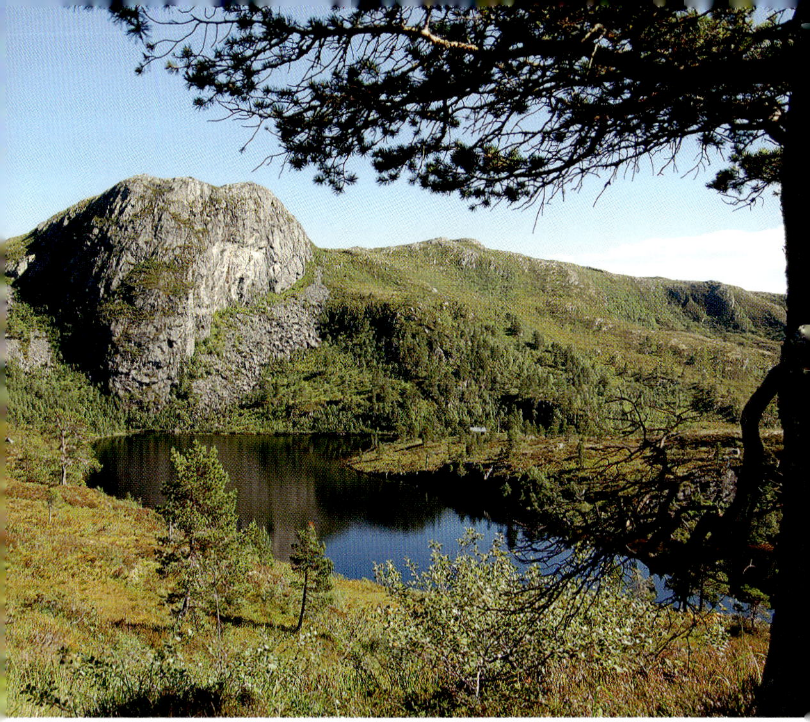

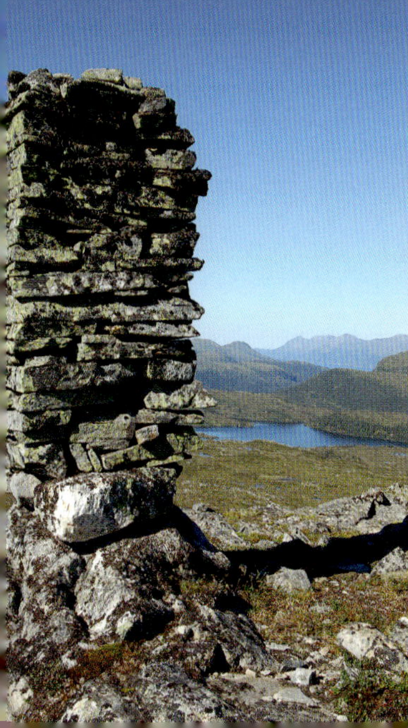

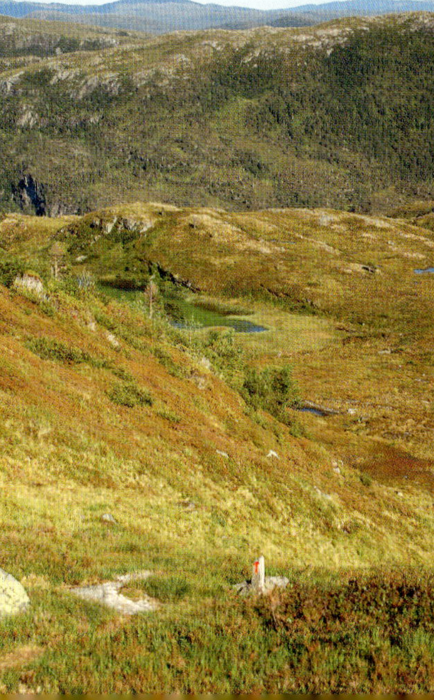

sich nur am ausgetretenen Pfad voraus zu orientieren.

Dann ist es die Karte, die irritiert: Schon fast wieder auf 500 Höhenmetern angelangt, streckt sich auf einem feuchten Plateau ein See aus, dessen Oberfläche fast vollständig satt grüne Sumpfgräsern bedecken. Während die Kartendarstellung den Pfad den Ablauf des Sees überqueren lässt, um danach weiter an Höhe zu gewinnen, führt die tatsächliche Route rechter Hand an dem See entlang, ein weiteres Stück auf dem Plateau geradeaus und an einem Birkenhain vorbei, um anschließend den Hang zur Rechten zu erklimmen. Wobei die Markierungen anfangs nicht ganz klar sind, auf welcher Seite des hier plätscherndes Bächleins es tatsächlich hinauf gehen soll.

Nach rund einer Viertelstunde Anstieg bis auf fast 600 Höhenmeter ist eine Wegkreuzung erreicht, wo von rechts die Route vom Einstiegspunkt 17 aus Valsøybotn dazu stößt (4:05). Gut 500 Meter vor dem Ziel lohnt es sich zu rekapitulieren: Der bewachsene See lugt von dem Plateau unten hervor; das durchquerte Tal mit dem Holtaelva ist hinter einer Kante verborgen; die Höhe Holtakammen, dort wo der Talabstieg begann, liegt schon tiefer als der augenblickliche Standort; beeindruckend ist vor allem der Blick zurück zum Hardbakkfjell, das in stattlicher Entfernung am Horizont prangt: Welch ein Gefühl, dass der heutige Tag vor allem darin bestand, von dieser Höhe dort hinten zu Fuß bis hierher zu gelangen – bereichert durch so viele faszinierende Landschaftseindrücke. Wobei die Aussicht gen Osten lange nicht die einzige ist, die sich hier oben auftut: Nach Süden hin, und diese Aussicht wird bei der Tverrlihytta noch um einiges besser sein, erlaubt ein Hochtaleinschnitt den Blick hinunter Richtung Surnadal und vor allem auf die massive Bergwelt dahinter, das Trollheimen. Selbst im Sommer sind dort oben in vor zu viel Sonne geschützten Lagen manche Schneefelder auszumachen.

Wer die Karte genau studiert hat, wird es nicht mehr überraschen: Es geht noch ein Stück weiter steil aufwärts, dann jedoch bergab zur Tverrlihytta. Diese nach Osten etwas versteckte Lage ist auch der Grund dafür, warum die Hütte trotz Fernsicht zum Beispiel ab Holtakammen nicht auszumachen ist (4:25).

An die Storfiskhytta erinnernd, steht die Tverrlihytta an einem Hang in baumlosem Fjell, nur dass die Vegetation hier zwar ähnlich niedrig, aber etwas weniger spärlich ist.

Etappe 15:

Tverrlihytta – Jutulbu

ORIENTIERUNG

◎ **SÜDLICHE FJORDRUTA**, auf unserer Übersichtskarte siehe im Sektor D 3, D 4 und C 4.

◎ **KARTEN**: Turkart Fjordruta sowie Norge-serien Nr. 10084 (Surnadal). – Karten-Info siehe Seite 19 f.

◎ **MARKIERUNG**: gut.

PROFIL

◎ **DAUER**: ca. 6:30 Stunden für ca. 14,4 km Distanz, ohne Pausen, während der Recherche 1 x gewatet.

◎ **SCHWIERIGKEITSGRAD**: anstrengend. Vor allem durch die Länge der Etappe mit dem abschließenden Anstieg nach Jutulbu. Insgesamt mehr als 800 Höhenmeter Anstieg.

◎ **TERRAIN**: Fjell mit Feuchtgebieten, durch die Hochlage auch längere trockene Abschnitte, vor dem Anstieg gen Jutulbu gut 1 km auf Forstwegen und Straßen.

◎ **TRINKWASSER**: Bäche und Seen unterwegs.

◎ **BESONDERES**: die Königsetappe in allen Belangen, sehr lang, richtig fordernd, wunderbare Aussichten. – Für diese Etappe sollten die Wanderer eingelaufen sein und über gute Fitness verfügen; das gilt besonders, wenn man in umgekehrter Richtung gehen will und diese nach dem anstrengenden Auftakt ab Halsa gleich die 2. Etappe sein sollte. – Sehr wahrscheinlich muss gewatet werden.

◎ **ERLEBNISWERT**: ☺☺☺ (= sehr hoch) dank der Aussichten auf Fjell, Seen, Fjorde und Meer. Anspruchsvoll-forderndes und abwechslungsreiches Profil.

◎ **START**: Hütte Tverrlihytta (siehe Seite 56), Hinweg entweder auf Etappe 14 (siehe Seite 128), ab Einstiegsort E 16 (siehe Seite 169) oder ab Einstiegsort E 17 (siehe Seite 169).

◎ **ZIEL**: Hütte Jutulbu (siehe Seite 58).

TOURENBESCHREIBUNG

Wer nicht gerade in der ganz hellen Jahreszeit zwischen Juni und August unterwegs ist, sollte rechtzeitig aufzustehen und aufbrechen, denn heute steht ein langer Tag bevor: Die Angabe zur Dauer der Etappe ist ohne Pausen veranschlagt.

Über die Stelle hinaus, an der das Trinkwasser aus dem Bach geschöpft wird, ersteigt die Route zunächst in Richtung Westnordwest den Hang, um eine erste Zwischenhöhe zu nehmen, hinter der sich rechter Hand ein See präsentiert; der heißt zwar Langvatnet, allerdings ist von seiner lang gestreckten Form noch nichts zu bemerken. Der Pfad nimmt eine kleine Scharte, wo sich rundum sogar etwas Heidebewuchs, Birkengestrüpp und einige Kiefern einrichten konnten, um anschließend ganz nahe ans südöstliche Seeufer des Langvatnet (491 m) hinabzusteigen. In der Folge zeichnet sich ab, dass der See hinter seiner Kurve noch ca. einen Kilometer weiter Richtung Norden reicht. In der Ferne werkeln Fjord, Küste und Meer mit am Landschaftsgemälde.

Die Fjordruta ist unterwegs zu der nächsten Anhöhe, steigt auf 600 Höhenmeter und darüber hinaus und knickt in südwestlicher Richtung ab. Der Blick zurück erschließt noch mal die Bergwelt im Osten u.a. mit dem Hardbakkfjell am Horizont, ebenso wie einen Zipfel des zuwachsenden Sees, der während des Aufstiegs zur Tverrlihytta ab Holtaelva-Tal an der Strecke liegt (Etappe 14). Dann verlagert sich die Aufmerksamkeit auf die Gipfel von Trollheimen im Südosten, Trollheimen und Sunndalsfjell im Süden, aber auch einige in Laufrichtung Westen. Es geht weiter abwärts und an einem Felshang entlang, zur Linken erstreckt sich unterhalb ein mit Seen, Tümpeln, Pfützen durchsetztes Tal.

Streckenweise über Felsbahnen, verliert die Route 120 Höhenmeter, macht einen überraschenden Knick, steuert tatsächlich auf das Sumpfgebiet zu und findet wider Erwarten einen halbwegs trockenen Durchschlupf. An einem Bach mit Felsen und Falltreppchen lässt es sich gut Station machen (1:10).

Der Bach lässt sich zur meisten Zeit ohne Schuhwechsel zwecks Waten überwinden; nur beim Auffüllen der Trinkwasserflaschen ist im Sommer Vorsicht geboten, denn die Gegend ist Schafsweideland: bei Bedarf eine entkeimende Tablette in die Wasserflasche, Einwirkzeit beachten, fertig!

Aus der Senke mit dem Bach heraus, hält sich der Pfad nun in südlicher Richtung; beim Blick zurück ist der Hangweg hinunter zum Bach gut nachzuvollziehen. Bei gemächlicher Steigung durch recht feuchtes Terrain geht es wieder an einem Hang entlang, überquert man erneut 500 Höhenmeter und folgt einem Bogen am Hang, womit die Route wieder Kurs auf Südwesten nimmt. Zuerst steuert man auf einen Art Kante zu, doch es erscheint dahinter ein breiter Sattel, auf dem Weg dorthin wird ein Tümpel zur Rechten passiert. Mal feucht, mal trocken auf Moränenboden unterwegs, dürfte sich das Interesse an der bekannten Bergwelt im Osten verlieren, zumal das neue Panorama im Westen keine Vergleiche fürchten muss (1:45):

Geradaus führt Moränenland zwischen zwei Seen hindurch: der linke Storbelevatnet (Großer Belesee) sowie der rechte ganz einfach Belevatna; dahinter hat Gletschereis Hügelchen geformt und hinterlassen, als Hintergrund Fjord und weitere Berge. Halbrechts thront der 978 m aufragende, klobige Hjelmen, der Helm, der nach Osten schroff abfällt, nach Süden jedoch sanft ausläuft, mittendrin auf grüner Parzelle ein paar moderne Wochenend- und Ferienhüt-

Oben weist der Pfad einen halbwegs trockenen Durchschlupf. Unten öffnet sich das Hochland mit Hjelmen, dem 978 m hohen Helm, und einem Streifen des Sees Belevatna. ▶

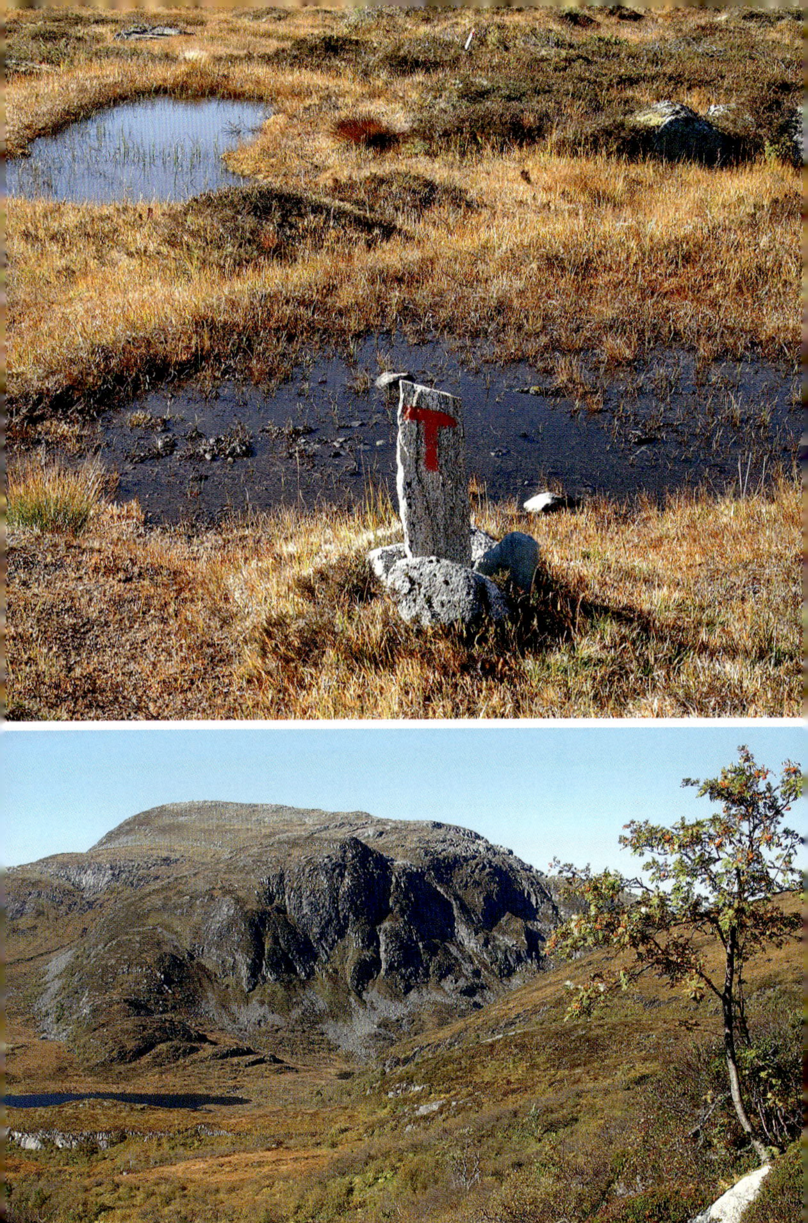
T

ten, unten am Seeufer weitere älteren Datums; der weitere Wegverlauf wird zeigen, dass es nicht die einzigen hier oben sind. Etwa eine Viertelstunde vom ersten richtig guten Aussichtspunkt bergab gelangt man an einen rauschenden Bach, der von oben verborgen geblieben war.

Die markierte Furtstelle ist für einen Sprung zu breit sowie bei üblichen Wetterverhältnissen zu tief, um den Grund sehen zu können. Wer eine übersichtlichere Stelle bevorzugt, muss sich rechts vielleicht 30 Meter durch Birkendickicht kämpfen, dort wo zwei Bäche zu einem werden: Diese Stelle ist breiter, aber nicht tief und der ebene Untergrund deutlich zu erkennen. Auf der anderen Seite angekommen, gilt es dann erneut, sich durchs Gestrüpp bis zurück auf den Pfad zu schlagen. Der hält sich fortan an das Belevatna-Ufer (437 m), muss aber mitunter auf den Hang ausweichen, falls der See so prall gefüllt ist, dass er die Route unter Wasser setzt. Auf der Karte der Norge-serien ist der Wegverlauf zu weit südlich verzeichnet; die Turkart Fjordruta ist schlicht zu grob mit ihrem Maßstab 1 : 100.000, um die Passage präzise-korrekt darzustellen.

Nachdem der Belevatna an dessen Südufer umgangen ist, hält der Pfad auf die beschriebenen Hütten zu und passiert die unteren, älteren in etwa 100 Meter Abstand, die modernen (laut Karte Belesetra) in etwa 400 Meter Abstand. Der Pfad steigt nun unterhalb dieses Hanges sanft an, streckenweise durch losen Birkenwald, überquert mehrere Bäche und Rinnsale ohne Probleme. An einer Wegscheide unterwegs gilt es sich rechts zu halten: Der linke Pfad führt nämlich hinunter an den Storbelevatnet zu den dortigen Hütten. Die Fjordruta dagegen entfernt sich von den Seen und knickt an einem der zu querenden Wasserläufe merklich ab, um sich mehr westlich zu halten (3:00).

Der Blick zurück schafft noch zwei schmale Beleseen-Streifen, imposanter jedoch sind die Trollheimen-Gipfel im Südosten, die bereits von der Tverrlihytta aus über Surnadal zu bewundern waren.

Weiter geht es gemächlich bergauf, bleibt man für ein Wegstück am Fuß einer Moräne, bevor die Route erneut abknickt, diesmal nach Westnordwest, im Voraus zeichnet sich ein Sattel ab. Während man ein Feuchtgebiet durchquert, besteht zur Linken Sicht auf den Surnadalsfjord mit der gleichnamigen Kleinstadt. Steil geht es über Stock und Stein hinauf, zwischendurch können sich wieder Birken, Farne und diverse Sträucher halten, weiter oberhalb wird die Vegetation spärlicher. Hinter dem von unten einsehbaren Sattel sind zwei Fortsetzungen möglich, die rot bepinselten Steine weisen den linken Hang zu, in dem ein Geröllfeld wartet und anschließend die 600 Höhenmeter tangiert werden.

Ein bisschen ebene Strecke eignet sich zum Verschnaufen, bevor es abwärts geht und man in eine komplett

Oben der Höhenrücken zwischen den beiden Bele-Seen, der Fjord im Hintergrund ist von dieser fotogenen Position aus bereits verschwunden, die kommende Furt noch nicht zu erkennen. Unten der Blick zurück auf die Hjelmen-Scharte (siehe Seite 138). ▶

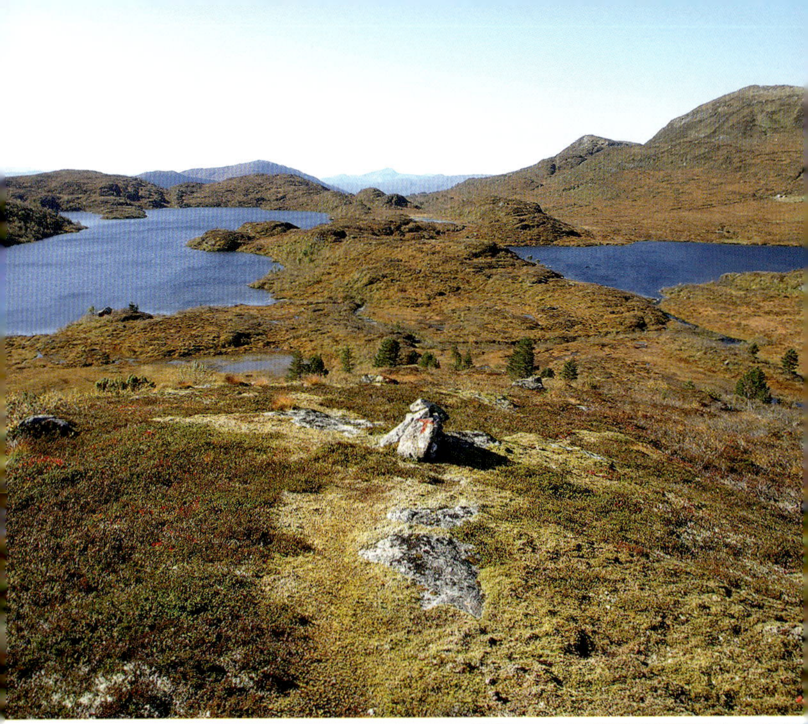

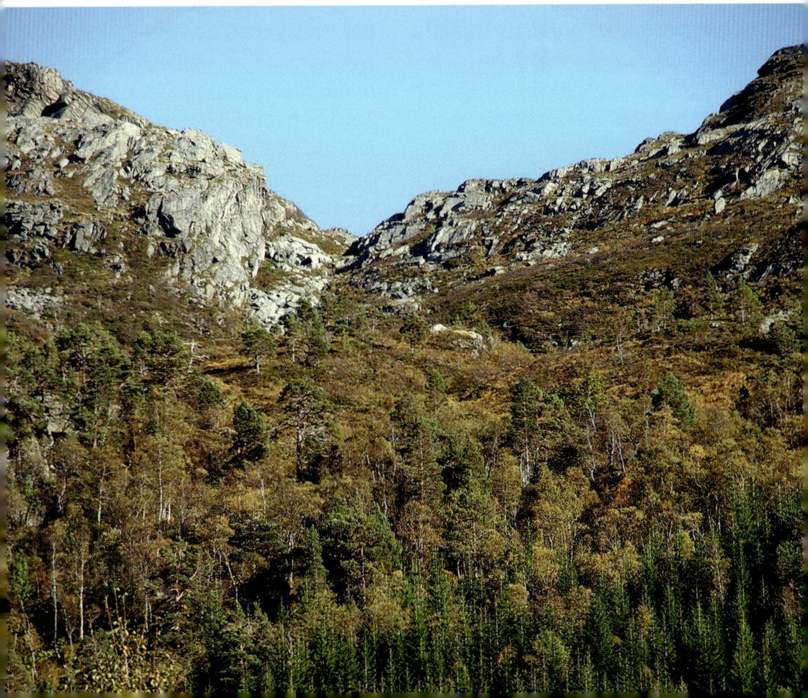

neue Landschaft versetzt wird: Neue Aussichten tun sich auf, auf steiniger Strecke geht es in eine Senke hinunter, ständig kommen neue Berge ins Blickfeld, aber auch Wasserfälle und andere landschaftliche Schönheiten. Mag es vor dem Sattel friedlich still gewesen sein, bläst hier drüben oft ein kräftiger Wind. Rasch taucht der See Almbekkvatnet unterhalb auf, in rund 10 Minuten wird das meiste des vorläufigen Abstiegs bewältigt, teilweise ganz nahe am See entlang. Eine Kurve, und der Blick fällt auf den Bach Almbekken, der aus dem Almbekkvatnet abfließt und sich durch den Einschnitt schlängelt; die Route überquert den Bach, muss in einen kurzen, kräftigen Anstieg und durch ein Spalier an Birkendickicht, bis sie an eine Wegkreuzung gelangt (3:45):

Wer besonders gut drauf ist, kann ab hier auf den Hjelmen (978 m) steigen – das bedeutet aber ca. 360 zusätzliche Höhenmeter, wofür (inklusive Zeit zum Genießen des Panoramas) mindestens 90 Minuten plus x veranschlagt werden sollten. Wer es vorzieht, hier unten zu bleiben, wird dennoch entschädigt: eindrucksvoll der Blick aufs Settemsdal vor Bøfjord und Trongfjord im Südwesten. Auch das Meer im Nordwesten grüßt herüber, rechts davon die beiden Gipfel auf der Insel Tustna, zwischen denen die Fjordruta nach ihrem ersten langen Aufstieg ab Flughafen einen Sattel ersteigt; davor ein Zipfel Fjord. Im Westnordwesten erhebt sich das trutzige Flatfjell mit gleich mehreren Kuppen; links bzw. südlich davon ist gut das Hochland zu erkennen, das die Wanderer auf dem Weg nach Jutulbu erwartet.

Unterhalb der Wegkreuzung hat man einen Baumstamm als Sitzbank hergerichtet, aber hier ist man schon merklich tiefer und außerdem im Bereich der Baumgrenze. Es hilft alles nichts – um nach Jutulbu zu gelangen, muss man ins Tal hinunter, über die Straße 65 hinweg und auf der anderen Seite wieder hinauf ins Hochland, das oberhalb der Baumgrenze hier gut einzusehen ist, wie erwähnt.

Der Abstieg ist sehr steil, mal über Stock und Stein, so wie über das Geröllfeld Trollsti'n (Trollpfad), mal auf angenehmem Waldboden, vorbei an bemoosten Felsformationen inmitten der Birken. Im Vorteil ist, wer hier bei Trockenheit ab- oder aufsteigt, wer außer dem Gefälle keine nassen, schlüpfrigen Passagen zu meistern hat. Nach rund einer halben Stunde und ca. 300 Höhenmetern weniger gelangt man an einen breiteren Weg, vermutlich ein ehemaliger Forstweg, dem nach links zu folgen ist. Nach ca. 10 Minuten geht es auf einen noch breiteren Weg, diesmal nach rechts. Bevor es weitergeht, lässt sich an dieser Stelle noch mal trefflich das Geleistete rekapitulieren, blickt man hinauf zum Hjelmen und der Scharte zum Almbekkvatnet.

Vorsicht: Die Karte ist in diesem Abschnitt nicht stimmig, zumindest was die Fjordruta betrifft; da die kurzen Wegstücke, die bis zur Überque-

Nach dem steilen Anstieg aus dem Settemsdal kurz vor dem Tagesziel Jutulbu (siehe Seite 140). ▶

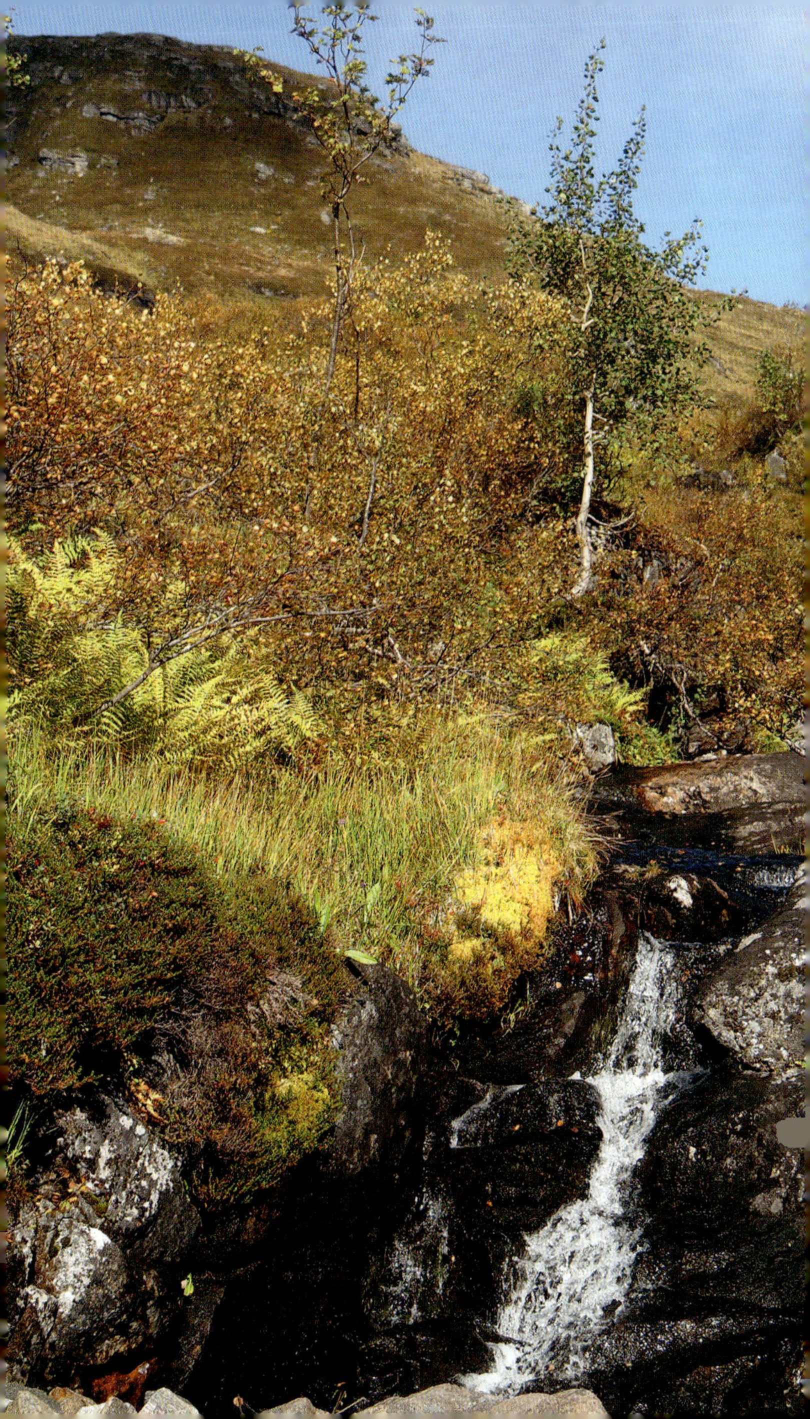

rung der Str. 65 nicht auf Fahrwegen verlaufen, durch ein Steinbruchareal und insgesamt unangenehmes Gelände führen, besteht andererseits die Möglichkeit, diese Passagen auf den Fahrwegen hier im Tal zu umgehen: Dafür wiederum ist die Karte gut. Die Markierung schickt die Wanderer jedenfalls auf folgende Route: am Ende des Fahrwegs rechts und gleich wieder links, später wieder rechts, am Rand eines Erdaushubs (der schnell unter Wasser steht) links halten, den feuchten Hang hinauf, am nächsten Fahrweg links, an der Gabelung nun rechts hinauf in Schlangenlinie, wieder rechts in den Forstweg, über Anhöhe links zur Straße 65, überqueren, links am Parkplatz zur Brücke (4:55).

Der Gedenkstein am Parkplatz erinnert an 1775/1776, als es hier noch gefährliche Bären gab, vor Ort nachzulesen auch auf Deutsch.

Eigentlich ist es genug, doch erst das folgende Teilstück veredelt diese Etappe zur Königsetappe: Der Abstieg von der Kreuzung zum Hjelmen war länger als hier im Settemsdal der Aufstieg nach Westen, der dafür steiler zu sein scheint. Eine Steinbrücke führt über den Abfluss des Sees Haugevatnet neben dem Parkplatz. Hinter dem Gatter (Schafe, wieder schließen) geht's bald steil hoch über Stock und Stein, frei liegende Wurzeln und Farne, inmitten eines Birkenhains. Da der Hang, je nach Jahreszeit, nur vormittags in der Sonne liegt, sind die Hosenbeine schnell feucht bis nass. Selbstredend, dass mit gewonnener Höhe der Haugevatnet an Geltung gewinnt, aber auch die Bergwelt im Osten, womit womöglich die Erlebnisse der letzten Tage in Erinnerung gerufen werden: In Anbetracht der happigen Steigung wird das Schwelgen mehr theoretischer Natur sein.

Nach gut einer halben Stunde sowie über 220 Höhenmetern ist der »rettende« Sattel erreicht: Es öffnet sich eine sanfte, aber feuchte Senke, die an ihrem rechten Hang, einem Ausläufer der namenlosen Höhe 637 im Norden, umgangen wird; was keineswegs bedeutet, dass die Wanderer vor Nässe verschont bleiben. Von besagter Höhe 637 rast (bzw. plätschert in Trockenperioden) ein Wildbach herunter, der auf halbem Weg überquert wird.

Dann geht es auf die nächste Anhöhe und gut 460 m ü.d.M. zu, vom Wildbach aus einem breiten Sattel ähnelnd: Ein Blick zurück auf den imposanten Hjelmen, im Voraus unterhalb erscheint in Graublau das Ziel, die Hütte Jutulbu. Die rote Hütte zur Rechten ist es nicht und lohnt keinen Abstecher. Im Südwesten lugt der Halsafjord als kleines Dreieck hervor, am Horizont sind noch jede Menge Berglinien zu bestaunen.

Vereinzelt ringen Bäume um gute Standorte in dieser leicht welligen Hochebene. Sollte der Untergrund in der letzten Viertelstunde Gehzeit gewohnt feucht sein: immer an die gemütliche Hütte dort vorn denken (6:30).

Etappe 16:

Jutulbu – Halsa

ORIENTIERUNG

◎ **SÜDLICHE FJORDRUTA**, auf unserer Übersichtskarte im Sektor C 4.

◎ **KARTEN**: Turkart Fjordruta sowie Norge-serien Nr. 10084 (Surnadal) und 10083 (Kristiansund). Sowohl die Turkart als auch die Norge-serien geben den tatsächlichen Routenverlauf zwischen Jutulbu und dem Abzweig zum Einstiegspunkt Megardsvatnet nicht korrekt wieder: Am See Skreåvatnet zeigen sie den früheren Wegverlauf oberhalb des Sees am Hang, während sich die verlegte Route ans nördliche Seeufer hält. – Allgemeine Karten-Info siehe Seite 19 f.

◎ **MARKIERUNG**: gut.

PROFIL

◎ **DAUER**: ca. 5:15 Stunden für ca. 12,2 km Distanz, ohne Pausen. – Ab Halsa eher 6 Stunden.

◎ **SCHWIERIGKEITSGRAD**: mittel bis anstrengend ab Jutulbu. Besonders von Halsa aus anstrengend, da für eine Einstiegsetappe der Fjordruta relativ lang und nach dem ersten langen Anstieg im Mittelteil mit starkem Auf und Ab.

◎ **TERRAIN**: Fjell mit vielen Feuchtgebieten, Waldtundra, Ausstieg an der Küste über Straßen.

◎ **TRINKWASSER**: Bäche, aber nur wenige Seen unterwegs.

◎ **BESONDERES**: Cover-Aussicht in mehreren Variationen. – Sehr steiler Abstieg mit Seilpassage, womöglich problematisch bei Höhenangst, wobei ich selbst Höhenangst habe und, auf das Terrain unmittelbar vor mir konzentriert, das Teilstück problemlos bewältigte. – Ende der Etappe am Fähranleger/Bushalt.

◎ **ERLEBNISWERT**: ☺☺☺ (= sehr hoch) dank der Aussichten auf Fjell, Seen, Fjorde und Meer. Anspruchsvoll-forderndes und abwechslungsreiches Profil mit Passagen direkt an einem Seeufer, durch einen Ur-Trollwald und viel Auf und Ab.

◎ **START**: Hütte Jutulbu (siehe Seite 58), Hinweg entweder auf Etappe 15 (siehe Seite 133) oder ab Einstiegsort E 18 (siehe Seite 170).

◎ **ZIEL**: Halsa, entweder Einstiegsort E 20 (siehe Seite 172) oder weiter zum Fähranleger/Bushalt. Alternativ Abstieg zum See Megardsvatnet, Einstiegsort E 19 (siehe Seite 170).

TOURENBESCHREIBUNG

Auf nach Westen! Um das Feuchtgebiet unterhalb von Jutulbu zu umgehen sowie gleichzeitig den nahen Wildbach zu überqueren, bevor der sich talabwärts verbreitert, geht es auf kürzestem Weg zu dem forschen Bach und hinüber. Im Terrain ähnlich dem zwischen Settemsdal und Jutulbu, behält der Pfad seine Richtung nach der Wildbachüberquerung bei und steuert auf den Hang im Nordwesten zu, um fortan auf etwa 400 bis 440 Höhenmetern den Westkurs zu halten. Dabei sind mehrere Wasserläufe zu überqueren, die aus dem Fjell im Norden kommen, wie der aus dem See Jutuldalsvatnet, der eingezwängt zwischen zwei Höhenzügen liegt. Mal geht es durch baumloses Gebiet, mal durch loses Gehölz, später gar durch dichteren Wald, denn:

Entgegen der Kartendarstellung verliert die Fjordruta nämlich an Höhe, um sich am nördlichen Ufer des Sees Skreåvatnet (326 m) fortzusetzen. Auf dem Weg dorthin verteilen sich unterhalb, linker Hand, mehrere Hütten, die für norwegische Verhältnisse recht eng beieinanderstehen. Hier im Bereich von Skreåvatnet und, ca. 400 m südöstlich, Skrøvsetvatnet waren einst mindestens zwei Sommeralmen in Betrieb: die Skrøvsetsetra zwischen beiden Seen und am Hang Gammelsetra, die alte Alm. Die Hütten sind teilweise gut in Schuss. Nahe kommt man ihnen nach einer Kante mit Blick auf den Skreåvatnet, dort wo eine Salzlecke vermutlich für die Schafe platziert ist. Der schwarze Zylinder darüber fungiert sowohl als Regenschutz wie auch als Schutz gegen ungebetene Lecker. Eingeweihte kennen den Mechanismus: Zylinder hochschieben, Leckstein ist frei.

Bis zum Skreåvatnet sind ordentliche Feuchtgebiete zu bewältigen. Die anstehende Seeuferpassage ist erster kleiner Höhepunkt des Tages: Streckenweise unmittelbar am Wasser entlang, vielleicht einen halben Meter über der Seeoberfläche, geht es über Sträucher und Geröll, frei liegende Wurzeln und fest gestampfte Erde, zwischen Birken, Nadelgehölz, Wacholder und bemoosten Findlingen hindurch. Am (nordwestlichen) Ende des Skreåvatnet bilden aufgeschichtete Steine ein Behelfsbrückchen über dem Ablauf des Sees.

Jetzt wendet sich die Route nach Nordostnord auf eine wellige Anhöhe mit Birken, Farnen und anderem Bewuchs zwischen Geröll und Grasland: Die Vegetation legt nahe, dass dieses Gebiet früher beweidet wurde. Dann geht es stärker hinab über einen mit Felsen besprengten Hang und Birkenbestand sowie durch ein happiges Sumpfgebiet, bis man an der Abzweigung zum Einstiegspunkt Megardsvatnet angelangt ist (1:00).

Der Pfad führt nun in den steilen, bewaldeten Felshang zur Linken hinein, wechselt in dem Hang jedoch die Steigung zwischen moderat-erträglich und steil-anstrengend. Bemooste Steinblöcke, heruntergebrochenes, zum Teil ebenfalls bemoostes Holz und hoch wachsende Farne vermitteln durchaus das Gefühl, als streife man durch einen Urwald, den auch die Trolle bewohnen könnten; der Pfad hat auch gar keine Chance, einfach in gerader Linie zu verlaufen, sondern muss sich dem Terrain anpassen. – Nach der Seeufer-Passage erst kurz zuvor ist dies nun der zwei-

Herbstbilder: Vor dem Skreåvatnet, wo die Fjordruta direkt das Seeufer begleitet. Und der Blick zurück auf den steilen Hang unterwegs zum Håkkåstein (siehe Seite 144). ▶

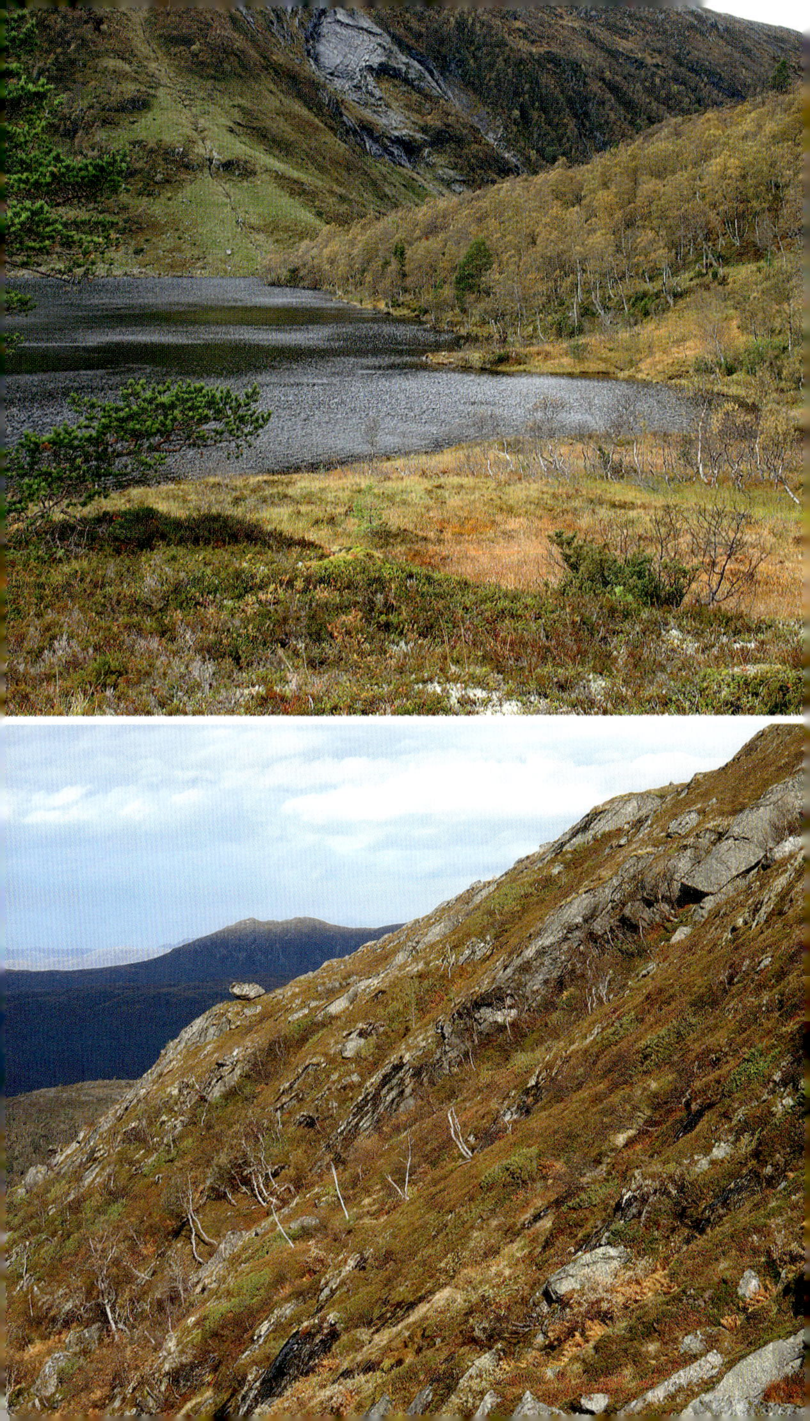

te Tageshöhepunkt, und bei Weitem nicht der letzte: Der in punkto Aussicht steht nämlich bevor. Der Wald wird lichter, zur Rechten präsentiert sich der See im schmalen Tal, durch den der Einstieg ab Megardsvatnet seinen Weg findet. Die Fjordruta hat eine sumpfige Wiese erreicht, die in Nordrichtung ansteigt, sonst jedoch bemerkenswert flach ist. Bäume sowie Gestrüpp bleiben auf dieser Fläche zurück. Eine Kante und vor den Wanderern rücken fortan die Motive ins Bild, die das Cover dieses Buches zieren und die in den nun folgenden ca. 2 Stunden in vielen Variationen, je nach erreichter Höhe und Standort, zu bewundern sein werden: als Mittelpunkt des Landschaftsgemäldes der sich windende Skålvikfjord samt seiner Ufer und Inseln, davor der See Megardsvatnet, hinter der Mündung des Skålvikfjords in den Korsnesfjord noch die Gipfel von Tustna (mit dem Sattel über Gullsteinvollen), Stabblandet und Ertvågsøya. Wer hier die Abendsonne erlebt, sieht das Licht an dem Kunstwerk feilen.

Der Pfad macht eine »Spitzkehre«, klettert steil den Felshang Richtung Südsüdwest hinauf. Heidekraut und Beerensträucher setzen farbige Akzente zwischen dem Steingrau – auf etwa 400 Meter Längendistanz steigt die Route um etwa 120 Höhenmeter, den Top-Aussichtsplatz auf Fjord und Fjell inbegriffen. Teilweise noch steiler ist der Abstieg: Von knapp 600 m auf ca. 500 m ü.d.M. braucht der Pfad keine 200 Meter. Hier gilt mitunter: sich auf alle Viere begeben oder auf den Hosenboden setzen und hinunter tasten – was mit Tourenrucksack anspruchsvoll sein kann. Trotzdem: Ich habe leider Höhenangst, fühlte mich an diesem Hang jedoch nicht in Gefahr. An der steilsten Stelle hat man ein kräftiges Seil um eine Birke gebunden, damit sich die Wanderer leichter herablassen können. Einige Schritte weiter liegt ein gewaltiger Felsblock im Gelände: Håkkåsteinen (2:05).

Am Håkkåstein sind weitere Wegweiser für lokale Wanderrouten platziert: Saksa (ein 902 m-Gipfel im Südwesten) und Vassdalen (das Tal mit dem Megardsvatnet) steht darauf.

Der Fjordruta nach Halsa stehen zwei weitere spürbare Auf- und Abstiege bevor. Doch zunächst einmal geht es Richtung Südwesten schräg bei erträglicher Steigung den südlichen Ausläufer des Flatfjells (570 m) hinauf, anschließend wieder hinab. Erneut steht ein kräftiger Anstieg bevor, durch baumloses Fjell, ähnlich dem hinter der »Spitzkehre« vorhin, jetzt auf das Krekjefjell (663 m) zu.

Bereits vor dem höchsten Punkt unterhalb des Gipfels präsentieren sich Skålvikfjord, Tustna und Stabblandet im Norden aus neuem, nicht minder herrlichem Blickwinkel. Hier oben lassen sich (im August) Moltebeeren aufspüren. Inzwischen geht es nur noch leicht bergauf; nach der Passage eines kleinen Sees läuft man ein kurzes Wegstück auf den Saksa zu, bevor die Umgehung des Krekje-

Sommerbilder: Die Umgehung des Krekjefjells führt durch eine Kerbe und anschließend steil hinab. Beim Abstieg eröffnet sich eine neue Variante unseres Covermotivs, mittig am linken Rand ist am Tagesziel Halsa klein und weiß die Kanestraum-Fähre erkennbar. ▶

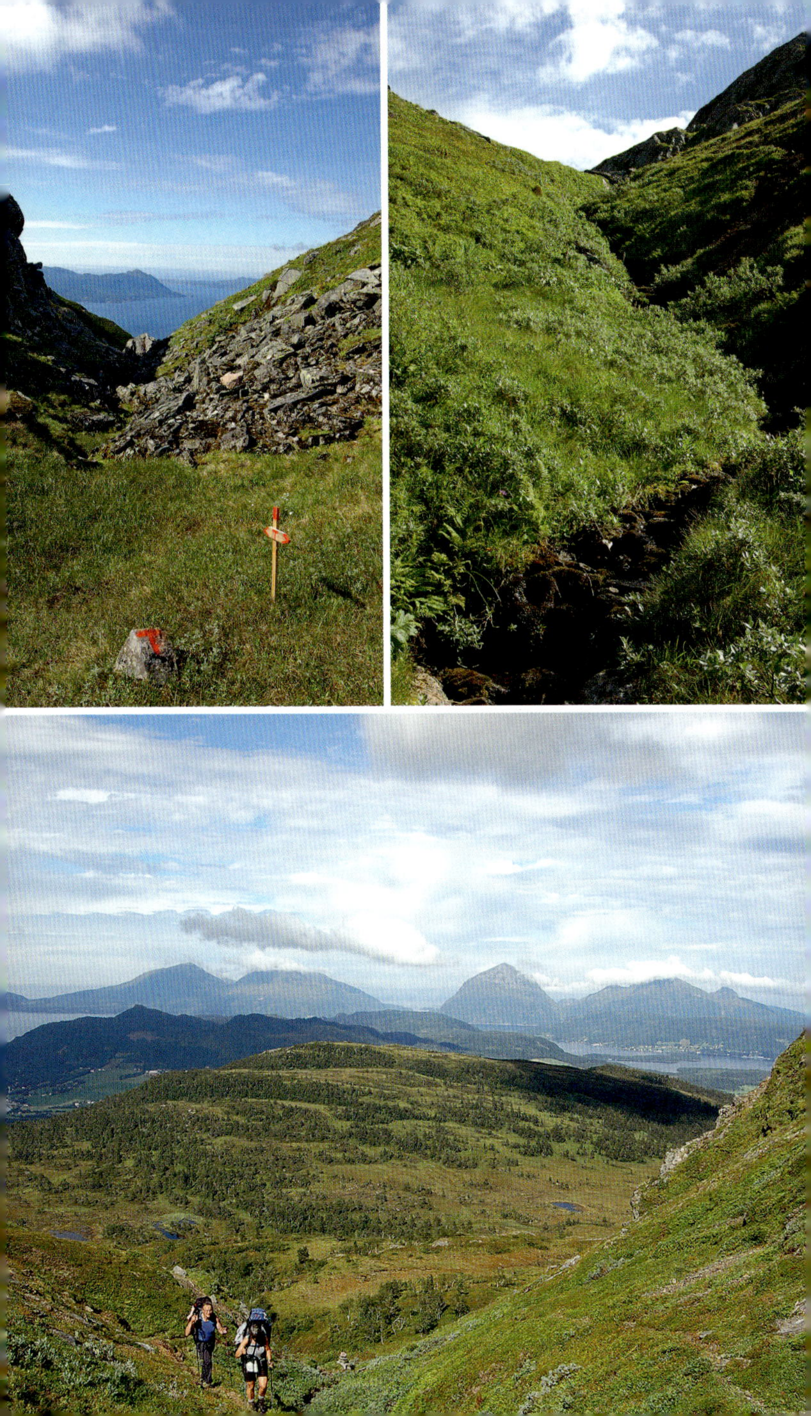

fjells etwa auf halbem Weg an eine Kerbe zwischen zwei Felsrücken gelangt. Die Fjordlandschaft lugt schon wieder im Hintergrund hervor (3:05).

Der folgende Abstieg ist einer der steileren der Fjordruta, lässt sich allerdings mit aufmerksamen, kleinen Schritten gut nehmen, sofern abfließendes Wasser sich nicht den Weg gerade auf dem Pfad sucht. Die Markierungen sind bis ins Tal hinunter eher weit voneinander platziert, wobei keine Desorientierung auftreten kann, da der Pfad nahe am Krekjefjell absteigt. Unten auf dem Fjord verkehren die Autofähren zwischen Kanestraum im Westen und Halsa im Osten, Etappenziel des heutigen Tages. Ebenso reicht der Blick noch mal in den Skålvikfjord, ist man erst weit genug um das Krekjefjell herum gestiegen.

Die ersten Birken säumen die Route, die Heidelbeersträucher sind bereits seit längerem Wegbegleiter, die Vegetation wird üppiger. An dem lokalen Wegweiser »Fjelldalen« findet man noch mal einen guten Rastplatz vor (ohne dass hier Tische oder Bänke aufgestellt sind), denn unten, im zum Fjord auslaufenden Gebiet, dominieren Feuchtgebiete.

Ein vom Fjell kommendes Bächlein wird überquert, wenig später erreicht der Pfad einen Wegweiser, der nach links zeigt, wobei man erahnen kann, dass hier früher ein Pfad geradeaus verlief: In den Anfangsjahren startete die Fjordruta in Halsa nämlich woanders ins Gelände; an dieser Stelle treffen die ehemalige und die aktuelle Route aufeinander – für die nächste gute halbe Stunde gilt es vor allem die gute Laune beizubehalten, denn es stehen hartnäckige Feuchtgebiete mit Kuppen und Senken an. Da hier auch Bäume, Gesträuch und Wollgras gedeihen, wirkt die Landschaft weniger eintönig als sonst viele feuchte Teilstücke in baumlosem, ebenem Fjell. Wobei die Wanderer in umgekehrter Richtung reizvoller unterwegs sind, weil sie auf das Krekjefjell zusteuern und eine Zeitlang die Saksa-Ausläufer im Süden begleiten. Vorsicht ist geboten bei überwucherten Wasserläufen: Manncherorts tun sich plötzlich Pfützen auf, in die ein Fuß hineinpasste.

Schließlich geht es über mehrere Forst- und Feldwege zur Küste, teilweise sind diese Wege stark mit Gras oder noch höher bewachsen; vor allem jedoch gibt es viel mehr solcher Wege und damit Abzweigungen, als die Karte glauben machen will. Die Markierung dagegen ist glaubwürdig. Dann öffnet sich eine mit Weg-Disteln bewachsene Wiese, hat man beim Abstieg den Halsafjord im Blick, ist an einem Gatter ein Treppchen zu übersteigen, geht es steil an Himbeersträuchern vorbei und durch einen Nadelwald hinunter zu einer Nebenstraße entlang der Küste (4:30).

Nach der bisherigen Etappe (plus eventuell der Distanz ab Tverrlihytta vom Vortag) können die restlichen 2,3 Kilometer zum Fähranleger auf die Knochen gehen (5:15).

Etappe 17:

Grytbakksetra – Hermannhytta

ORIENTIERUNG

◎ **SÜDLICHE FJORDRUTA**, auf unserer Übersichtskarte siehe im Sektor F 3 und F 4.

◎ **KARTEN**: Turkart Fjordruta sowie Norge-serien Nr. 10084 (Surnadal). – Karten-Info siehe Seite 19 f.

◎ **MARKIERUNG**: gut.

PROFIL

◎ **DAUER**: ca. 6:00 Stunden für ca. 15,5 km Distanz, ohne Pausen, inklusive 1 x Waten wie bei der Recherche und 15 Minuten Grotteninspektion.

◎ **SCHWIERIGKEITSGRAD**: mittel. Die Distanz kann untrainierten Wanderern Schwierigkeiten bereiten.

◎ **TERRAIN**: Niedere Fjellregionen mit vielen Feuchtgebieten. Beidseits des Surnadals Wald und Forstwege.

◎ **TRINKWASSER**: Bäche und Seen unterwegs.

◎ **BESONDERES**: Die Route durchquert nicht nur Fjell, sondern verläuft teilweise an der Grenze zu borealem Nadelwald sowie beidseits des Surnadals in noch reicherer Vegetation. Furt Fluss Litlbævra zu waten. – Landhaus Vaulen mit Seeblick. – Die Grotte Limaskjerka kann von innen inspiziert werden. – Die Hütte Hermannhytta ist ein weiteres Unikat, mit gemütlichem Lagerfeuerplatz.

◎ **ERLEBNISWERT**: ☺☺😐 (= hoch) dank dem Kontrast zu den üblichen puren Fjell-Etappen im Gebiet der südlichen Fjordruta, entlang der Vegetationsgrenzen viel Abwechslung unterwegs.

◎ **START**: Hütte Grytbakksetra (siehe Seite 52), Hinweg entweder auf der Etappe 11 (siehe Seite 115), Etappe 12 (siehe Seite 119) in umgekehrter Richtung, Etappe 13 (siehe Seite 123) in umgekehrter Richtung oder via Einstieg E 14 (siehe Seite 168).

◎ **ZIEL**: Hütte Hermannhytta (siehe Seite 60).

TOURENBESCHREIBUNG

Wer aus Kårøyan zur Grytbakksetra gewandert ist, kennt die ersten fast 2 Kilometer: Zunächst gilt es den extrem steilen Abhang hinter der Hütte ohne Blessuren bei Wanderer und Ausrüstung hinunterzukommen, anschließend geht es schräg hinüber zu dem Holzsteg über den rauschenden Wildbach Storbekken (übersetzt: der große Bach), worauf sich die Routen nach Storlisetra sowie nach Kårøyan und Hermannhytta trennen.

Der Pfad hält sich in östlicher, darauf südöstlicher Richtung, tangiert die 400-m-Grenze und führt in eine Senke, in der sich das Wasser der halben südlichen Fjordruta zu sammeln scheint. Bevor diese durchquert wird, erinnert eine verfallene Hütte an besseren Tage in Drøggutjønn-Øyan, wie ein Schild diesen Ort benennt. Nach erfolgreicher Sumpfdurchquerung umgeht der Pfad den voraus liegenden Hang in einem Bogen, in Hauptrichtung Süden. Unterwegs wird der Abzweig gen Kårøyan passiert (0:45).

Von der Kreuzung aus gesehen, ist das Ziel Hermannhytta in Luftlinie in ziemlich genau südlicher Richtung gut 9 km entfernt. Das sanft wellige Terrain auf dem Weg dorthin prägt eine Moränenlandschaft, deren von Osten nach Westen verlaufende Anhöhen immer wieder von schmalen Senken wie von breiteren Tälern unterbrochen werden. Da sich – weiter südlich – sowohl in den Hochlagen als auch im breitesten Tal eine ganze Reihe Seen erstrecken, muss der Pfad zwischendurch stark von seinem eigentlichen Südkurs abweichen, um die günstigste Passage zu erwischen. Das Ganze spielt sich auf 340–500 m ü.d.M. ab, unterwegs wartet sowohl Nadel- als auch Mischwald und sind viele Wasserläufe zu queren, davon die meisten ohne Aufwand.

Ab der Kreuzung hält sich der Pfad weiter am Hang, ein Ausläufer des im Osten 542 m hoch reichenden Torehauet. Anschließend wird erneut die 400-m-Höhenmarke genommen, wo ein Trampelpfad zur Kråkhaugsetra im Westen abzweigt. Die Fjordruta widmet sich voraus einer unspektakulären Scharte, und schon geht es erneut hinab, ins grüne, feuchte Litjbæverdal, in dem es kräftig rauscht. Denn Höhepunkt vor Ort ist klar das Flüsschen Litlbævra, das in der frühen Saison oder nach starken Regenfällen eine anspruchsvolle Furt verspricht. Das breite Flussbett erweist sich gerade bei starker Wasserführung eher von Vorteil. An den Ufern sind Stöcke als Hilfsmittel deponiert.

Nach der Furt steigt die Route in südöstlicher Richtung an und trifft, auf wieder 400 m, am Almplatz Tørsetsetra ein (auch ein Platz zwischen Kårøyan und Grytbakksetra trägt diesen Namen, siehe dort).
Nach moderatem Anstieg wird eine weitere Abzweigung nach Osten ins Rindal erreicht (2:30).

Auf und nieder heißt es fortan, in bescheidenem Maße wechseln Kanten und feuchte Senken, geht es mal zur Abwechslung zwischen einigen Birken einen mit Farnen und Gräsern bewachsenen Hang kurz hinauf. Zur Rechten taucht dann ein See auf, und steht man ein wenig höher und hat den ganzen See vor sich, ist bereits der nächste daneben zu erkennen.

Der landschaftlich attraktivste Teil der Etappe beginnt, wenn die Route in der spärlich bewaldeten Tundra nun zwischen den beiden Holmvatnet-Seen (464 m und 472 m) mit ihren Wasserpflanzen und herauslugenden moosüberwucherten Felsinseln hindurchschlüpft, streckenweise nahe am Ufer entlang. Als ich hier lief, vermittelten sie eine erhabene Stille, war vom Ufer aus der steinerne Untergrund im glasklaren Wasser zu erkennen, spiegelten sich die Wolken

Seenland zwischen Holmvatnet und Krokvatnet. ▶

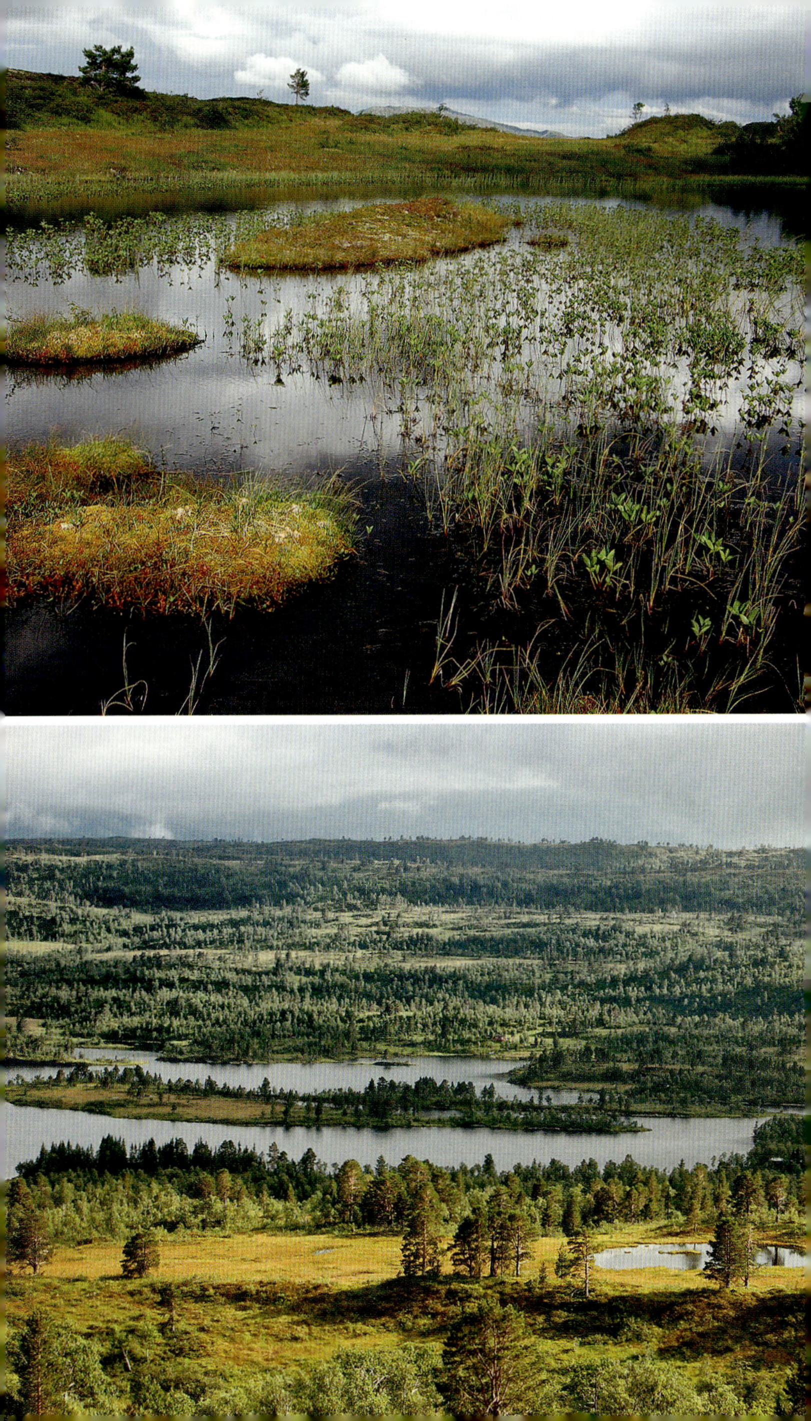

auf der ruhigen Seeoberfläche und bewegten sich die Gräser im Wasser keinen Millimeter.

Inzwischen in südwestlicher Richtung unterwegs, werden die 500 Höhenmeter tangiert, es ist der höchste Punkt dieser Etappe. Mehr als Heidekraut und Zwergsträucher schafft es hier nicht in die Höhe. Wieder dominiert das Wechselspiel zwischen den Senken und Kanten, gerät im Süden mehr und mehr der stattliche Bollen ins Blickfeld, der auf der letzten Etappe zu besteigen ist.

Wenn ein reichlich mit Fieberklee bewachsener Tümpel umgangen ist, führt der Pfad steil eine Böschung hinauf. Diese Moräne wird nicht rasch überquert, sondern bestimmt den Routenverlauf, es geht nach Westen. Und gut, dass diese Anhöhe erhalten bleibt, denn sie gibt einen famosen Blick auf einen zerfurchten See frei, der sich im Süden erstreckt und wie eine Seenplatte ausschaut, der Krokvatnet. Nördlich der Moräne schlängelt sich ein Bach durch das Feuchtgebiet in der benachbarten, deutlich tiefer gelegenen Senke. Die Moräne selbst ist keineswegs eben, tendenziell geht es leicht bergab, mit kurzen Anstiegen zwischendurch, mal ist sie breiter, mal schmaler, die Eisbewegungen damals haben ordentlich modelliert. Feuchtgebeite sind hier oben rar, aber dennoch präsent. Die Vegetation ist längst üppiger geworden, als es steiler hinab geht bis Vaulen (4:00).

Das schmucke Blockhaus Vaulen hat eine bewegte Geschichte, zumal das Anwesen von 1891 bis 1978 einer britischen Familie aus der upper class über drei Generationen gehörte. Ende des 19. Jahrhunderts erwarben wohlhabende Briten Grundbesitz in der Region, als sie für ihre ergiebigen Lachsflüsse bis ins Ausland bekannt war (zum Beispiel die Driva bei Sunndalsøra, weiter südlich). Das schillerndste Mitglied der britischen Familie Musters war James Lawrence Chaworth Musters, der sich als Naturforscher betätigte, aber auch zurzeit der Besatzung Norwegens im Zweiten Weltkrieg eine Rolle spielte, als er einer norwegischen Freiwilligeneinheit unter britischem Oberkommando angehörte, die u.a. Sabotageaktionen ausführte. Im Garten Vaulens erinnert eine hölzerne Skulptur an den ungewöhnlichen Hausherrn, der 1948 verstarb. Schick restauriert, gehört das Anwesen heute der Gemeinde Surnadal, die es u.a. an Schulen und Firmen vermietet. Vom Vorplatz blickt man nach Westen auf den See Vaulavatnet, der sich als Solåsvatnet fortsetzt.

Weiter geht's, sozusagen in Schleifen nach Süden: Der Vaulavatnet ist mit jenem zerfurchten Krokvatnet verbunden. Hinab durch einen losen Birkenwald, überquert eine hölzerne Brücke auf Metallstelzen die Nahtstelle zwischen den Seen; hier gilt es, das Gatter wieder zu schließen.

Die folgende gute Stunde ist wieder vom Auf und Ab zwischen den Moränen geprägt, in den Senken ist

Oben der Blick von Vaulen nach Westen auf Vaulavatnet und Solåsvatnet.
Unten in der leicht zugänglichen Kalksteingrotte Limaskjerka (siehe Seite 152). ▶

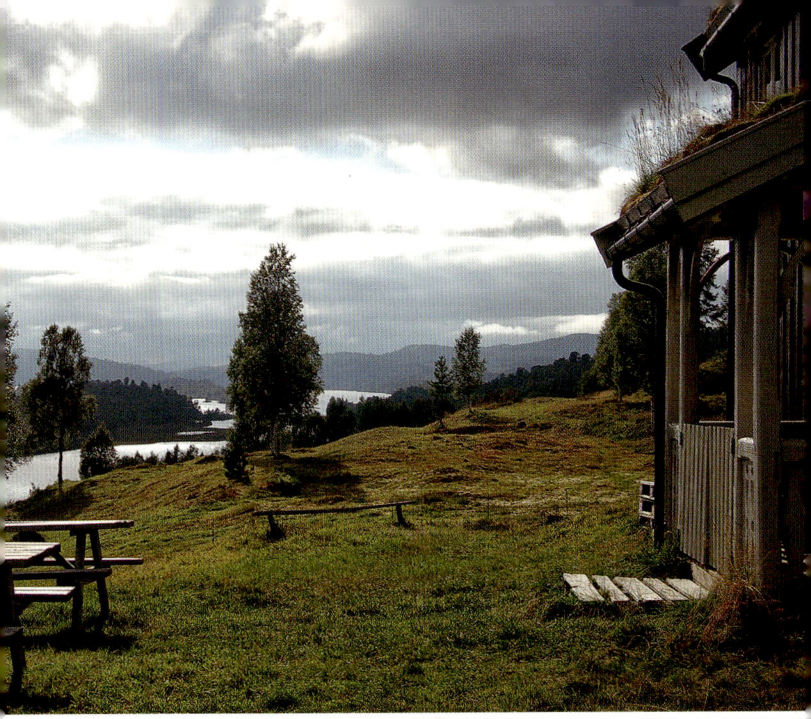

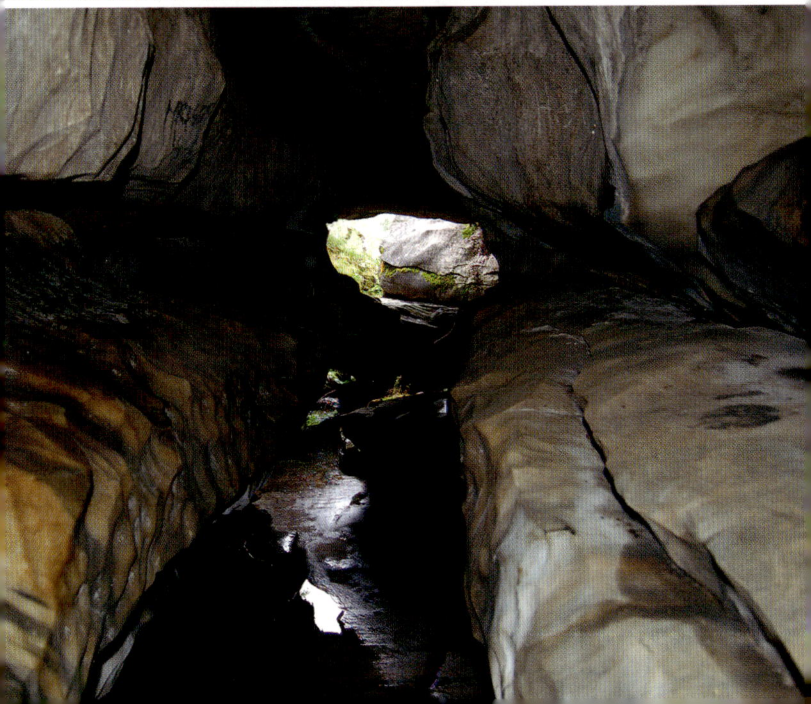

mitunter das Umgehen hartnäckiger Feuchtgebiete angesagt. Ein Wegstück absolviert man in einem Graben zwischen zwei Moränen, ein anderes am Nordufer eines idyllischen Sees, den die Eigentümer einer modernen Hütte (für sich) entdeckt haben. Überhaupt verteilen in der Gegend mehrere Hütten und quert der Pfad ein Mal eine Spur zu einem Badesteg. Da hier Scharen von Heidel- und Preiselbeersträuchern gedeihen und sich auch die Moltebeeere wohlfühlt, dürfte reiche Beute machen, wer Anfang/Mitte August hier vorbeikommt. Prächtig setzen sich Wollgrasfelder in Szene.

Die Abzweigung zur Limaskjerka sollte nicht ignoriert werden: Anders als der lokale Dialekt es nahelegt, ist das keine Kirche, sondern eine Kalksteingrotte, die ein Bach durchfließt. Bei niedrigem Wasserstand können Kurze angeblich auf der anderen Seite herauskriechen. Weil Tageslicht in die Grotte fällt, wird keine zusätzliche Lichtquelle benötigt, zumindest im vorderen Teil der Grotte.

Das Profil der Etappe ändert sich auf dem Weg nach Süden nicht mehr gravierend, abgesehen von der opulenteren Vegetation seit Holmvatnet. Zwischen den Moränen und Senken bieten lediglich noch eine zu unterquerende und kurz nahe am Pfad verlaufende Stromleitung sowie der holprige, gebührenpflichtige Vestre Nordmarksvegen (5:05).

Der Vestre Nordmarksvegen verläuft von Westen nach Osten, parallel zum tiefer gelegenen Surnadal im Süden und erschließt viele Hütten in der Nordmarka. Eigentlich scheint er am Kreuzungspunkt der Fjordruta als Auftakt eines Tagesausflugs nach Vaulen und zur Grotte genau richtig, ist aber unterwegs für gewöhnliche Fahrzeuge in bedenklichem Zustand sowie mit unbeschilderten Abzweigungen gesegnet, so dass er als Einstiegsort ungeeignet und deswegen nicht auf unserer Übersichtskarte ist.

Rund 13 Kilometer wegen des Untergrunds lange Kilometer sind geschafft, rund 2,5 stehen immer noch bevor. (Es gab schon Überlegungen, diese Distanz durch eine Hütte zwischen Grytbakksetra und Hermannhytta zu entschärfen.)

Das abschließende Teilstück führt noch mal aufwärts auf fast 500 Höhenmeter und kann sich angesichts der zurückgelegten Distanz durchaus ziehen. Vor der Hermannhytta wartet eine stattlichere Anhöhe, die schon von Weitem zu erkennen war, ohne dass die Wandersleute wissen konnten, um welche Marke es sich dabei handelte. Enstprechend großartig ist der Blick zurück vor dem Abstieg zur Hütte: Vaulen ist zu sehen, die Stromleitung ebenso, die Straße nicht, die Moränen sind kaum zu unterscheiden, die Gipfel rundum eindrucksvoll, vor allem im Süden hinter dem Surnadal! Wenige Minuten durch dichter werdendes Gehölz hinab, ist die Hütte erreicht (6:00).

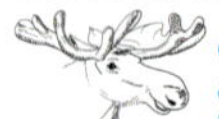

Offiziell heißt die Kalksteingrotte Limåskyrkja, die Schreibweise Limaskjerka auf den Hinweisschildern vor Ort entspricht dem lokalen Dialekt (= Reden und Schreiben, wie einer/m der Mund gewachsen ist, siehe auch Seite 188).

Etappe 18:

Hermannhytta – Sætersetra

ORIENTIERUNG

◎ **SÜDLICHE FJORDRUTA**, auf unserer Übersichtskarte siehe im Sektor F 4.

◎ **KARTEN**: Turkart Fjordruta sowie Norge-serien Nr. 10084 (Surnadal). Beide Karten geben den wirklichen Routenverlauf nicht korrekt wieder: Der Pfad verlässt die Hermannhytta in gerader Linie nach Süden, während die Karten erst einen Schwenk gen Osten vorgaukeln. Und dort wo die Route im Surnadal eintrifft, führt ein zuwuchernder Forstweg ins Tal, während die Karten nahelegen, dass eine Nebenstraße am Hang den Pfad aufnimmt. – Allgemeine Karten-Info siehe Seite 19 f.

◎ **MARKIERUNG**: gut, auch in Blau.

PROFIL

◎ **DAUER**: ca. 2:15 Stunden für fast 6 km Distanz, ohne Pausen.

◎ **SCHWIERIGKEITSGRAD**: leicht, falls man einige Etappen gegangen ist. Steiler Pfad zur Sætersetra.

◎ **TERRAIN**: Wald, Forstwege und Straßen, kaum Fjellpassagen.

◎ **TRINKWASSER**: mitnehmen.

◎ **BESONDERES**: Im August sind gewaltige Mengen an Heidelbeeren (Richtung Sætersetra nach Verlassen des dichten Walds) und Himbeeren (von der Hermannhytta aus kurz vor Erreichen des Surnadals) zu ernten. – Die Sætersetra dient als Musterbeispiel, wie sich die Vegetation verändert, nachdem Almwirtschaft aufgegeben worden ist.

◎ **ERLEBNISWERT**: ☺😐😐 (= eher bescheiden) wegen des hohen Anteils an Forstwegen und Straßen bis zum steilen Anstieg gen Sætersetra. Als Auftakt jedoch gut geeignet und in diesem Zusammenhang höher im Erlebniswert einzuschätzen.

◎ **ALTERNATIVROUTE**: Wer schon einige Etappen gegangen und gut in Form ist, kann auf die Übernachtung in der Sætersetra verzichten und direkt zur Hütte Vindølbu laufen, Ziel der Etappe 19.

◎ **START**: Hütte Hermannhytta (siehe Seite 60), Hinweg auf der Etappe 17 (siehe Seite 147). Im Surnadal gibt zudem es die Einstiegsorte E 21 und E 22 (siehe Seite 172).

◎ **ZIEL**: Hütte Sætersetra (siehe Seite 62).

TOURENBESCHREIBUNG

Die kürzeste Fjordruta-Etappe führt in großen Anteilen über (mehr oder weniger) genutzte Forstwege sowie im Surnadal auch über Straßen.

Abschied nehmend von der Hermannhytta, ist fürs Erste der übliche Pfad angesagt, indem es die grüne

Senke hinab geht, die so schön von der Hütte aus gen Süden zu überblicken ist. Der Wald wird dichter, ein mit Farnen und Birkengestrüpp bewachsener steilerer Hang ist zu meistern, ein ehemaliger Karrenweg wird gekreuzt, bevor sich der Pfad auf einem breiten, zuletzt zuwuchernden Forstweg fortsetzt und schließlich in eine Lichtung mündet, wo vor wenigen Jahren Holzeinschlag stattfand. Hier knickt die Route rechts ab.

Diese Talseite wird nach Westen wie nach Osten von etlichen Forstwegen durchzogen, um aktiv Holzwirtschaft zu betreiben. Insofern ist es möglich, dass die Wege, über die die Fjordruta bis zum Surnadal nun verläuft, streckenweise von brachialen Maschinen wie Holzvollerntern kräftig umgepflügt sind; was für das Vorwärtskommen der Wanderer alles andere als angenehm sein kann, wenn sie über querliegendes Gehölz und matschige Pfützen steigen müssen. Anfangs eher eben, geht es mit zunehmender Dauer steiler hinab, streckenweise flankiert von dichtem Urwald beidseits, wo Findlinge von Moos überwuchert ihr stattliches Alter andeuten.

Dann biegt die Route nach links in ein »verwunschenes« Waldstück ein, wo der Moosteppich ganz nahe an den steil abwärts führenden Pfad heranrückt. Er stößt auf eine Lichtung, wo sich Massen von Himbeersträuchern im August für eine Rast empfehlen. Hier bewährt es sich, eine Art Tupperbox mitgeführt zu haben, die flugs für den Nachtisch zum Abendessen geräumt werden kann...

Ein letzter Forstwegabschnitt und das Tal ist erreicht, wo auch ein kleiner Parkplatz eingerichtet wurde, unser Einstiegsort E 22 (0:55).

Nun gilt es auf Nebenstraßen auf die andere, die südliche Talseite zu gelangen: Es gibt zwei Brücken über den Fluss Surnadalselva: eine östlich bei Solem, eine westlich. Bei der Recherche war die einspurige Brücke bei Solem markiert, auf der Straße 65 führte die Markierung zwischen Leitplanke und Böschung entlang, war aber inzwischen weitgehend zugewachsen. Auf der KNT-Website unter »Ruter« steht eine aktuelle Karte, die ab Ankunft im Tal die Wanderer nach rechts weist, über die westliche Hängebrücke; diese wurde mittlerweile modernisiert und ist wieder begehbar. Diese Route über die Hängebrücke darf zwar nicht beschildert werden, da sie über den Hof Skjermoen führt – das Wandern auf ihr kann allerdings nicht untersagt werden. Insofern kann nichts schief gehen: Die Solem-Ostroute ist 1,8 km lang, die Westroute ca. 200 m kürzer, ein Feldweg führt hier zu der Brücke.

An der Str. 65 angekommen, dort wo der Campingplatz Øvre Sæter nett an einer Flussschleife liegt, befindet sich (aus Westen!) rund 200 m hinter dem Camping-Hinweis rechts an der Straße 65 eine verkehrsberuhigende Nebenweg-Schleife beim Hof Seterøya, wo der Einstieg gen Sætersetra deutlich markiert und auch ein Park-

Oben ein zuwachsender Forstweg auf dem Weg von der Hermannhytta ins Surnadal; prima, wer ein Behältnis hat, um Beeren für den abendlichen Nachtisch zu sammeln. Unten der finale Anstieg zur Sætersetra, begleitet von Wasserfällen (siehe Seite 156). ▶

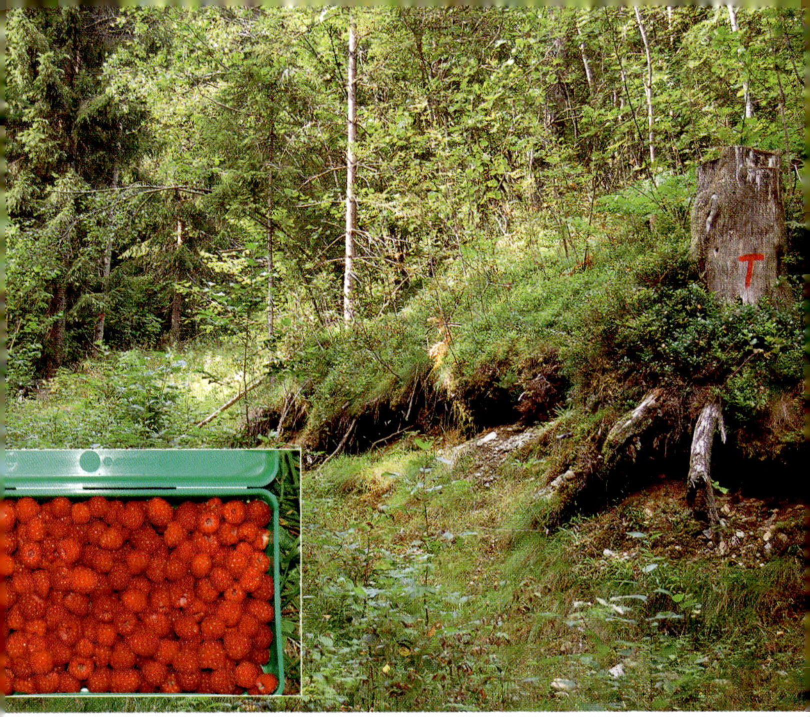

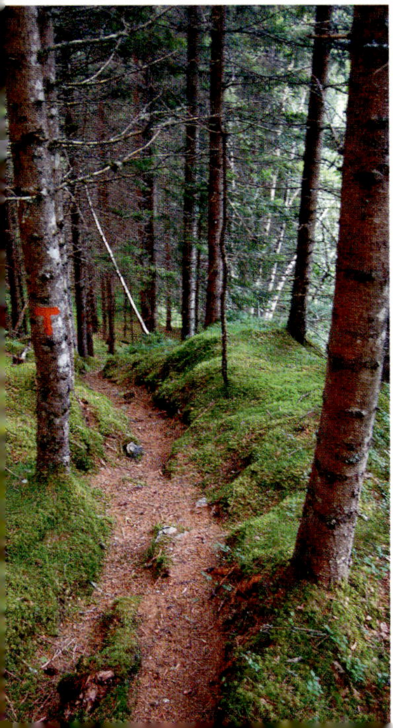

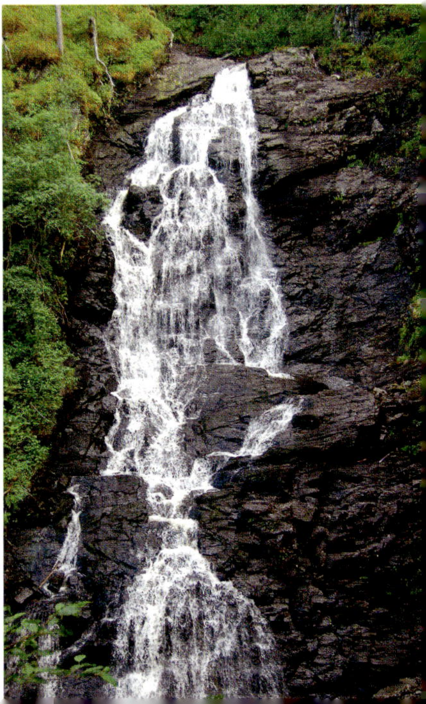

platz vorhanden ist (1:20). Die Bushaltestelle Vindøla, unser Einstiegsort E 23, befindet sich rund 3 km weiter westlich an der Str. 65. Allerdings sollte es auch möglich sein, hier in Øvre Sæter einzusteigen oder auszusteigen, sofern man sich mit dem Chaffeur des Nettbuss Ekspress (siehe Seite 183) arrangiert bzw. überzeugend genug Handzeichen gibt.

Der Aufstieg startet auf einem früheren Traktorweg, anfangs breit, jedoch recht bald zugewachsen. Fast brusthoch geht es durch Sträucher und Farne und in dichteren Wald hinein. Der Untergrund ist angenehm zu begehen, bester Waldboden, mal steinig, mal als Folge der Wanderer mit offen liegenden Wurzeln, dort gilt es aufzupassen. Linker Hand rauscht es kräftig, begleitet den Aufstieg ein Sturzbach, der ein paar Wasserfälle bildet; im Frühsommer zeigen diese sich prächtiger als erst im August. Es ist dunkel in dem Waldstück, selbst bei Sonnenschein fällt hier nur wenig Licht ein, gute Bedingungen für für satt grüne Moosteppiche. Es geht steil, mitunter sehr steil aufwärts, unterbrochen von wenigen halbwegs ebenen Passagen. Einen solchen Aufstieg gibt's kein zweites Mal auf der Fjordruta, auch nicht zu vergleichen mit dem ab Vinjeøra Richtung Sollia und Storfiskhytta.

Deshalb ist es auch schade, wenn der Pfad den dunklen Wald verlässt, um auf einer Lichtung einzutreffen. Andererseits: Hier gedeihen Massen von Heidelbeersträuchern, so dass beglückt sein darf, wer das Angebot der Himbeeren vorhin kurz vor dem Surnadal ausgeschlagen hat. Auf der Lichtung wird ein Zufluss des Wildbachs gequert, danach folgt Wiese mit feuchtem Untergrund, anschließend geht's in offenem Terrain über Moränen und durch Senken mit Laufen »wie auf einem Schwamm«, die Steigung ist verträglich.

Ein Weg am Hang ist so breit, dass es sich wieder um einen ehemaligen Karrenweg handeln dürfte – bleibt die Frage, wie das Gefährt von hier nach unten gelangt ist. Die Steigung wechselt auf diesem Abschnitt zwischen mal kräftig, mal harmlos, der Weg ist plötzlich wieder schmal, das Surnadal erscheint unterhalb. Dann wird eine Stromleitung unterquert.

Die Vegetation ist üppig: Blumen, hoch wachsende Sträucher und immer wieder Heidelbeeren, zwischendurch sogar Moltebeeren. Der Pfad hält auf den 809 m hohen Bollen zu, den es im Rahmen der letzten Etappe zu besteigen gilt.

Ein Wegweiser »Sætersetra«, hier scheint eine nicht mehr beweidete Almwiese zuzuwachsen. Kurz darauf ist die zugehörige niedliche Almhütte erreicht, die heute im Dienst der Wandersleute steht (2:15).

Etappe 19:

Sætersetra – Vindølbu

ORIENTIERUNG

◎ **SÜDLICHE FJORDRUTA**, auf unserer Übersichtskarte siehe im Sektor F 4 und F 5.

◎ **KARTEN**: Turkart Fjordruta sowie Norge-serien Nr. 10084 (Surnadal). Die Darstellung der Umgehung des Grytvatnet ist nicht korrekt. – Allgemeine Karten-Info siehe Seite 19 f.

Die KNT-Website zeigt unter »Ruter« eine aktualisierte Karte, die in erster Linie auf die Alternativroute im Vindøldal verweist.

◎ **MARKIERUNG**: gut, auch in Blau.

PROFIL

◎ **DAUER**: ca. 4:45 Stunden für ca. 10,9 km Distanz, ohne Pausen. In regenreichen Perioden sind Watpassagen nicht auszuschließen; bei der Recherche standen keine an.

◎ **SCHWIERIGKEITSGRAD**: mittel. Die 500 Höhenmeter zum Bollen sowie die Hangpassage nach Vindølbu bei großer Feuchtigkeit können, zusammen genommen, für Untrainierte durchaus anstrengend sein.

◎ **TERRAIN**: Wald, Fjell, besonders gen Vindølbu viele Feuchtgebiete.

◎ **TRINKWASSER**: Bäche und Seen unterwegs.

◎ **BESONDERES**: Der 809 m hohe, rundliche Gipfel des Bollen (Bollinn/Bollin lt. Dialekt) liegt an der Route.

◎ **ERLEBNISWERT**: ☺☺😐 (= hoch) dank des abwechslungsreichen Profils mit einem Gipfelsturm inklusive Panorama.

◎ **ALTERNATIVROUTE**: Das letzte Teilstück Richtung Vindølbu verläuft an einem Hang, über den einiges an Wasser abfließt, das sich mitunter in den Feuchtgebieten anstaut und die Bäche anschwellen lässt. In regenreichen Perioden kann es von Vorteil sein, nach dem Abstieg vom Bollen den Fahrweg im Vindøldal der Route am Hang vorzuziehen. Hierzu hält man sich an der betreffenden Wegkreuzung Richtung »Vindølbu Veg«.

◎ **START**: Hütte Sætersetra (siehe Seite 62), Hinweg auf Etappe 18 (siehe Seite 153), alternativ Einstiegsort E 23 (siehe Seite 173).

◎ **ZIEL**: Hütte Vindølbu (siehe Seite 64).

TOURENBESCHREIBUNG

Die Tour beginnt mit dem Überqueren von drei Wasserläufen, die ersten beiden schmal und der dritte breiter, in nördlicher Richtung, dort wo der 809 m hohe, rundliche Bollen-Gipfel als Tageshöhepunkt wartet.

Allerdings ist das Teilstück direkt nach den Bachüberquerungen mehr als nur ein Einlaufen, eher ein kleiner Höhepunkt für sich. Stände auf der Packliste eine Machete, dann würde sie sich jetzt als begründet erweisen: »Mannshoch« durch Farne führt der Pfad streckenweise steil einen Hang hinauf. Der permanent abgedeckte Untergrund ist meistens feucht und vor allem steinig, so dass Trittfestigkeit gefragt ist – die Knöchel werden es danken. Der Zustand des Pfads ist Anzeichen, dass diese Route relativ selten begangen wird (was auch die Übernachtungszahlen der Sætersetra nahelegen) – wobei Losung auf dem Gestein zumindest vierbeinige Benutzer nachweist.

Wenn die Route einem lichteren Hang folgt und das Rauschen immer lauter wird, steht eine Szenenwechsel bevor: Das Rauschen erzeugt der Ausfluss des Sees Grytvatnet, dort wo ein betagtes Mäuerchen eine Regulierung des Gewässers in früheren Zeiten dokumentiert.

Der über große Flächen mit Gräsern sowie Wasserpflanzen zuwachsende See ist auf einer Schleife nach Osten zu umgehen, der Pfad verläuft möglichst ufernah und hat feuchte Zonen und Felshügel zu bewältigen, wobei mitunter zu improvisieren ist.

Wenn der Pfad sich nach Norden wendet sowie anzusteigen beginnt, ist das Gröbste geschafft. Die Karten vermitteln einen Bogen, der weiter vom Grytvatnet entfernt ausholt, als die tatsächliche Route verläuft. Diese überquert einen ersten Wildbach und begleitet den nächsten bergauf. Unterwegs liegen blanke Felsbahnen reichlich fotogen im Bachbett (0:50). Nach dem Überqueren des zweiten Wildbachs nimmt der Pfad in buschigem, nicht baumlosem Terrain allmählich Kurs auf den breiten Bollen, allerdings dankenswerterweise nicht frontal, sondern indem er eine Flanke schräg den Berg hinauf ausnutzt. Dennoch: Es sind seit ca. 300 Höhenmeter zu nehmen bzw. ab Sætersetra 489 m, ab Grytvatnet 385 m, alles zusammen eine ziemlich fordernde erste Etappenhälfte: eventuell Trinkwasser am zweiten Bach auffüllen.

Als Gegenleistung wird – erwartungsgemäß – die Aussicht ständig besser, bis zum Erreichen des letzten Bogens zum Gipfel nur Richtung Süden zum Surnadal und nach Osten auf eine Art Hochtal. Dann ist es geschafft, macht der Pfad besagten Bogen und öffnet sich die Sicht auf das breite Vindøldal. Jedoch lohnt es, in den Felsmulden nach zähen Pflänzchen zu lugen, die farbige Akzente in rauer Höhe setzen. Die Fjordruta passiert direkt den höchsten Punkt, wo Gipfelstürmer sich in einem Notizbuch verewigen (1:45).

Dutzende Gipfel ringsum und der Surnadalsfjord im Westen sind weiterer Lohn für den Aufstieg. Für den besten Talblick muss man näher an den Mast heran. Unten im Vindøldal lässt sich die Mautstraße verfolgen, die aus dem Surnadal parallel zum Fluss Vindøla heraufführt, der an vielen Stellen von weiteren Flüsschen und Bächen gespeist wird; auch ein Wasserfällchen ist von oben erkennbar, dort wo der Fluss die Straße unterquert. Als Folge der Gewässerre-

Aufstieg durch hohe Farne und am zuwachsenden Grytvatnet vorbei Richtung Bollen. ▶

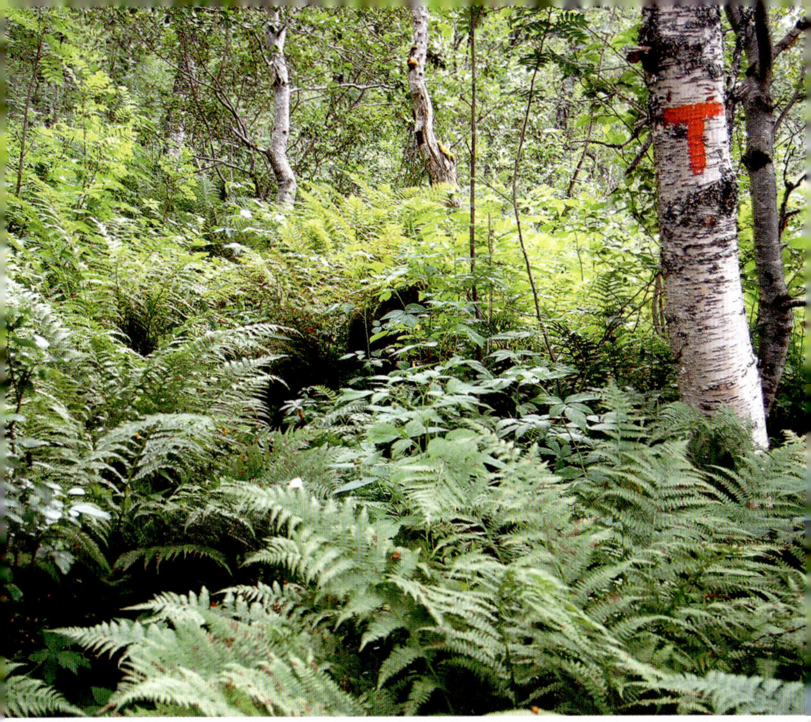

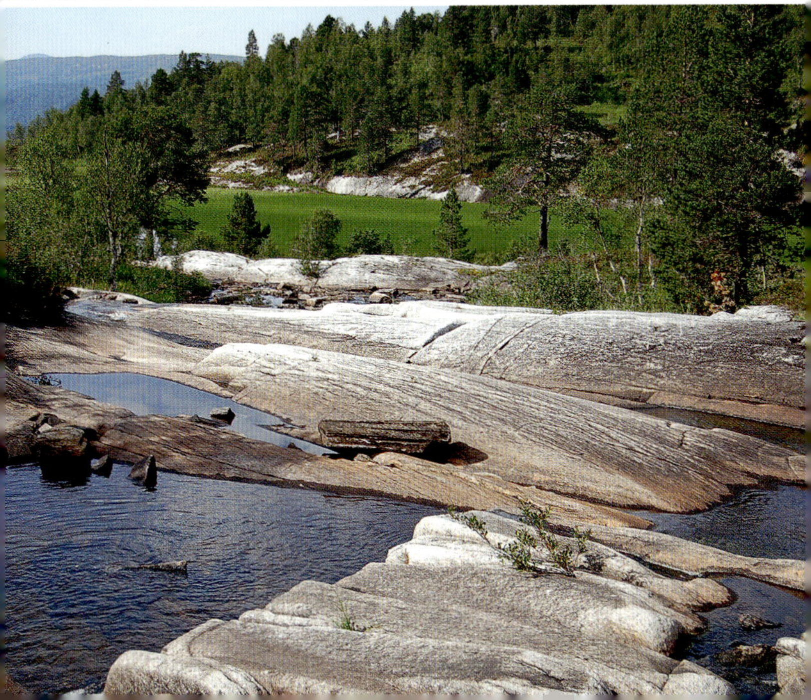

gulierung, um Strom durch Wasserkraft zu erzeugen, ist die Wasserführung im Vindøldal teilweise um die Hälfte gedrosselt.

Wenn der Abschied von der zugigen Höhe genommen ist, geht man vom Steinmann auf dem Gipfel nach Südosten, wo der Pfad auf steinigen, bemoosten Rücken verläuft oder sie quert. Dazu prägen Flechten, Gräser, Polsterstauden und Zwergsträucher die Vegetation, vereinzelt behaupten sich niedrig wachsende Kiefern.

Nimmt die Route Kurs auf Süden, wird es steiler. Wie auf schrägen Terrassen geht es abwärts, in trockenen Perioden ist hier oben ein einziger Bach aktiv. Die Baumgrenze in Sicht, mehren sich Feuchtgebiete mit Wollgrasfeldern.

Mit dem Passieren der ersten Hütten wird der Pfad zu einer Art Luxusweg, dort wo Holzbohlen-Stege den Hütteneignern trocken-bequem das Hin und Zurück erleichtern. An einer kleinen betagten, unverschlossenen Hütte, der Gjetarhytta, kann man ins Vindøldal zur Straße absteigen oder auf der Fjordruta am Hang entlang zum Ziel Vindølbu laufen. In nassen Perioden erweist sich die Straße als Rettung, wenn der Hang sozusagen unter Wasser steht – Nachschub liefern die Berge im Osten (3:00).

Das abschließende Teilstück kann bei Sonnenwetter eine Freude sein, ist aber trotz geringer Höhenunterschiede nicht zu unterschätzen. Zu Beginn dominieren Feuchtgebiete in Senken, später Heidevegetation mit Legionen von Heidelbeerfeldern sowie Mischwald, mal lichter, mal dichter. Findlinge und Passagen inmitten hochwachsende Farne sorgen für einige Abwechslung, ebenso die zahlreichen Bäche. Es gilt Augen und Ohren offen zu halten, denn die dünnsten Bächlein verlaufen unter Moospolstern und könnten schmerzhafte Fehltritte verursachen. Bei der Überquerung von Bächen geben die Markierungen die besten Stellen an. Nur als Ausnahme hilft ein Steg.

Als Markierung dient eher selten das vertraute Rot, gesellen sich blauweiße Kleckse und Pfosten mit Spitze in Blau hinzu, wohl basierend auf dem lokalen Wegenetz. Viel los ist allerdings nicht, der Pfad streckenweise kaum zu erkennen. Dafür nehmen die Hütten an Zahl zu, stehen für norwegische Verhältnisse mancherorts eng beieinander. In freiem Gelände ergeben sich viele schöne Talblicke.

Wenn der Pfad hinter einem dichteren Wald stärker an Höhe verliert und ein Weidezaun auf einer Treppe zu übersteigen ist, befindet man sich auf dem Areal der Alm Røstasetra, die im Sommer für ein paar Wochen auflebt, eine der wenigen verbliebenen. Eine Brücke führt über ein Flüsschen und ein Fahrweg zur Straße (4:15).

Mit der zweiten Weidezaun-Treppe beginnt das Schlussstück, wofür eine leichte Steigung zu absolvieren ist. Die Hütte Vindølbu liegt hübsch am Hang und verfügt ebenfalls über einen Direktweg zur Straße (4:45).

Oben die Aussicht vom Bollen nach Osten, links Øvre Surnadal, das obere Surnadal. Unten Bohlenweg im Feuchtgebiet und Treppe zum Übersteigen eines Weidezauns. ▶

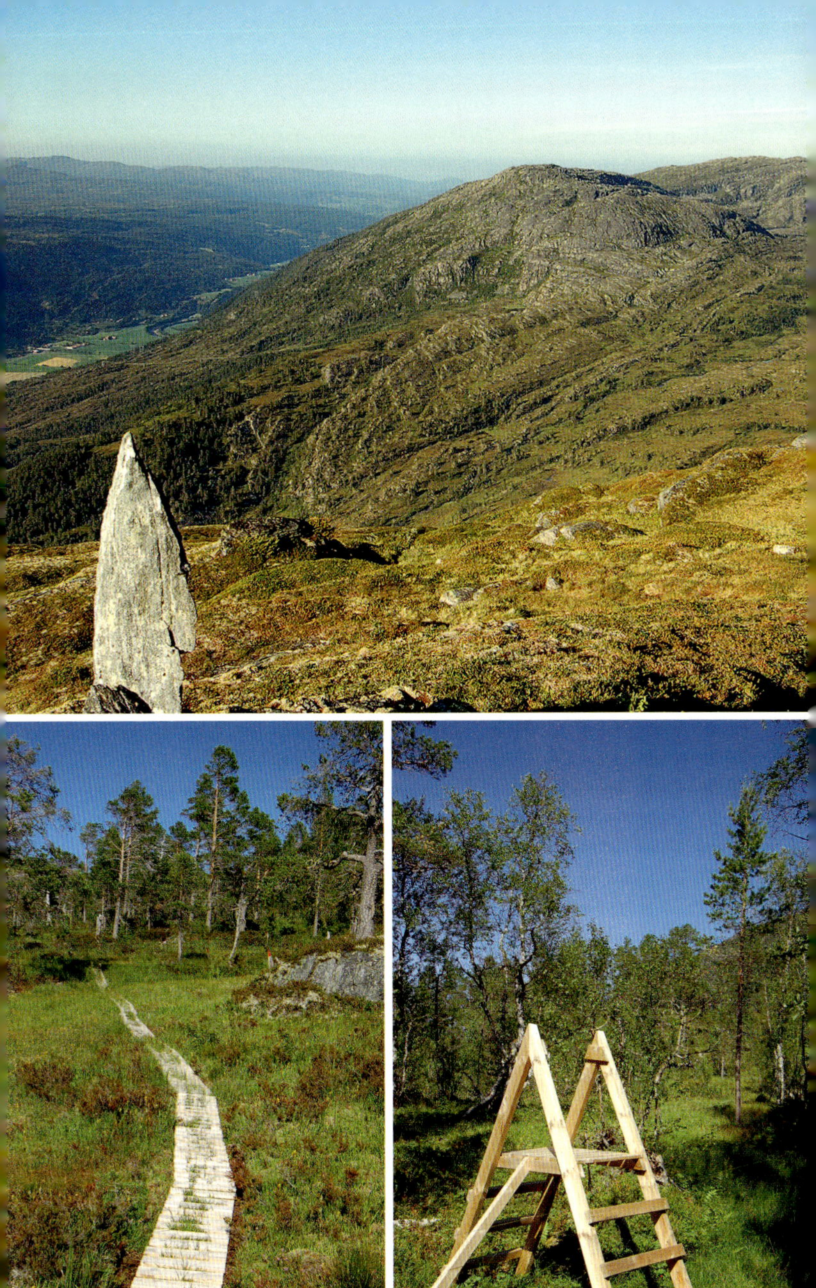

Geilhaugen

23 x Einstieg in die Fjordruta

		Parken	Rundtour
E 1: Flughafen Kvernberget	ja	nein	ja **
E 2: Fähranleger Tømmervåg	ja	ja	ja **
E 3: Gullstein	ja	bedingt	ja **
E 4: Hundhammarenveg	nein	ja	nein
E 5: Nersetra Parkplatz Str. 682	nein	ja	nein
E 6: Giset	ja	nein	ja **
E 7: Aure/Kjelklia	ja	bedingt	ja **
E 8: Aure/Tverrbotnen	nein	ja	nein
E 9: Klakkansetra	nein	ja	ja
E 10: Todalssetra	nein	ja	nein
E 11: Vinjeøra Parkplatz Sollia	nein	bedingt	ja
E 12: Vinjeøra Parkplatz Storlisetra	nein	ja	ja
E 13: Staurset/Opsalvatnet	nein	ja	ja
E 14: Øygarden	nein	ja	ja
E 15: Bæverdal/Myrholten	nein	ja	ja
E 16: Bæverdal/Sæterbø	nein	ja	ja
E 17: Valsøybotn	nein	ja	ja
E 18: Settemsdal Parkplatz Str. 65	nein	ja	nein
E 19: Megårdsvatnet	nein	ja	nein
E 20: Halsa/Parkplatz	ja *	ja	ja **
E 21: Surnadal/Parkplatz	nein	ja	nein
E 22: Surnadal/Vindøla	ja	nein	ja **
E 23: Vindøldal	nein	ja	ja

* = Fußweg zwischen Bushalt und Einstiegspunkt gut 2 km.

Parken bedingt = Rücksicht auf Anwohner nehmen.

** = Rundwanderung nur mit Bustransfer möglich.

Einstiegsorte

Der besseren Übersicht wegen unterscheide ich in nördliche und südliche Fjordruta. Trennungslinie ist das Fjordband entlang der Europastraße 39, das im Osten mit der Ortschaft Vinjeøra am Vinjefjord endet.

Nördliche Fjordruta

E 1: FLUGHAFEN KVERNBERGET

◎ **KARTEN**: Turkart Fjordruta sowie Norge-serien 10083 (Kristiansund). – Auf unserer Übersichtskarte im Sektor A 3.

◎ **BUSHALT**: ja – Bus 821 zwischen Kristiansund und Aure (s. Seite 183), Lokalbus nach Kristiansund-City.

◎ **PARKEN**: nein.

◎ **EINSTIEG**: Start in die Etappe 1.

◎ **TOURENVORSCHLÄGE**: No. 2.1 (siehe Seite 175), 3.1 (siehe Seite 176), 4.1 (siehe Seite 177), 5.1 (siehe Seite 179), 6.1 (siehe Seite 179).

E 2: FÄHRANLEGER TØMMERVÅG

◎ **KARTEN**: Turkart Fjordruta sowie Norge-serien 10083 (Kristiansund). – Auf unserer Übersichtskarte im Sektor B 3.

◎ **BUSHALT**: ja – Bus 821 zwischen Kristiansund und Aure (s. Seite 183).

◎ **PARKEN**: ja.

◎ **EINSTIEG**: sofort in die Etappe 1.

◎ **TOURENVORSCHLÄGE**: Tagestour (siehe Seite 174), ferner No. 2.1 sowie als Verkürzung aller unter E 1 genannten weiteren Varianten; bei Bedarf den Busfahrplan beachten.

E 3: GULLSTEIN

Die kleine Ortschaft Gullstein liegt an der Ostseite der Insel Tustna.

◎ **KARTEN**: Turkart Fjordruta sowie Norge-serien 10088 (Smøla). – Auf unserer Karte im Sektor B 2.

◎ **BUSHALT**: ja – Bus 821 zwischen Kristiansund und Aure (s. Seite 183).

◎ **PARKEN**: bedingt – Rücksicht auf die lokale Infrastruktur nehmen, kein extra markierter Parkplatz für Fjordruta-Wanderer.

◎ **EINSTIEG**: sofort in die Etappe 3.

◎ **TOURENVORSCHLÄGE**: Tagestour (siehe Seite 174), ferner No. 2.1 (siehe Seite 175) und 3.1 (siehe Seite 176); dazu Busfahrplan beachten.

E 4: HUNDHAMMARENVEG

Die gebührenpflichtige Nebenstraße zweigt im Nordwesten der Insel Ertvågsøya von der Str. 680 landeinwärts ab; sie passiert die Hütte Imarbu und mündet in eine andere, nicht mautpflichtige Nebenstraße, die im Norden bei Vinsternes ebenfalls von der Str. 680 abzweigt und zur mautfreien Anfahrt taugt. – Die Fjordruta verläuft über Imarbu auf dem kompletten Hundhammarenveg.

Die Tourenvorschläge ab Seite 174 repräsentieren eine empfehlenswerte Auswahl. Eine 2 vor dem Punkt bedeutet 2-Tagestour, eine 3 vor dem Punkt 3-Tagestour usw. Weitere Informationen folgen auf der verwiesenen Seite.

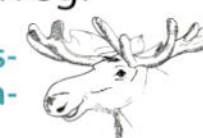

◎ **KARTEN**: Turkart Fjordruta sowie Norge-serien 10088 (Smøla) u. 10089 (Kyrksæterøra). – Auf unserer Übersichtskarte im Sektor C 2.

◎ **BUSHALT**: nein.

◎ **PARKEN**: Dort wo beide Nebenstraßen zusammentreffen, ist genug Platz zum Parken, zwischen See und Straße. Hier führt die Fjordruta direkt vorbei (und ist die Mautstation).

◎ **EINSTIEG**: sofort in die Etappe 4, praktisch wegen der Nähe zur Hütte Imarbu, die über einen eigenen, sehr begrenzten Parkplatz auf dem Hundhammarenveg verfügt.

E 5: PARKPLATZ NERSETRA AN DER STRAẞE 682

◎ **KARTEN**: Turkart Fjordruta sowie Norge-serien 10089 (Kyrksæterøra). – Auf unserer Karte im Sektor D 2.

◎ **BUSHALT**: nein.

◎ **PARKEN**: ja – ca. 2,2 km nördlich der Abzweigung nach Ålmo.

◎ **EINSTIEG**: Schlussteil Etappe 4. Start Etappe 5 an der Hütte Nersetra rund 700 m bergaufwärts.

◎ **TOURENVORSCHLÄGE**: Tagestour (hin und retour, siehe Seite 174).

E 6: GISET

Der Weiler Giset liegt im Nordosten der Insel Ertvågsøya an der Str. 680, bei Kreisel und Brücke nach Rottøya (Richtung Aure nach Osten).

◎ **KARTEN**: Turkart Fjordruta sowie Norge-serien 10089 (Kyrksæterøra). – Auf unserer Karte im Sektor D 2.

◎ **BUSHALT**: ja – Bus 821 zwischen Kristiansund und Aure (s. Seite 183).

◎ **PARKEN**: nein.

◎ **EINSTIEG**: sofort in die Etappe 5.

◎ **TOURENVORSCHLÄGE**: Tagestour (hin und zurück, siehe Seite 174) sowie No. 5.1 (siehe Seite 179); dazu Busfahrplan beachten.

E 7: AURE/KJELKLIA

Am Kreisel bei Kjelklia muss vorbei, wer nach Aure will. Wer aus Westen über die Str. 680 kommt, hält sich im Kreisel geradeaus und findet sich in einem etwas ungepflegt wirkenden Industriegebiet wieder.

◎ **KARTEN**: Turkart Fjordruta sowie Norge-serien 10089 (Kyrksæterøra). – Auf unserer Karte im Sektor D 1.

◎ **BUSHALT**: ja – Bus 821 zwischen Kristiansund und Aure (s. Seite 183) hält bei Bedarf draußen am Kreisel, keine 400 m vom Einstieg entfernt.

◎ **PARKEN**: bedingt – Raum gibt es, aber keine ausgewiesenen Parkplätze (für Fjordruta-Wanderer). Darum sollte man darauf achten, die Zufahrten der hier ansässigen Firmen nicht zu beeinträchtigen.

◎ **EINSTIEG**: sofort in die Etappe 5. In Kjelklia endet das Mittelstück von Etappe 5 (über die Straße 680).

◎ **TOURENVORSCHLÄGE**: Tagestour (hin und retour, siehe Seite 175).

E 8: AURE/TVERRBOTNEN

Die Nebenstraße ins Aurdal, das sich östlich von Aure erstreckt, ist ab der Einfahrt ins überschaubare Zentrum von Aure ausgeschildert: »Rovangen Parkering 6 km«. Im Zentrum Bushalt und Parkplätze für Einkäufer.

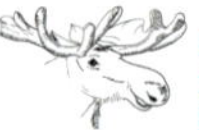

Die Einstiegspfade sind überwiegend gemäß Fjordruta-Standard gut markiert. Dort wo die Markierung den Standard nicht einhält, weist der Info-Block zum Einstiegsort ausdrücklich darauf hin.

◎ **KARTEN**: Turkart Fjordruta sowie Norge-serien 10089 (Kyrksæterøra). – Auf unserer Karte im Sektor E 1.

◎ **BUSHALT**: Buspassagiere fahren normalerweise nur bis Kjelklia. Wer jedoch Proviant ergänzen will, fährt bis Aure / Zentrum; Weiterkommen zum Einstiegsort Tverrbotnen siehe Seite 85 unter »Besonderes«.

◎ **PARKEN**: ja – wenn der Weg ins Aurdal bereits durch Wald führt, immer schmaler geworden und an einer Mautstelle (nur für den Verkehr geradeaus) eingetroffen ist.

◎ **EINSTIEG**: zur Hütte Rovangen, ca. 1 Stunde für ca. 2,3 km Distanz. An der Kreuzung den Schotterweg in Richtung Rostolen hinauf, bis zum Parkplatz eines Hüttengebiets. Hier regionaltypischer Einstieg ins Fjell: steiniger Hang zwischen Farnen, an die Baumgrenze heran, Heidekraut und Feuchtgebiete. Der Pfad hält auf den langen Rücken des Rostolen zu, nimmt Kurven, vorbei an einem Plateau mit weiteren Hütten, sucht sich einen breiten Sattel, eine Kuppe und die Hütte am Rostolvatnet erscheint. Unterwegs schöne Aussichten nach Westen bis Südosten. Rovangen ist Station der Etappen 6 und 7.

◎ **TOURENVORSCHLÄGE**: No. 6.1 (siehe Seite 179).

E 9: KLAKKAN

Anfahrt ab Aure über Str. 680 sowie (ab Vean) Nebenstraße Richtung Årvåg am Fjordufer entlang. Vor Årvåg rasch zu übersehen, biegt rechts ein Schotterweg ab; ein betagtes Schild am Waldrand erläutert: Klakkan 9 km, Bomvei 800 m, also ein mautpflichtiger Fahrweg: Dieser erreicht hinter den ersten Kurven und Steigungen eine hübsche Hochebene mit Seen und Wäldern auf über 200 m ü.d.M. Im weiteren Verlauf rücken Bergflanken näher, ohne dass das Gelände zu einem geschlossenen Tal wird. Der Fahrweg endet an einem modernen, großen Stall – der heute unbewohnte Flecken heißt Klakkansetra.

◎ **KARTEN**: Turkart Fjordruta sowie Norge-serien 10089 (Kyrksæterøra). – Auf unserer Karte im Sektor E 1.

◎ **BUSHALT**: nein.

◎ **PARKEN**: ja.

◎ **EINSTIEG**: zur Hütte Storfiskhytta, ca. 1:15 Stunden für ca. 2,4 km Distanz bei gut 200 m Anstieg. Eine Brücke überquert den Fluss Tverrelva, worauf der steilste, aber erträgliche Teil des Anstiegs durch lichter werdenden Nadelwald bevorsteht. Über der Baumgrenze wartet leicht hügeliges Terrain mit mehreren Seen, aus denen Binsen ragen, im Abendlicht besonders reizvoll. Vor dem Ziel trifft von rechts der Pfad aus Rovangen im Westen hinzu. Die Storfiskhytta ist Station der Etappen 6, 7 und 9.

◎ **TOURENVORSCHLÄGE**: No. 4.2 (siehe Seite 177).

E 10: TODALSSETRA

Anfahrt ab Aure nach Süden auf Nebenstraße am Fjord entlang bis Todal, weiter auf gebührenpflichtigem Fahrweg bis zu der Schranke vor der Alm Todalssetra, ein Wiesenplatz auf

Die Tourenvorschläge ab Seite 174 repräsentieren eine empfehlenswerte Auswahl. Eine 2 vor dem Punkt bedeutet 2-Tagestour, eine 3 vor dem Punkt 3-Tagestour usw. Weitere Informationen folgen auf der verwiesenen Seite.

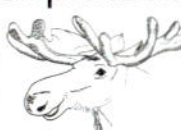

100 m ü.d.M. mit eng stehenden Gebäuden, teils dem Verfall preisgegeben und teils sichtbar gepflegt.

◎ **KARTEN**: Es liegen Blätter in Sollia und Storfiskhytta aus, worauf die markierten Routen verzeichnet sind. Ohne Gewähr! – In den Karten ist die Todalssetra verzeichnet, fehlen aber die Routen. Bei uns im Sektor E 2.

◎ **BUSHALT**: nein.

◎ **PARKEN**: ja.

◎ **EINSTIEG**: zur Hütte Sollia, etwa 2 Stunden für ca. 4,8 km Distanz. Mit Birkenallee beginnender steiler Anstieg, zunächst auf Forstweg, feiner Blick nach Westen aufs Todal, dann über streckenweise feuchtes Hochland nach Sollia über dem Vinjefjord.

◎ **TOURENVORSCHLÄGE**: No. 3.3 (siehe Seite 176) unter Vorbehalt.

E 11: VINJEØRA PARKPLATZ AM PFAD RICHTUNG SOLLIA

◎ **KARTEN**: Turkart Fjordruta sowie Norge-serien 10089 (Kyrksæterøra). – Auf unserer Karte im Sektor F 2.

◎ **BUSHALT**: nicht praktikabel.

◎ **PARKEN**: ja – aber keine ausgewiesenen Flächen; darum Rücksicht auf die Anwohner nehmen. Anfahrt in Vinjeøra: ab Europastraße E 39 aus Westen links Strandvejen, rechts Vinjebakken, links Geilhaugen und weiter am Hang entlang, markiert.

◎ **EINSTIEG**: sofort in die Etappe 7. Außerdem möglicher, verkürzender Start in die Etappe 8.

◎ **TOURENVORSCHLÄGE**: Tagestour (hin und retour, siehe Seite 175), ferner No. 3.2 (siehe Seite 176).

Südliche Fjordruta

E 12: VINJEØRA PARKPLATZ AM PFAD RICHTUNG STORLISETRA

◎ **KARTEN**: Turkart Fjordruta sowie Norge-serien 10089 (Kyrksæterøra); für die Touren nach Süden wird auch 10084 (Surnadal) benötigt. – Auf unserer Übersichtskarte Sektor F 2.

◎ **BUSHALT**: nicht praktikabel.

◎ **PARKEN**: ja – eigener Parkplatz. Anfahrt in Vinjeøra: ab Europastraße E 39 aus Westen nach Passieren des Bootshafens eine Linkskurve, vorbei am aufgegebenen Laden linker Hand und dahinter gleich rechts Abzweig mit Parkplatz, markiert.

◎ **EINSTIEG**: sofort in Etappe 7 und Etappe 8.

◎ **TOURENVORSCHLÄGE**: No. 3.4 (siehe Seite 176), 4.3 (siehe Seite 178).

E 13: STAURSET/OPSALVATNET

Die zwei ineinander übergehenden Weiler Staurset und Opsal liegen am Südufer des Vinjefjords.

◎ **KARTEN**: Turkart Fjordruta sowie Norge-serien 10089 (Kyrksæterøra); für die Touren wird auch 10084 (Surnadal) benötigt. – Auf unserer Übersichtskarte im Sektor F 2.

◎ **MARKIERUNG**: wechselhaft, teils gut, teils dürftig, teils nicht existent.

◎ **BUSHALT**: nicht praktikabel.

◎ **PARKEN**: ja – von der Europastraße 39 zweigt an der Schulbushaltestelle ein befestigter Fahrweg rechts ab, der die ersten 250 Meter fast parallel zur E 39 aufwärts führt, flankiert

Abwechslungsreicher Einstieg E 13 vom Opsalvatnet bei Staurset zur Grytbakksetra: Oben der Blick auf den Opsalvatnet, im Hintergrund das Tal von Vinjeøra. Je nach Wetterlage kann das Waten in den Wildbächen des Storbekkdals anspruchsvoll sein. ▶

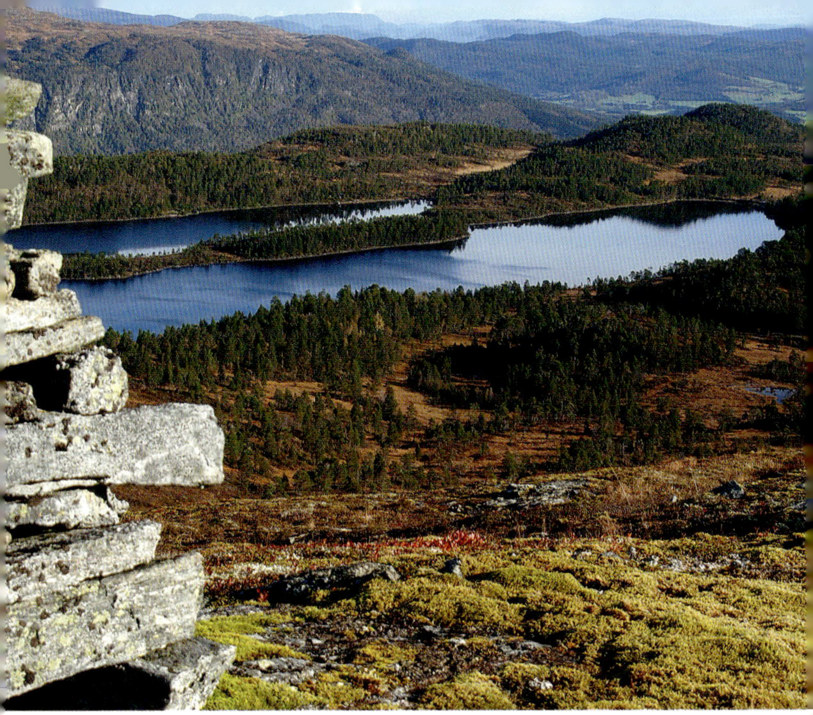

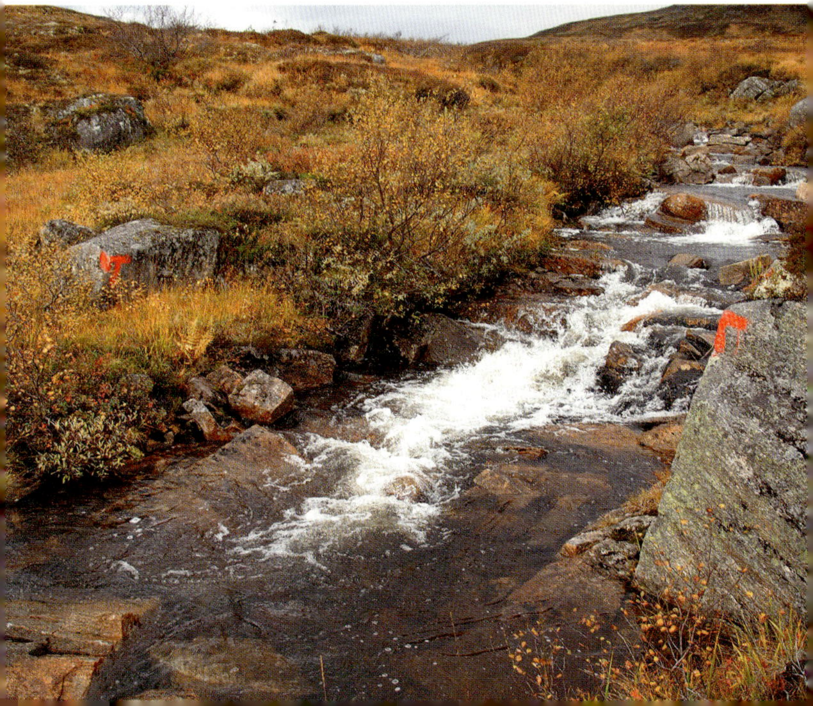

von einem »Heimwerker-Schild« mit der Aufschrift»Opsalhytta«. Es folgen Rechtskurve, (Abzweig) geradeaus, Linkskurve sowie nach 1,2 km vorbei an einigen Höfen ein Abzweig scharf rechts, 750 m steiler bis zur Mautstation des Grønsetvegen und anschließend noch 2,8 km die Mautstraße hinauf bis zum Parkplatz oberhalb des Sees Opsalvatnet (328 m ü.d.M.).

◎ **EINSTIEG** zur **STORLISETRA**: ca. 2:30 Stunden für ca. 7,1 km Distanz. Auf Fortsetzung des Fahrwegs bis zu einer Wegkreuzung, weiter auf dem Fahrweg nach links am Seeufer entlang, später an einem Wildbach mit Wasserfällchen; unterwegs zweigen andere Wege ab, Navigation nur mit Karte, da dieses Wegstück nicht markiert ist. Nach ca. 45 Minuten Einstieg ins Fjell an der Baumgrenze. Markiert bis auf 560 m und am höchsten Punkt des Durmålfjells vorbei zu der Kreuzung mit der Route Grytbakksetra – Storlisetra. Die Storlisetra ist Station der Etappen 7, 8, 10 und 12.

◎ **EINSTIEG** zur **GRYTBAKKSETRA**: ca. 4 Stunden für gut 9 km Distanz. Auf Fortsetzung des Fahrwegs bis zu einer Wegkreuzung, rechts ab sowie bald steil mitten durch die Alm Opsalsetra, streckenweise extrem steil: Im Gegenzug sind 100 Höhenmeter ruckzuck genommen. Im Wäldchen zur Linken steht die erste Furt an, es folgen weitere. Über der Baumgrenze ergeben sich formidable Blicke zurück auf den Opsalvatnet, bis Vinjeøra, weiter nach (Nord-)Westen und hinüber zur Etappe Vinjeøra – Sollia. Inzwischen von den Wildbächen verabschiedet, geht es schräg über einen Hang mit markanten Steinmännern auf über 500 Höhenmeter und dann hinunter zum Storbekkdal. Der Pfad hält sich an dessen Westhang, um den See und die Feuchtgebiete auf dem Talgrund zu umgehen; wofür allerdings einige Wasserläufe zu überqueren sind, die das Storbekkdalsfjell speist. In regenreichen Perioden können die Watpassagen einigen Aufwand erfordern. In südlicher Richtung geht es zur Grytbakksetra, Station der Etappen 11, 12, 13, 17.

◎ **TOURENVORSCHLÄGE**: No. 4.4 (siehe Seite 178). Ist um einen Tag zu verkürzen, indem die Übernachtung in der Storlisetra ausgelassen wird.

E 14: ØYGARDEN

Das Bæverdal (in den Karten: Bøverdal) erstreckt sich zwischen südlicher Fjordruta und Surnadal über 15 Kilometer von Südwesten nach Nordosten. In dem dünn besiedelten Tal mit Asphaltstraße wird noch ein wenig Landwirtschaft betrieben.

◎ **KARTEN**: Turkart Fjordruta sowie Norge-serien 10084 (Surnadal). – Auf unserer Karte im Sektor F 3.

◎ **BUSHALT**: nein.

◎ **PARKEN**: ja – am Ende des Tals geht die Asphaltstraße in einen befestigten Fahrweg über, der an Höhe gewinnt, bevor er nach knapp 1 km mautpflichtig wird. Noch mal 1,9 km und der verlassene Hof Øygarden ist erreicht, 300 m ü.d.M. Parken auf den Grünflächen am Wegesrand.

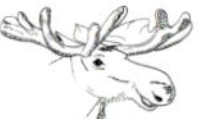

Einstieg ab Staurset: Wer ohne eigenes Fahrzeug ist und ab/bis Staurset laufen will/muss, kann ab Europastraße 39 (Parkplätze an der Leitplanke) mindestens 75 Minuten bergauf rechnen, bergab weniger als eine Stunde.

◎ **EINSTIEG**: 800 Meter sind es auf Wiesenweg und Pfad durch fast ebenes Terrain, bis die Route zwischen Grytbakksetra (aus Osten) und Hardbakkhytta (aus Westen) erreicht ist; das erfordert ca. eine Viertelstunde. Die Grytbakksetra ist Station auf den Etappen 11, 12, 13, 17, die Hardbakkhytta auf den Etappen 13 und 14.
◎ **TOURENVORSCHLÄGE**: No. 2.2 (siehe Seite 176), 4.5 (siehe Seite 178).

E 15: BÆVERDAL/MYRHOLTEN

Das Bæverdal beginnt in Bæverfjord, wo die Talstraße von der Str. 65 abzweigt (s.o. »E 14: Øygarden«). Myrholten liegt 9,4 km taleinwärts.
◎ **KARTEN**: Turkart Fjordruta sowie Norge-serien 10084 (Surnadal). – Auf unserer Karte im Sektor E 4.
◎ **BUSHALT**: nein.
◎ **PARKEN**: ja – eigener Parkplatz, breiter Streifen am Hang-Forstweg.
◎ **EINSTIEG**: zur Hütte Hardbakkhytta, rund 3 Stunden für ca. 5,7 km Distanz bei rund 600 m Anstieg. Sehr steiler Forstweg bergauf, oberhalb der Baumgrenze durch sehr feuchtes Terrain, bis die Route zwischen Hardbakkhytta (aus Osten) und Tverrlihytta (aus Westen) nach etwa 3,8 km erreicht ist. Reststück gleich Start Etappe 14 in umgekehrter Richtung. Die Hardbakkhytta ist Station der Etappen 13 und 14.
◎ **TOURENVORSCHLÄGE**: Wegen seines Profils mit dem extremen Anstieg auf einem eher unspektakulären Forstweg ist der Pfad nur als Ausstieg zu empfehlen, zum Beispiel im Rahmen von Tour No. 2.2 (siehe Seite 176) oder 4.5 (siehe Seite 178).

E 16: BÆVERDAL/SÆTERBØ

Das Bæverdal beginnt in Bæverfjord, wo die Talstraße von der Str. 65 abzweigt (s.o. »E 14: Øygarden«). Sæterbø liegt 3,6 km taleinwärts.
◎ **KARTEN**: Turkart Fjordruta sowie Norge-serien 10084 (Surnadal). – Auf unserer Karte im Sektor E 4.
◎ **BUSHALT**: nein.
◎ **PARKEN**: ja – eigener Parkplatz, vor einem roten Schuppen, kurz hinter dem Wegweiser zur Tverrlihytta.
◎ **EINSTIEG**: zur Hütte Tverrlihytta, ca. 2 Stunden für ca. 4,1 km Distanz bei rund 400 m Anstieg. Gut ein Drittel der Distanz auf Forstwegen fast bis zur verfallenden Alm Sæterbøsetrin, dann oberhalb der Baumgrenze durch schönes, mitunter feuchtes Terrain mit wechselnden Steigungsprozenten. Je näher das Ziel kommt, desto großartiger wird die Aussicht zurück nach Südosten auf die Gipfel von Trollheimen über Surnadal. Die Tverrlihytta ist Station auf den Etappen 14 und 15.
◎ **TOURENVORSCHLÄGE**: Tagestour (hin und zurück, siehe Seite 175) sowie No. 4.6 (siehe Seite 179); nicht zu übersehen 3.6 (siehe Seite 177), obwohl mit anderem Einstiegsort.

E 17: VALSØYBOTN

Der Valsøyfjord zweigt nach Süden von dem Fjordband ab, das die südliche von der nördlichen Fjordruta trennt. Eine Nebenstraße umrundet

Die Tourenvorschläge ab Seite 174 repräsentieren eine empfehlenswerte Auswahl. Eine 2 vor dem Punkt bedeutet 2-Tagestour, eine 3 vor dem Punkt 3-Tagestour usw. Weitere Informationen folgen auf der verwiesenen Seite.

den gesamten Fjord und mündet im Norden jeweils in die Europastraße 39. Die Ortschaft Valsøybotn markiert den südlichsten Punkt des Fjords; im Südosten zweigt ein Fahrweg hinauf zum Hüttengebiet rund um den idyllischen See Botnavatnet ab.

◎ **KARTEN**: Turkart Fjordruta sowie Norge-serien 10084 (Surnadal). – Auf unserer Karte im Sektor E 3.

◎ **BUSHALT**: nein.

◎ **PARKEN**: ja – eigener Parkplatz. Kreuzungsbereich auch mit grünen Wegweisern, die die Gegend als Ausflugsgebiet ausweisen.

◎ **EINSTIEG** zur **HARDBAKKHYTTA**: knapp 3 Stunden für ca. 7,8 km Distanz. Zuletzt war es von Vorteil, den Fahrweg hinauf zum Botnavatnet zu nehmen, da das Waldstück zur Linken mit dem markierten Pfad von Holzvollerntern massakriert worden war. An der Westspitze des Sees eingetroffen, sorgen malerische Bootsschuppen für rege Fotoaktivität. Es geht hübsch am Nordufer des Sees (358 m) entlang, unterwegs werden mehrere Hütten passiert. Nach dem Durchqueren der Almsiedlung Botnastera am Ostende des Sees steigt der Pfad spürbarer an und wechselt von Heidevegetation und letzten Birken ins baumlose Fjell. Ein Steg überquert einen Gebirgsbach, bevor der Pfad den kräftigsten Anstieg nimmt. Mit über 650 Höhenmetern ist diese Route ohnehin eine der forderndsten auf der Fjordruta, die sich im Gegenzug mit imposanten Aussichten vor allem nach Westen erkenntlich zeigt. Oben auf dem Hardbakkfjell zeigen im Sommer die Wollgräser ihre Pracht. Die Hardbakkhytta ist Station der Etappen 13 und 14.

◎ **EINSTIEG** zur **TVERRLIHYTTA**: rund 2 Stunden für etwa 4,2 km Distanz. Durch Kiefernwald und Feuchtgebiete führt die Route in südlicher Richtung bergauf. Mit Erreichen der Baumgrenze lässt sich von einer Art Plateau der Blick auf den Valsøyfjord und die Siedlungen am Ufer genießen. Fast wie auf Terrassen geht es in wechselnden Anstiegen bis an die 600-m-Grenze heran. Inzwischen in südwestlicher Richtung, öffnet sich plötzlich ein Hochtal mit dem Tagesziel. Die Tverrlihytta ist Station der Etappen 14 und 15.

◎ **TOURENVORSCHLÄGE**: No. 3.5 (siehe Seite 177).

E 18: PARKPLATZ SETTEMSDAL AN DER STRAßE 65

Der Parkplatz liegt etwa auf halbem Weg zwischen Halsa und Surnadal.

◎ **KARTEN**: Turkart Fjordruta sowie Norge-serien 10084 (Surnadal). – Auf unserer Karte im Sektor D 4.

◎ **BUSHALT**: nein.

◎ **PARKEN**: ja.

◎ **EINSTIEG**: sofort in die Etappe 15.

◎ **TOURENVORSCHLÄGE**: Tagestour (hin und retour, siehe Seite 175).

E 19: MEGARDSVATNET

Der See Megardsvatnet liegt nahe Halsa, südlich der Europastraße 39 in einem Wald, zu erreichen über den mautpflichtigen Megardsetervegen.

Die Einstiege ab Valsøybotn ermöglichen sogar eine Rundwanderung via Hardbakkhytta und Tverrlihytta. Oben malerische Bootsschuppen an der Westspitze des Botnavatnet. Unten der Steg zwischen Botnasetra und dem kräftigsten Anstieg aufs Hardbakkfjell. ▶

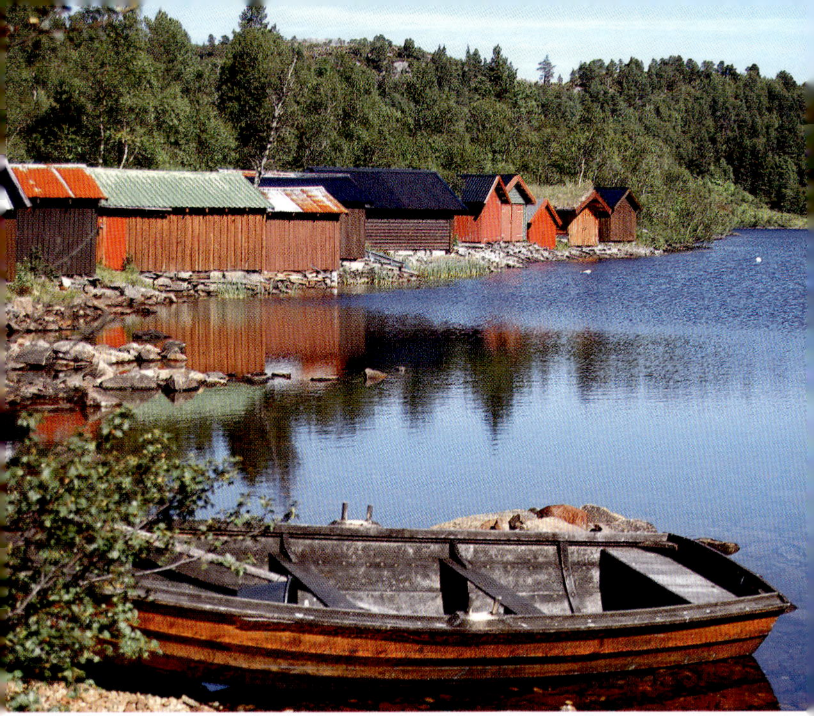

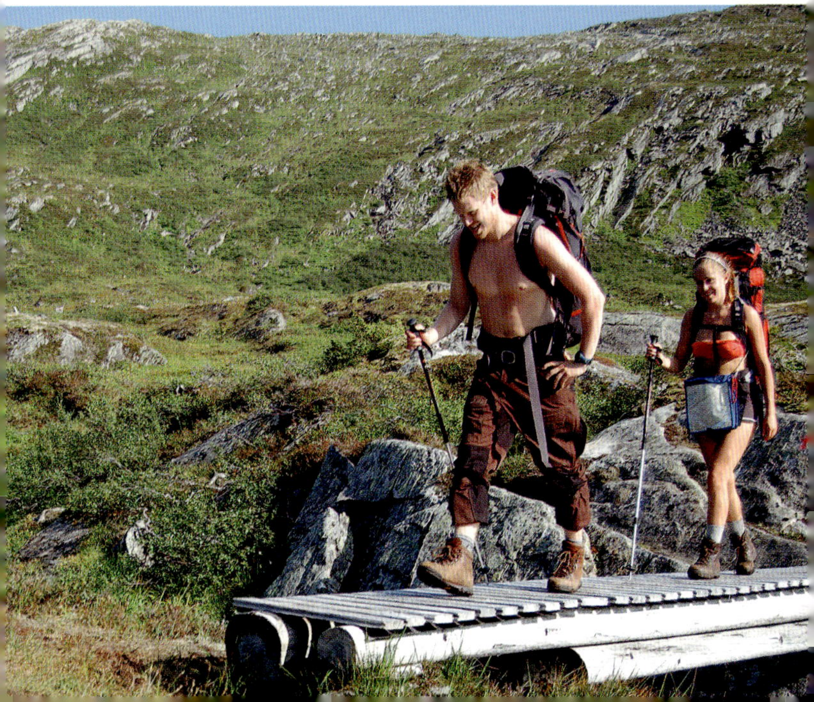

Anfahrt: ab Halsa/Fähranleger 1,6 km auf der E 39 (dort wo links der Badeplatz Knarrebukta ausgewiesen ist) Abzweig rechts bei einer Art Bauhof, wo Fahrzeuge und Maschinen repariert und verkauft werden; hier Knick nach links nehmen und in den Wald hinein; nach der Mautstation sind es noch 2–3 km an einem Haus und am See vorbei bis zum Parkplatz; unterwegs Gatter nach Durchfahrt wieder schließen.

◎ **KARTEN**: Turkart Fjordruta sowie Norge-serien 10084 (Surnadal), für die Tour nach Halsa wird zudem 10083 (Kristiansund) benötigt. – Auf unserer Übersichtskarte im Sektor C 4.

◎ **BUSHALT**: nein.

◎ **PARKEN**: ja – eigener Parkplatz.

◎ **EINSTIEG**: zur Hütte Jutulbu bzw. zur Etappe 16, ca. 50–65 Minuten für ca. 2,2 km. Die Dauer ist diesmal besonders abhängig vom Wetter; weil unterwegs im Wald einige sehr steile Passagen auf einem historischen Almpfad über frei liegende Wurzeln und Gestein anstehen; bei Nässe ist das Geläuf glitschig-rutschig. Kurios die ramponierte Eisenplatte, die kurz nach dem Start einen Bach zu queren hilft. Vor dem Eintreffen an der Etappe 16 sind stramme Feuchtgebiete zu meistern, dort wo eine richtig moderne Hütte überrascht. An der Wegkreuzung sind es (nach links) 2,7 km bis zur Hütte Jutulbu, Station auf den Etappen 15 und 16.

◎ **TOURENVORSCHLÄGE**: Tagestour (hin und retour, siehe Seite 175).

E 20: HALSA

Nur 200 Meter ab Fähranleger Halsa zweigt rechts eine Stichstraße nach Süden ab, über die einige Gehöfte zu erreichen sind, ebenso wie der Startort zur Fjordruta, will man sie in umgekehrter Richtung begehen, als in diesem Buch geschildert. (Dagegen sprechen vor allem die anstrengenden Profile gleich der ersten beiden Etappen ab Halsa – der Einstieg über Etappe 1 ist wesentlich sanfter.)

◎ **KARTEN**: Turkart Fjordruta sowie Norge-serien 10084 (Surnadal). – Auf unserer Karte im Sektor C 4.

◎ **BUSHALT**: am Fähranleger Halsa plus rund 2,3 km Fußmarsch auf Europastraße plus besagter Stichstraße parallel zur Fjordküste.

◎ **PARKEN**: ja – eigener Parkplatz, ausgewiesen ein paar Meter südlich des markierten Einstiegs.

◎ **EINSTIEG**: Start in die Etappe 16.

◎ **TOURENVORSCHLÄGE**: No. 3.6 (siehe Seite 177), 6.2 (siehe Seite 180), beide aber wegen des Bustransfers besser in umgekehrter Richtung, um diese Abhängigkeit gleich zu Beginn der Tour hinter sich zu bringen.

E 21: SURNADAL/PARKPLATZ

Der Parkplatz liegt an der Nebenstraße im Surnadal, nördlich des Flusses Surnadalselva, zwischen den beiden Weilern Moen im Westen und Solem im Osten.

◎ **KARTEN**: Turkart Fjordruta sowie Norge-serien 10084 (Surnadal). – Auf unserer Karte im Sektor F 4.

◎ **BUSHALT**: nein.

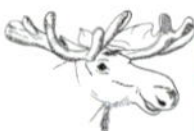

Die Einstiegspfade sind überwiegend gemäß Fjordruta-Standard gut markiert. Wo die Markierung vom Standard negativ abweicht, weist der Info-Block zum Einstiegsort gezielt darauf hin.

◎ **PARKEN**: ja – eigener Parkplatz. Von der Str. 65 aus nehmen Sie die einspurige Brücke bei Solem. Der beschilderte Parkplatz ist links am Straßenrand eingerichtet, klein, jedoch in der Regel ausreichend. Alternativ gibt es einen Parkplatz an der Str. 65, beim Einstieg in den Wald Richtung Sætersetra (siehe Seite 154).

◎ **EINSTIEG**: sofort in die Etappe 18.

◎ **TOURENVORSCHLÄGE**: zwei Tagestouren (hin und zurück, siehe Seite 175).

E 22: SURNADAL/VINDØLA

Die Bushaltestelle Vindøla befindet sich im Surnadal, kurz hinter der Abzweigung der Nebenstraße ins Vindøldal.

◎ **KARTEN**: Turkart Fjordruta sowie Norge-serien 10084 (Surnadal). – Auf unserer Karte im Sektor F 4.

◎ **BUSHALT**: ja – der Einstieg in die Etappe 18 liegt gut 3 km weiter an der Str. 65. Der Nettbuss Ekspress hat es zwar eilig – dennoch kann man fragen, ob man in Øvre Sæter direkt an der Fjordruta abgesetzt wird.

◎ **PARKEN**: nein. Für Autofahrer ist E 21 gedacht.

◎ **EINSTIEG**: in die Etappe 18. Richtung Sætersetra müsste man die gut 3 km auf der Str. 65 weiter gehen, sofern der Bus eine/n nicht direkt dort absetzt. Wer zur Hermannhytta will, kann gleich in Moen die Brücke nehmen, um auf der ruhigen Nebenstraße bis zum Einstieg zu gehen.

◎ **TOURENVORSCHLÄGE**: No. 6.2 (siehe Seite 180).

E 23: VINDØLDAL

Der gebührenpflichtige Vindølvegen zweigt im Surnadal rechts von der Str. 65 ab und steigt auf über 320 m ü.d.M. an. Nach gut 8,5 km wird eine Schranke erreicht, die nur noch Hüttenbesitzer mit Erlaubnisschein und Schrankenschlüssel zur Weiterfahrt öffnen können. (Ich wurde, ohne gefragt zu haben, sofort zum Mitfahren eingeladen.)

◎ **KARTEN**: Turkart Fjordruta sowie Norge-serien 10084 (Surnadal). – Auf unserer Karte im Sektor F 5.

◎ **BUSHALT**: nein.

◎ **PARKEN**: ja – eigener Parkplatz, vor der Schranke.

◎ **EINSTIEG**: zur Hütte Vindølbu, ca. 45 Minuten für ca. 2,8 km. Ab Schranke für ca. 1,8 km auf dem befestigten Fahrweg bis zu markiertem Abzweig nach links, Reststrecke zunächst auf breitem Fahrweg, später auf Pfad.

Wer in die Etappe 19 Richtung Sætersetra einsteigen will, kann sich nahe des Wegweisers am Vindølvegen eine Parkgelegenheit suchen, schon 1,7 km vor dem Parkplatz E 23 (siehe »Alternativroute« auf Seite 160), oder läuft ab Parkplatz dorthin zurück; was keineswegs zu verachten ist, da man unterwegs zur Rechten eine sehenswerte Hängebrücke an einem Wasserfällchen passiert!

◎ **TOURENVORSCHLÄGE**: Tagestour (hin und retour, siehe Seite 175).

Die Tourenvorschläge ab Seite 174 repräsentieren eine empfehlenswerte Auswahl. Eine 2 vor dem Punkt bedeutet 2-Tagestour, eine 3 vor dem Punkt 3-Tagestour usw. Weitere Informationen folgen auf der verwiesenen Seite.

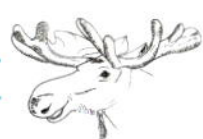

Tourenvorschläge

VOR DEM START

Denkbar sind noch einige mehr Touren und Kombinationen, als angegeben. Solche, auf denen längere Abschnitte auf Straßen zu gehen sind, nenne ich nur in Ausnahmefällen, sofern dies die Höhepunkte unterwegs rechtfertigen. Ebenso muss ein Bustransfer praktikabel sein: Sofern ein Schulbus morgens aus einem Tal herausfährt und die Wanderer in der Hütte mitten in der Nacht aufstehen müssten, um ihn zu erreichen, lasse ich diese Variante außen vor. Zu Beginn sei noch mal verwiesen auf:

◎ **KARTEN**: siehe Seite 19 f.

◎ **BUSSE**: siehe Seite 183.

◎ **ZEITANGABEN**: ohne Pausen.

◎ **RESERVETAG** (bei Touren ab 3/4 Tagen zu bedenken): siehe Seite 15.

Tagestouren

RUNDTOUR

◎ NÖRDLICHE FJORDRUTA: **GULLSTEIN – TØMMERVÅG**. Unsere 2-tägige Tour 2.1 (siehe Seite 175) ist an einem Tag zu meistern, beginnt man mit dem Bustransfer nach Gullstein, wodurch man in umgekehrter Richtung läuft, als in Etappe 1–3 oder unter Tour 2.1 beschrieben; es sei denn, man startet in Gullstein (Einstiegsort E 3) und nimmt morgens den Bus bis Tømmervåg. Insgesamt ist die Tour richtig fordernd, beinhaltet aber die Option, je nach Laufrichtung in Trollstua oder Gullsteinvollen zu nächtigen. Mehr als 6 Stunden. In unserer Karte Sektor B 2 und B 3.

◎ SÜDLICHE FJORDRUTA: **VINDØLDAL – VINDØLBU – BOLLEN – VINDØLDAL**. Einstieg E 23 Richtung Vindølbu, entweder Abstecher zur Hütte oder bereits vor Erreichen Etappe 19 in umgekehrter Richtung bis auf den Bollen, zurück wie Etappe 19 in Richtung Vindølbu, an der Kreuzung »Vindølbu Veg« / »Vindølbu Sti« talabwärts zurück auf den Vindølvegen und zum Fahrzeug, unterwegs schöner Wasserfall und Hängebrücke zur Rechten. Knapp 5 Stunden. In unserer Karte Sektor F 5 und F 4.

HIN UND ZURÜCK

Alle Touren mit einer Hütte als Wendepunkt können selbstverständlich durch eine Übernachtung zur 2-Tagestour verlängert werden.

◎ NÖRDLICHE FJORDRUTA: **NERSETRA – GISET – NERSETRA**. Siehe Etappe 5. Die Tour kann nach Erreichen der ersten Aussichtspunkte beliebig verkürzt werden. Zum Beispiel ist der Abstieg nach Giset kein Höhepunkt, so dass man umkehren kann, wenn die Stromleitung erreicht oder in Sicht gekommen ist. Rund 5 Stun-

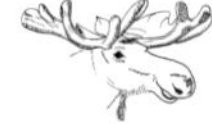

Die Zeitangaben unter den Tourenvorschlägen (wieder ohne Pausen) basieren, beim besten Willen, zum Teil nur auf Schätzungen, da bei der Recherche nicht sämtliche Etappen und Einstiege aus beiden Richtungen zu begehen waren.

den. Mögliches Übernachten in Nersetra auf dem Rückweg. In unserer Karte Sektor D 2.

◎ NÖRDLICHE FJORDRUTA: **KJELKLIA – ROVANGEN – KJELKLIA**. Siehe Schlussdrittel der Etappe 5, Einstiegsort E 7. Ist zu verkürzen, indem auf den Abstieg nach Rovangen verzichtet wird. Ca. 5 Stunden. In unserer Karte Sektor D 1 und E 1.

◎ NÖRDLICHE FJORDRUTA: **VINJEØRA – SOLLIA ODER FJORDAUSSICHT – VINJEØRA**. Siehe Etappe 8, Einstiegsort E 11. Ist zu verkürzen, sofern man nur bis zum Aussichtsplatz über dem Vinjefjord geht, Abzweig am Grytvatnet. Sonst knapp 6 Stunden. In unserer Karte Sektor F 2.

◎ SÜDLICHE FJORDRUTA: **SÆTERBØ – TVERRLIHYTTA – SÆTERBØ**. Siehe Einstieg E 16. Ca. 3:40 Stunden. In unserer Karte Sektor E 4, D 4, D 3.

◎ SÜDL. FJORDRUTA: **SETTEMSDAL PARKPLATZ STR. 65 – JUTULBU – SETTEMSDAL PARKPLATZ STR. 65**. Siehe Schlussanstieg Etappe 15, als Einstiegsort E 18. Etwa 2:45 Stunden. In unserer Karte Sektor D 4 und C 4.

◎ SÜDL. FJORDRUTA: **MEGARDSVATNET – HÅKKÅSTEINEN – MEGARDSVATNET**. Siehe Mittelteil der Etappe 16, Einstieg E 19. Ca. 4 Stunden. Ist zu verkürzen, falls man den Abstieg zum Håkkåsteinen auslässt. Dafür mögliches Übernachten in Jutulbu auf dem Rückweg, indem man an der Abzweigung zum Megardsvatnet bis Jutulbu fortsetzt. In unserer Karte Sektor C 4.

◎ SÜDLICHE FJORDRUTA: **SURNADAL – HERMANNHYTTA – SURNADAL**. Enstpricht Anfang der Etappe 18, auf dem Hinweg in umgekehrter Richtung, Einstiegsort E 21. Ca. 2:15 Stunden. In unserer Karte Sektor F 4.

◎ SÜDLICHE FJORDRUTA: **SURNADAL – SÆTERSETRA – BOLLEN – SURNADAL**. Schluss Etappe 18 plus Anfang Etappe 19, Einstieg E 22. Ist zu verkürzen, indem man ab Sætersetra oder, attraktiver, oberhalb des Grytvatnet umkehrt. Sonst ca. 6 Stunden. In unserer Karte Sektor F 4.

2-Tagestouren

NÖRDLICHE FJORDRUTA

◎ 2.1: **TØMMERVÅG – GULLSTEINVOLLEN – GULLSTEIN** (BUSHALT). Karten: Turkart Fjordruta sowie Norge-serien 10083 (Kristiansund) und 10088 (Smøla). Die Karten sind teilweise fehlerhaft (siehe Etappen 1–3). In unserer Karte Sektor B 2 und B 3.

1. Tag: Einstiegsort E 2, Fähranleger Tømmervåg, Rest Etappe 1 zur Trollstua plus vollständige Etappe 2 bis Gullsteinvollen, dort übernachten. Ca. 4:45 Stunden. – 2. Tag: rechtzeitig aufstehen wegen Bustransfer, Etappe 3 bis Einstiegsort E 3, Gullstein, Bus 821 Richtung Kristiansund zurück oder nach Aure. Bis Gullstein ca. 1:30 Stunden.

In umgekehrter Richtung möglich, dann gegebenenfalls in der Trollstua übernachten, ebenso wie die Strecke am 2. Tag bis zum Flughafen Kvernberget verlängert werden kann.

SÜDLICHE FJORDRUTA

◎ 2.2: **ØYGARDEN – HARDBAKKHYTTA – MYRHOLTEN – ØYGARDEN**. Karten: Turkart Fjordruta sowie Norge-serien 10084 (Surnadal). In unserer Karte Sektor F 3, E 3 und E 4.

1. Tag: Einstieg E 14, am Hof Øygarden, danach Etappe 13 zur Hardbakkhytta, dort übernachten. Ca. 4:30 Stunden. – 2. Tag: Abstieg nach Myrholten (Einstieg E 15 in umgekehrter Richtung), nun auf kaum befahrener Straße durch das Bæverdal stramme 8,4 km auf Asphalt und befestigtem Weg; in diesem Fall sei der Abschnitt auf hartem Untergrund als vertretbar eingestuft, da er die aussichtsreichste Rundtour über die Hardbakkhytta ermöglicht. Ca. 4–5 Stunden.

3-Tagestouren

NÖRDLICHE FJORDRUTA

◎ 3.1: **FLUGHAFEN KVERNBERGET – TROLLSTUA – GULLSTEINVOLLEN – GULLSTEIN** (BUSHALT). Karten: Turkart Fjordruta sowie Norge-serien 10083 (Kristiansund) und 10088 (Smøla). Die Karten sind zum Teil fehlerhaft (siehe Etappen 1–3). In unserer Karte Sektor A 3, B 3 und B 2.

1. Tag: Etappe 1. – 2. Tag: Etappe 2. – 3. Tag: rechtzeitig aufstehen, da Bustransfer, Etappe 3 bis Einstiegsort E 3, Gullstein, Bus 821 Richtung Kristiansund zurück oder nach Aure. Bis Gullstein ca. 1:30 Stunden.

◎ 3.2: **VINJEØRA – SOLLIA – STORFISKHYTTA – VINJEØRA**. Karten: Turkart Fjordruta sowie Norge-serien 10089 (Kyrksæterøra). In unserer Karte Sektor F 2, E 2 und E 1.

1. Tag: Einstiegsort E 11, Parkplatz Vinjeøra, Etappe 8. – 2. Tag: Etappe 9. – 3. Tag: Etappe 7 zurück zum Einstiegsort E 11, Parkplatz Vinjeøra.

◎ 3.3: **TODALSSETRA – SOLLIA – STORFISKHYTTA – TODALSSETRA**. In den topografischen Karten bisher nicht verzeichnet, in den Hütten vor Ort liegen normalerweise Kopien mit dem Wegverlauf aus, dies aber ohne Gewähr. In unserer Karte Sektor E 2, F 2 und E 1.

1. Tag: Einstieg E 10, Todalssetra, markierter Pfad nach Sollia. – 2. Tag: Etappe 9. – 3. Tag: markierter Pfad von der Storfiskhytta zur Todalssetra. Neu, (noch) nicht vom Autor begangen, keine Erfahrungswerte.

SÜDLICHE FJORDRUTA

◎ 3.4: **VINJEØRA – KÅRØYAN – GRYTBAKKSETRA – VINJEØRA**. Karten: Turkart Fjordruta sowie Norge-serien 10089 (Kyrksæterøra) u. 10084 (Surnadal). Die Karten sind teilweise fehlerhaft (siehe Etappe 10). In unserer Karte Sektor F 2 und F 3.

1. Tag: Einstiegsort E 12, Parkplatz Vinjeøra, Rest Etappe 7 plus Etappe 10. Rund 6 Stunden. – 2. Tag: Etappe 11. – 3. Tag: Etappe 12 und zurück

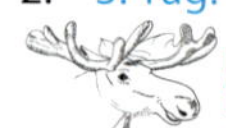

Die Zeitangaben unter den Tourenvorschlägen (wieder ohne Pausen) basieren, beim besten Willen, zum Teil nur auf Schätzungen, da bei der Recherche nicht sämtliche Etappen und Einstiege aus beiden Richtungen zu begehen waren.

zum Einstiegsort E 12, Parkplatz Vinjeøra. Ca. 4:30 Stunden.

Die Verlängerung der Etappen 10 sowie 12 von und zum Ausgangsort macht sich vor allem bei der ohnehin eher anstrengenden Etappe 10 nach Kårøyan bemerkbar. Alternative: 4.3.

◎ 3.5: **VALSØYBOTN – HARDBAKKHYTTA – TVERRLIHYTTA – VALSØYBOTN**. Karten: Turkart Fjordruta und Norge-serien 10084 (Surnadal). In unserer Karte Sektor D 3 und E 3.

1. Tag: Einstieg E 17, Valsøybotn, Richtung Hardbakkhytta. – 2. Tag: Etappe 14. – 3. Tag: ab Tverrlihytta zurück nach Valsøybotn (Einstieg 17 zur Tverrlihytta in umgekehrter Richtung). Gut 1:30 Stunden.

◎ 3.6: **HALSA** – BUS NACH **BÆVERFJORD – SÆTERBØ – TVERRLIHYTTA – JUTULBU – HALSA**. Karten: Turkart Fjordruta und Norge-serien No. 10084 (Surnadal) u. 10083 (Kristiansund). In unserer Karte Sektor E 4, D 3, D 4 und C 4.

1. Tag: Bustransfer ab Halsa/Fähranleger, gegebenenfalls Parken am Einstiegsort E 20, Halsa/Parkplatz, plus Schlussstrecke Etappe 16. Nettbuss Ekspress nach Bæverfjord stadion, zu Fuß knapp 4 Kilometer auf Str. 65 und 329 ins Bæverdal bis Sæterbø, ab dort Einstieg E 16 zur Tverrlihytta. Ca. 3 Stunden ohne Bustransfer. – 2. Tag: Etappe 15. – 3. Tag: Etappe 16 zurück nach Halsa/Parkplatz alias Einstiegsort E 20.

Wer hier geht, sollte topfit sein, da diese Tour zwei der antrengendsten Fjordruta-Etappen umfasst.

4-Tagestouren

NÖRDLICHE FJORDRUTA

◎ 4.1: **FLUGHAFEN KVERNBERGET – TROLLSTUA – GULLSTEINVOLLEN – IMARBU**. Karten: Turkart Fjordruta sowie Norge-serien 10083 (Kristiansund) u. 10088 (Smøla). Die Karten sind teilweise nicht ganz korrekt (siehe Etappen 1–3). In unserer Karte Sektor A 3, B 3, B 2 und C 2.

1. Tag: Etappe 1. – 2. Tag: Etappe 2. – 3. Tag: Etappe 3. – 4. Tag: rechtzeitig aufstehen wegen Bustransfer, Etappe 3 in umgekehrter Richtung zurück bis dort, wo der Fahrweg auf die Str. 680 trifft. Richtung Aure kann man direkt hier dem Bus ein Zeichen zum Halten geben, Richtung Kristiansund empfiehlt sich eher die Haltebucht auf der anderen Straßenseite, zwischen dem Fjordruta-Wegweiser an der Kreuzung und der Brücke Imarsundbrua. Bis zur Str. 680 sind es knapp 3 km ab Imarbu.

◎ 4.2: **KLAKKAN – STORFISKHYTTA – SOLLIA – STORFISKHYTTA – KLAKKAN**. Karten: Turkart Fjordruta sowie Norge-serien 10089 (Kyrksæterøra). Siehe in unserer Karte Sektor E 1, E 2 und F 2.

1. Tag: Einstieg E 9, Klakkansetra. Ca. 1:15 Stunden. – 2. Tag: Etappe 7 bis zur Kreuzung vor dem Abstieg nach Vinjeøra, Rest Etappe 8 bis Sollia. Fast 7 Stunden. – 3. Tag: Etappe 9. – 4. Tag: Abstieg zur Klakkansetra (Einstieg E 9 diesmal in umgekehrter Richtung). Ca. 1 Stunde.

Wegen der sehr langen Etappe am 2. Tag sollte hier nur gehen, wer über ordentlich Ausdauer verfügt. Um die anstrengendste Etappe nach hinten zu verlegen, kann man zunächst die kürzere Strecke nach Sollia nehmen, also Etappe 9 in umgekehrter Richtung. Beachten Sie auch Tourenvorschlag 3.3, der dasselbe Dreieck mit anderem Start und Ziel begeht.

Die Tour ist zu verlängern, indem man ab Sollia eine Tagestour zur Todalssetra und zurück einschiebt und eine weitere Nacht in Sollia bleibt.

Die Tour ist zu verkürzen, sofern man am 3. Tag direkt nach Klakkan absteigt.

Von Sollia zur Storfiskhytta gibt es eine weitere, neue Route via Todalssetra (siehe Seite 176).

SÜDLICHE FJORDRUTA

◎ 4.3: **VINJEØRA – STORLISETRA – KÅRØYAN – GRYTBAKKSETRA – VINJEØRA.** Karten: Turkart Fjordruta sowie Norge-serien 10089 (Kyrksæterøra) u. 10084 (Surnadal). Die Karten sind teilweise nicht korrekt (siehe Etappe 10). In unserer Karte Sektor F 2 und F 3.

1. Tag: Einstiegsort E 12, Parkplatz Vinjeøra, Rest Etappe 7. Ca. 50 Minuten. – 2. Tag: Etappe 10. – 3. Tag: Etappe 11. – 4. Tag: Etappe 12 und zurück zum Einstiegsort E 12, Parkplatz Vinjeøra. Ca. 4:30 Stunden.

Diese Tour entspricht 3.4. mit zusätzlicher Übernachtung am 1. Tag in der Storlisetra, wodurch die Strecke nach Kårøyan verkürzt wird.

◎ 4.4: **STAURSET – STORLISETRA – KÅRØYAN – GRYTBAKKSETRA – STAURSET.** Karten: Turkart Fjordruta sowie Norge-serien 10084 (Surnadal). Die Karten sind teilweise fehlerhaft (siehe Etappe 10). In unserer Karte Sektor F 2 und F 3.

1. Tag: Einstieg E 13, Staurset/Opsalvatnet, Richtung Storlisetra, dann Rest Etappe 12. Etwa 2:30 Stunden. – 2. Tag: Etappe 10. – 3. Tag: Etappe 11. – 4. Tag: zum Opsalvatnet (Einstieg E 13 zur Grytbakksetra in umgekehrter Richtung). Ca. 4 Stunden.

In regenreichen Perioden kann es von Vorteil sein, den direkten Rückweg von der Grytbakksetra zum Opsalvatnet wegen der Watstellen zu vermeiden und stattdessen auf der Etappe 12 in Richtung Storlisetra zu beginnen, um ab Abzweig Staurset dieselbe Route wie auf dem Hinweg zurück zum Opsalvatnet zu nehmen.

◎ 4.5: **ØYGARDEN – HARDBAKKHYTTA – TVERRLIHYTTA – HARDBAKKHYTTA – MYRHOLTEN – ØYGARDEN.** Karten: Turkart Fjordruta u. Norge-serien 10084 (Surnadal). In unserer Karte Sektor F 3, E 3, D 3, E 4.

1. Tag: Einstieg E 14, am Hof Øygarden, danach Etappe 13 zur Hardbakkhytta. Ca. 4:30 Stunden. – 2. Tag: Etappe 14. – 3. Tag: nach Valsøybotn (Einstieg E 17 zur Tverrlihytta in umgekehrter Richtung), dann zur Hardbakkhytta (Einstieg E 17 in Richtung Hardbakkhytta). Ca. 4:45 Stunden. – 4. Tag: Abstieg nach Myrholten und zurück nach Øygarden (siehe 2. Tag von Tour 2.2 auf Seite 176).

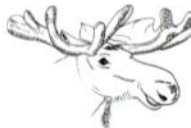

Die Zeitangaben unter den Tourenvorschlägen (wieder ohne Pausen) basieren, beim besten Willen, zum Teil nur auf Schätzungen, da bei der Recherche nicht sämtliche Etappen und Einstiege aus beiden Richtungen zu begehen waren.

Der Ausstieg ist umständlicher als bei dem folgenden Tourenvorschlag 4.6. Dafür enthält diese Route den attraktivsten Abschnitt der Etappe 13 vorbei am Dyrstolan sowie über das Hardbakkfjell.

◎ 4.6: **SÆTERBØ – TVERRLIHYTTA – HARDBAKKHYTTA – TVERRLIHYTTA – SÆTERBØ.** Karten: Turkart Fjordruta sowie Norge-serien 10084 (Surnadal). In unserer Karte Sektor E 4, D 4, D 3 und E 3.

1. Tag: Einstieg E 16, ab Sæterbø. Ca. 2 Stunden. – 2. Tag: nach Valsøybotn (Einstieg E 17 zur Tverrlihytta in umgekehrter Richtung), dann Einstieg E 17 zur Hardbakkhytta. Rund 4:45 Stunden. – 3. Tag: Etappe 14. – 4. Tag: Abstieg nach Sæterbø (siehe 1. Tag, Einstieg E 16 in umgekehrter Richtung). Ca. 1:40 Stunden.

5-Tagestouren

NÖRDLICHE FJORDRUTA

◎ 5.1: **FLUGHAFEN KVERNBERGET – TROLLSTUA – GULLSTEINVOLLEN – IMARBU – NERSETRA – GISET** (BUSHALT). Karten: Turkart Fjordruta sowie Norge-serien 10083 (Kristiansund), 10088 (Smøla), 10089 (Kyrksæterøra). Diese Karten sind zum Teil fehlerhaft (siehe Etappen 1–5). Unsere Karte Sektor A 3, B 3, B 2, C 2, D 2.

1. Tag: Etappe 1. – 2. Tag: Etappe 2. – 3. Tag: Etappe 3. – 4. Tag: Etappe 4. – 5. Tag: rechtzeitig aufstehen, da Bustransfer, Etappe 5 bis Einstiegsort E 6, Giset, Bus 821 Richtung Kristiansund zurück oder nach Aure. Bis Giset etwa 2:10 Stunden.

Die Tour ist zu verkürzen, indem man am Einstiegsort E 2, Fähranleger Tømmervåg, beginnt und anschließend an der Trollstua vorbei bis Gullsteinvollen geht, so wie im Tourenvorschlag 2.1 beschrieben.

SÜDLICHE FJORDRUTA

Eine ganz neue Kombination drängt sich hier nicht auf. Denkbar ist, den 4-Tagestouren 4.3 und 4.4 eine abschließende zusätzliche Nacht in der Storlisetra hinzuzufügen, bevor man zum Ausgangspunkt zurückkehrt.

6-Tagestouren

NÖRDLICHE FJORDRUTA

◎ 6.1: **FLUGHAFEN KVERNBERGET – TROLLSTUA – GULLSTEINVOLLEN – IMARBU – NERSETRA – ROVANGEN – AURE** (BUSHALT). Karten: Turkart Fjordruta sowie Norge-serien 10083 (Kristiansund), 10088 (Smøla), 10089 (Kyrksæterøra). Die Karten sind teilweise fehlerhaft (siehe die Etappen 1–5). Unsere Karte Sektor A 3, B 3, B 2, C 2, D 2, D 1, E 1.

1. Tag: Etappe 1. – 2. Tag: Etappe 2. – 3. Tag: Etappe 3. – 4. Tag: Etappe 4. – 5. Tag: Etappe 5. – 6. Tag: Abstieg ins Aurdal nach Tverrbotnen (gleich Einstieg 8 nach Rovangen in umge-

kehrter Richtung). Es bleiben 6 km auf befestigtem Weg durch das Aurdal bis Aure/Zentrum, dort Bus 821 zurück Richtung Kristiansund. Etwa 3 Stunden bis Aure/Zentrum.

SÜDLICHE FJORDRUTA

◎ 6.2: **HALSA** – BUS NACH **VINDØLA/SURNADAL – HERMANNHYTTA – GRYTBAKKSETRA – HARDBAKKHYTTA – TVERRLIHYTTA – JUTULBU – HALSA**. Karten: Turkart Fjordruta sowie Norge-serien 10084 (Surnadal) und 10083 (Kristiansund). Sektor F 4, F 3, E 3, D 3, D 4, C 4.

1. Tag: ab Einstiegsort E 20, Halsa/Parkplatz zu Fuß zum Halsa-Fähranleger, gleich Schlussabschnitt Etappe 16. Bustransfer mit Nettbuss Ekspress zum Einstieg E 22, Vindøla im Surnadal (oder Øvre Sæter, Chaffeur fragen), dort Einstieg in Etappe 18 in umgekehrter Richtung bis zur Hermannhytta. – 2. Tag: Etappe 17 in umgekehrter Richtung. – 3. Tag: Etappe 13. – 4. Tag: Etappe 14. – 5. Tag: Etappe 15. – 6. Tag: Etappe 16 zurück nach Halsa/Parkplatz alias Einstiegsort E 20 oder bis zum Fähranleger.

Fernwanderungen

Die vorherigen Seiten haben gezeigt, wie variantenreich das Routennetz der Fjordruta ist. Wer auf ganz große Tour gehen will, kann diesen Vorteil ebenfalls nutzen.

◎ Wer nun die **KOMPLETTE** nördliche und südliche **FJORDRUTA** zwischen Flughafen Kristiansund sowie Halsa begehen will, kann (ohne Reservetag) **14 TAGE** auf der längsten Route unterwegs sein. Wer in Halsa aufbrechen will, muss mit zwei der antrengendsten Etappen beginnen, das gebe ich zu bedenken.

Verkürzt werden kann diese Tour, indem man Sollia und Kårøyan auslässt (jeweils 1 Tag) und bis Aure mit Bus 821 Teilstrecken einspart: Einen Tag kann verkürzen, wer ab Flughafen den Bus zur Fähre Seivika–Tømmervåg nimmt und direkt nach Gullsteinvollen anstatt zur Trollstua geht; zwei Tage kann verkürzen, wer während der 3. Etappe in Gullstein den Bus nach Aure / Kjelklia besteigt und direkt in die 5. Etappe wechselt; drei Tage kann verkürzen, wer beide Varianten wahrnimmt sowie vier Tage, wer vom Flughafen nach Aure fährt.

Eine weitere Möglichkeit zum Verkürzen besteht ab Grytbakksetra im Ausstieg über Hermannhytta hinab ins Surnadal, wo der Nettbus Ekspress Anschluss nach Halsa ermöglicht sowie – selten – ab Bergsøya nach Kristiansund. Ebenso ist dieser Ekspress ab Tverrlihytta via Sæterbø zu erreichen (siehe Tour 3.6).

◎ Die Etappen 17–19 verknüpfen die Fjordruta mit der fantastischen Bergwelt von **TROLLHEIMEN**. Wenn genügend ermunterndes Feedback im Verlag eintrifft, könnte der Autor über einen Trollheimen-Wanderführer nachdenken...

Erkennt Ihr den Troll oben, die Nase, den Mund, das Auge? Selten machen es die neckischen Wesen den Menschen so leicht, meistens ist ihre Tarnung geschickter... Es ist unbewiesen, dass ein Troll den Håkkåsteinen abgelegt hat (siehe Seiten 144/175). ▶

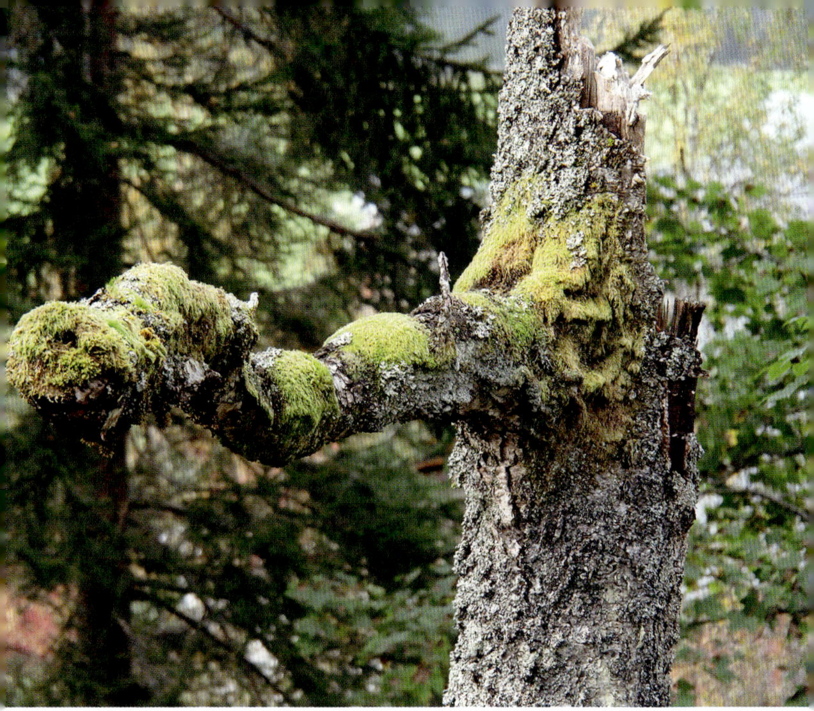

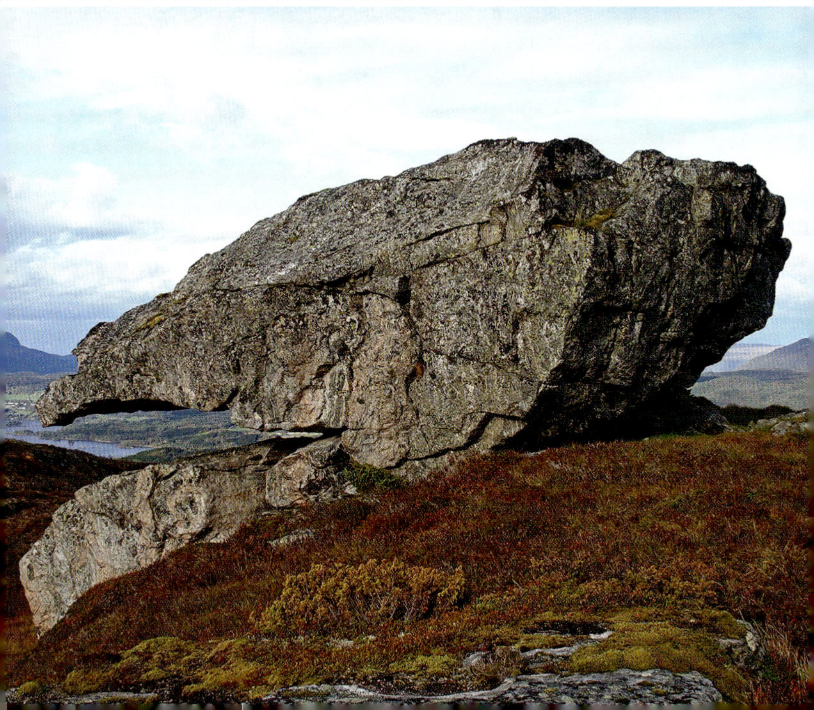

Anhang

Der Anhang enthält viele Adressen sowie Kurzangaben zu Info-Quellen zur Infrastruktur vor Ort (Transport / Unterkünfte als Basis / Kristiansund), zu Anreise und Reisevorbereitungen sowie ein Mini-Vokabular.

Information

SPEZIELL ZUM WANDERN

◎ **KNT**, Kristiansund og Nordmøre Turistforening, Postboks 476, NO–6501 Kristiansund, Tel. 0047 – 7167 6937, turist@c2i.net, www.kntur.no zwar nur auf Norwegisch, trotzdem hilfreich mit Angaben unter »Ruter« und »Hyttene« zu Etappen und Hütten, etwa Kontaktadressen (auch via E-mail) zu den aktuellen Hüttenwarten. Die Geschäftsstelle bemüht sich, Fragen – auf Englisch – zu beantworten, kann dies aber im Rahmen ehrenamtlicher Tätigkeit nicht lückenlos und jederzeit leisten.

◎ **DNT**, Den Norske Turistforening, Youngstorget 1, NO–0181 Oslo, Tel. 0047 – 400 01868, www.turistforeningen.no, Auszüge auf Deutsch unter deutsch.turistforeningen.no. Die Geschäftsstelle der landesweiten Organisation ist weder auf regen E-mail-Kontakt noch auf konkrete Fragen zu Wandergebieten eingerichtet.

Fragen zur Mitgliedschaft klären Sie besser über:

◎ **NACH NORDEN** (DNT-Partner in Deutschland), Helga Rahe, Neuheim 31, 48155 Münster, Tel. 0251 – 32 46 08, www.huettenwandern.de. Siehe auch Seiten 22/23 und 31 ff. Im Fall einer Tourenleitung kann das Büro vorübergehend unbesetzt sein.

◎ **KARTEN**: siehe Seite 187.

TOURISTENBÜROS

◎ DESTINATION **KRISTIANSUND & NORDMØRE**, Kongens Plass 1, P.O. Box 508, NO–6501 Kristiansund, Tel. 0047 – 715 85454, www.visitkristiansund.com auch auf Deutsch. Spezielle Fragen zur Fjordruta können Ihnen die freundlichen Mitarbeiter des Touristenbüros nicht beantworten, jedoch sonst Ihren Aufenthalt in der Stadt/Region helfend begleiten.

Online sind ferner Broschüren zu Stadt und Umland einzusehen. Kompetente Touristenbüros im Umland zu unterhalten, rentiert sich nicht. In Surnadal ist im Vårsøg Hotell (siehe Seite 184) eine Filiale eingerichtet.

◎ **INNOVATION NORWAY**, Caffamacherreihe 5, 20355 Hamburg, Tel. 040 – 2294 150, www.visitnorway.com. Norwegens Tourismuszentrale beantwortet allgemeine Fragen zum Reisen und zu Reisezielen in Norwegen (gewiss nicht zur Fjordruta) und versendet Broschüren.

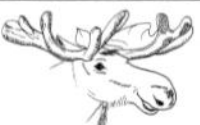

Norwegens Landeskennzahl (als Telefonvorwahl aus dem Ausland) lautet 0047. In Norwegen selbst gelten achtstellige Telefonnummern ohne Ortsvorwahl, die stets einzugeben sind, egal ob Orts- oder Ferngespräch.

Transport

Der Verlag stellt die Links zu den relevanten Fahrplänen online.

LINIENBUSSE

Die Bewohner im dünn besiedelten Umland von Kristiansund sind größtenteils motorisiert, so dass öffentliche Aufgaben wie Schulbusse nach Bedarf organisiert sind und für Touristen zur falschen Zeit fahren. Trotzdem kann es sich als Vorteil erweisen, die Fahrpläne aller Routen dabei zu haben, ob Download oder Kopie.

◎ **LINIE 821** zwischen Kristiansund und Aure ermöglicht an einigen Orten Zu- und Ausstieg nahe oder gar direkt auf der nördlichen Fjordruta. Die Linie verkehrt montags bis freitags mehrmals täglich, an den Wochenenden aber nur jeweils ein Mal. Haltestellen in Seivika, Tømmervåg, Gullstein, Aukan, Giset u.a.

◎ **NETTBUSS EKSPRESS** (NX-155) hieß zuvor Mørelinjen. Die Fernroute verbindet Trondheim mit Ålesund und hält u.a. im Surnadal mit Vindøla und Skei, in Bæverfjord, Settemsdal, Halsa/Fähranleger. Je nach Wochentag 1–4 x täglich. Westlich Halsas, in Bergsøya, besteht – aber nur selten – Anschluss aus/nach Kristiansund.

FÄHREN

◎ Zuständig für die Fährrouten ist **FJORD1**. Von den Routen im Gebiet der Fjordruta verkehrt allein Halsa – Kanestraum rund um die Uhr.

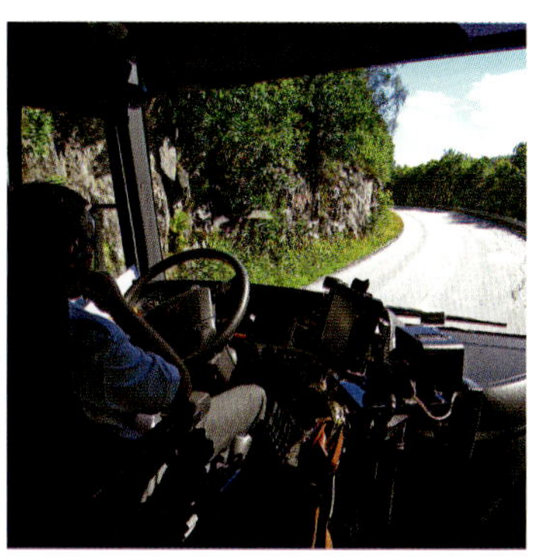

FAHRPLÄNE

Da diverse Busunternehmen zuständig sind, ist es von Vorteil, dass ihre Fahrpläne online zentral abzufragen sind. Ebenso die Fährverbindungen von »Fjord1«. Oder via Tel. 177.

◎ www.177mr.no – unter »Buss« interessant sind die Bussruter Kristiansund, Nordmøre Ytre (vor allem Route 821), Nettbuss Ekspress/Mørelinjen und eventuell Nordmøre Indre.

◎ Unter www.rutebok.no können Sie eingeschränkt auch auf Deutsch navigieren und besonders via »Abfahrt- und Anreise Bretter« (!) Haltestellen mitsamt der bevorstehenden Abfahrten abfragen.

◎ www.fjord1.no – siehe »Ferje«.

Unterkünfte

Wer die Fjordruta im Rahmen einer Norwegen-Reise testen will, kann vor Ort ein Quartier (als Basis) nehmen.

Der Bus ermöglicht einige Tourenvorschläge sowie das Abkürzen von Etappen im Gebiet der nördlichen Fjordruta, dort wo die Sunde zwischen den Inseln nur auf Straßen und Brücken zu überqueren sind. ▲

HOTEL, B & B, FERIENHAUS

Als Normaltarife sind rund 1.000 NOK für ein Doppelzimmer (DZ) oder für ein Feriendomizil zu veranschlagen; je nach Aufenthaltsdauer sind spürbare Preisabschläge drin.

◎ **KRISTIANSUND**: siehe Seite 185.

◎ **AURE**: Aure Gjestegård, NO–6690 Aure, Tel. 716 46238, www.aure-gjestegaard.no. Auf unserer Übersichtskarte im Sektor F 2.

◎ **VALSØYFJORD**: Valsøyfjord Utleie, NO–6687 Valsøyfjord, Tel. 977 22102, www.fjordtilfjell.no. Rorbuer am Fjord in Valsøybotn. Sektor D 3.

◎ **VALSØYA**: siehe »Camping«.

◎ **SURNADAL**: Vårsøg Hotell, Svartvassvegen 1, NO–6650 Surnadal, Tel. 716 57100, www.varsog-hotell.no. E 4.

CAMPING

Ein Stellplatz kommt auf ca. 150–200 NOK, Strom und Dusche meist extra. Die meisten Campingplätze haben Hütten, die in Ausstattung und Preis recht verschieden ausfallen.

◎ **NORDLANDET**: Byskogen Camping, Skogveien 38, NO–6517 Kristiansund, Tel. 480 03131, www.byskogen.no. Fußmarsch ab Flughafen, Abzweigung von der Straße zum Fähranleger Seivika. Ganzjährig geöffnet. Auf unserer Karte im Sektor A 3.

◎ **VALSØYA**: Valsøytunet (Ferienzentrum mit Marina u.a.), NO– 6687 Valsøyfjord, Tel. 915 55165, www.valsoya.no. Die Insel Valsøya ist via Europastraße 39 mit dem Festland verbunden; sie liegt zwischen dem Valsøyfjord mit Enge und Valsøybotn im Süden sowie Ertvågsøya im Norden. Ganzjährig geöffnet. Im Sektor D 3.

◎ Im **SURNADAL** füllen sich mehrere Campingplätze im Sommer mit Lachsanglern. Direkt an der Fjordruta (Etappe 18) liegt Sæter Fiskecamp in Øvre Sæter, Tel. 716 62177, E-mail: c.j.johansson@comhem.se/ 1.6.–31.8. F 4. – In Bæverfjord, wo die Straße zu den Einstiegsorten E 14–E 16 von der Str. 65 abzweigt und sich ein Bushalt befindet, ist an der Brücke Småøyan Camping beheimatet, Tel. 716 62904, www.smaaoyan.no. 15.6.–31.8. Sektor D 4. – Ganzjährig geöffnet ist das Surnadal Camping Brekkøya an der Str. 65, Ort Surnadal, Tel. 716 60760, www.surnadal-camping.no. E 4.

Einkaufen

Eine richtig große Auswahl hat man in Kristiansund und im Surnadal, wo sich die Str. 65 und 670 treffen. Gut ist das Angebot auch in Aure, zumal der Ort von Bus 821 angefahren wird. In kleineren Ortschaften sind Supermärkte selten profitabel, so dass die Gemeinde Halsa froh sein darf, dass sie über drei Läden verfügt: am Fähranleger Halsa und in Vågland an der E 39 (beide Mo–Fr 9–20, Sa 9– 18 Uhr) sowie in Enge am Valsøyfjord (Mo–Fr 9–18, Sa 9–16 Uhr). Weitere gibt es in Leira auf Tustna (Mo–Fr 9–20, Sa 9–18 Uhr) sowie in Foldfjorden auf Ertvågsøya (Mo–Fr 9–19, Sa 9–17 Uhr).

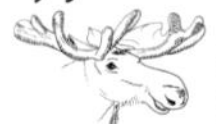

Rorbuer soll es seit dem 12. Jh. geben: Auf Pfählen als winterfeste, beheizbare Hütten am Meer stehend, wohnten darin Fischer, die sich von überall her zur Fangsaison einfanden. Heute baut man komfortable Rorbuer für die Touristen.

Stopp in Kristiansund

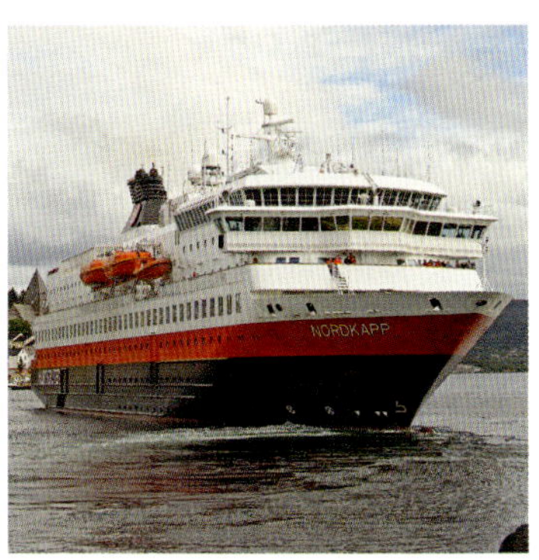

Die Stadt Kristiansund (23.850 Einwohner) verteilt sich auf drei Inseln rund um eine geschützte Bucht mit Hafen. Keine touristische Sensation, eignet sie sich aber gut für ein paar Tage vor und/oder nach der Wanderung auf der Fjordruta. Überzähliges Gepäck können Flugpassagiere entweder in einem Schließfach im Busterminal deponieren oder ggf. in der Unterkunft, dies wäre im Voraus abzusprechen. Die Stadt hat eine vollständige Infrastruktur für Besucher.

Den historischen Ortskern legten deutsche Bomber am 1. Mai 1940 in Schutt und Asche. Die City ist heute funktional, weniger pittoresk.

◎ **INFORMATION**: siehe Seite 182.

◎ **TRANSPORT**: Busverbindungen ab/zum Flughafen, an den Wochenenden eher dürftig. Das Busterminal ist zentral auf der Insel Kirkelandet platziert. – SUNDBÅTENE, die Sundboote, verkehren zwischen den drei Inseln bzw. vier Anlegern. Fahrpläne dort oder via www.sundbaten.no.

◎ **UNTERKUNFT**: Thon Hotel Kristiansund in der Fiskergata 12, Tel. 715 73000, www.thon hotels.com. Super Lage, tolles Frühstück. Sommers und an den Wochenenden sind kurzfristig günstige Preise online möglich. – Turistsenter Atlanten (Motel, Hütten und Camping), Dalaveien 22, Tel. 716 71104, www.atlanten.no. – Alternative mit Camping/Hütten: Byskogen Camping (siehe Seite 184).

◎ **SIGHTSEEING**: Stets zu empfehlen und gut als Einlaufen geeignet ist die Tour auf Kirkelandet zum Wachturm VARDETÅRNET auf den Felsen, zu verlängern bis zur Küste im Westen. – Auf der Insel Innlandet gibt es ein ähnlich hügeliges Terrain mit einem BAUTASTEIN. – Ungewöhnlich gebaut und verglast präsentiert sich die KIRKELANDET KIRKE (1964). – Rund ums Hafenbecken vermitteln letzte kleine Reparaturwerften sowie historische Gebäude die GUTE ALTE ZEIT, als hier Schiffe gebaut wurden, als Fisch angelandet und verarbeitet sowie Handel getrieben wurde. Das NORDMØRE MUSEUM bewahrt Orte wie Mellemværftet und Milnbrygga, das Trockenfischmuseum in einem Speicher. – Ein Erlebnis ist der Einlauf des südwärts verkehrenden HURTIGRUTEN-Schiffes nachmittags gegen 17 Uhr (siehe auch Seite 186). – Wer Feuerwehrautos mag, ist im BRANNMUSEUM recht am Ort. – Ein sommerlicher BOOTSTRIP führt zur Insel GRIP draußen im rauen Meer.

Die südwärts von Kirkenes nach Bergen verkehrenden Hurtigruten-Schiffe machen laut Fahrplan täglich um 17 Uhr Station in Kristiansund. Zur richtigen Zeit am richtigen Ort sind die Schiffe sogar von der nördlichen Fjordruta aus zu beobachten (siehe Seite 92). ▲

Anreise

Dank des Airports »Kristiansund lufthavn« ist die Anreise mit dem Bus ab Mitteleuropa keine reelle Alternative; eine Bahnverbindung gibt es nicht.

MIT DEM FLUGZEUG

◎ Die skandinavische AIRLINE **SAS** bedient (ggf. mit Kooperationspartner »Widerøe«) die Anschlussflüge nach Kristiansund, meist via Oslo. Insofern ergibt es Sinn, die Buchung via »SAS« vorzunehmen, anstatt sich eine abenteuerliche Route zusammenzusuchen. Frühzeitig gebucht, sind die Tickets definitiv nicht teuer: www.flysas.com.

◎ **AIRPORT** Kristiansund lufthavn, Kvernberget: www.avinor.no – navigieren via Karte, auch auf Englisch. Fast 400.000 Passagiere jährlich.

MIT DEM EIGENEN FAHRZEUG ...

... allein wegen der Fjordruta anzureisen, ist sehr aufwändig. Wer aber weitere Stationen in Norwegen bereisen will, ist flexibler mit dem Gepäck sowie im Vorwärtskommen als ein Flugpassagier.

◎ **DISTANZEN**: Die entscheidende Frage lautet »Fähre – ja oder nein?«. Wer die Festlandverbindung wählt, muss allein ab der Brücke über den Øresund zwischen Kopenhagen und Malmö mehr als 1.100 km einplanen, ungeachtet wie man nach überhaupt nach Malmö kommt. Von den norwegischen Fährhäfen Oslo und Bergen sind es »nur« etwa 550 km bzw. 525 km. Beides erfordert eine stramme Tagesreise: ab Oslo via Europastraße E 6 und Str. 3 sowie ab Bergen via E 39 inkl. mehrerer Inlandfähren.

◎ **FÄHREN** NACH NORWEGEN: ab Kiel nach Oslo, ab Hirtshals in Dänemark nach Oslo, Larvik, Kristiansand, Stavanger und Bergen sowie ab Frederikshavn in Dänemark nach Oslo (siehe Karte auf Seite 3). – Übrigens: Wer bis nach Hirtshals oder Frederikshavn in Nordjütland fährt, kann die Kilometer auch anders investieren, indem man die Fähre von Kiel nach Göteborg/Schweden nimmt, um auf der E 6 nach Norden weiterzufahren.

◎ **REEDEREIEN**: Color Line, Telefon 0431 – 7300 100, www.colorline.de. – Fjord Line, Tel. 03821 – 709 7210, www.fjordline.com/de. – Stena Line, 01805 – 91 6666, www.stenaline.de.

◎ **VERKEHRSREGELN**: Hilfreich informieren große Automobilclubs wie ACE, ADAC oder AVD.

HURTIGRUTEN

Die legendäre Schifffahrtroute entlang der norwegischen Küste startet im Südwesten in Bergen und stoppt auch in Kristiansund. Wer richtig viel Geld hat, wechselt von der Fähre mit Fahrzeug zur Hurtigruten, im selben Terminal. Denkbar ist ebenso die Anreise per Flugzeug nach Bergen mit anschließendem Umsteigen auf das Schiff. Die Ankunft in Kristiansund erfolgt allerdings mitten in der Nacht.

◎ **INFORMATION**: Hurtigruten, Tel. 040 – 376 930, www.hurtigruten.de.

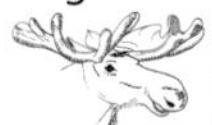

Wer die Fjordruta mit einem Besuch von Trondheim verbinden will, kann von Norwegens früherer Hauptstadt per Schnellboot (nur für Personen) in gut dreieinhalb Stunden nach Kristiansund übersetzen: www.kystekspressen.no.

Vor der Reise

NORWEGEN-PORTALE

◎ Auch zum Reisen ein gutes Informationsportal ist die Homepage der KÖNIGLICH **NORWEGISCHEN BOTSCHAFT** in Deutschland, Rauchstr. 1, D–10787 Berlin, Tel. 030 – 50 50 58 600, www.norwegen.no.

◎ **DNF** (DEUTSCH-NORWEGISCHE FREUNDSCHAFTSGESELLSCHAFT), Postfach 100 816, 45008 Essen, www.norwegenportal.de.

EINREISEBESTIMMUNGEN

◎ **REISEDOKUMENTE**: Benötigt werden Personalausweis (für Kinder wie für Erwachsene) sowie ggf. Führerschein und Fahrzeugschein. Ausweispapiere müssen bei der Einreise noch drei Monate gültig sein.

◎ **HAUSTIERE**: (Reisen bzw.) Wandern mit Hund siehe Seite 11 f.

◎ **ZOLL**: Waren für den persönlichen Bedarf sind genehmigungsfrei. Details siehe www.norwegen.no.

GESUNDHEIT

◎ Da die übliche Europäische Krankenversicherungskarte im Ausland nur einen Basisschutz gewährt – im Zweifel Krankenkasse befragen –, ist eine zusätzliche private **AUSLANDSREISEKRANKENVERSICHERUNG** zu erwägen. Diese ist relativ preiswert, sollte jedoch Zuzahlungen bei Arztkonsultationen sowie einen krankheitsbedingten Rücktransport in die Heimat abdecken.

GELD

◎ Währungseinheit ist die **NORWEGISCHE KRONE** (NOK). 1 Krone entsprechen 100 Øre. Das kleinste Geldstück ist 50 Øre wert – Wechselgeld wird auf- oder abgerundet – und das größte 20 NOK. 1 Euro entsprach bei Redaktionsschluss 7,52 NOK.

◎ Bewährt ist die Kombination aus **BARGELD** und **KREDITKARTE**, auch die beiden einzigen Zahlungsmittel in den Hütten, exklusive Kårøyan.

Die Postbank Sparcard gilt an allen Bargeldautomaten mit »Visa Plus«-Symbol und kann ZEHN MAL im Jahr gebührenfrei im Ausland als Bargeld-Beschaffer eingesetzt werden. Dagegen kostet die Maestro-Karte bei jedem Abheben Gebühr, weshalb der Betrag pro Vorgang eher großzügig anzusetzen ist. Am besten man zieht gleich am Flughafen Geld, oder unterwegs während der Anfahrt.

KARTEN

Es lohnt sich , die Karten zu Hause anzuschaffen, denn der Sofortkauf vor Ort ist völlig unsicher. Die aktuellen Karten zur Fjordruta werden eingehend auf Seite 19 f. vorgestellt. Eine gute Straßenkarte ist die Cappelen Kart in Lizenz bei »Kümmerly + Frey«.

◎ **GEOBUCHHANDLUNG KIEL**, Schülperbaum 9, D–24103 Kiel, Telefon 0431 – 910 02, Fax 0431 – 942 49, www.geobuchhandlung.de.

◎ **NORDLAND VERSAND**, Vornholtstraße 7, 49586 Neuenkirchen, Tel. 05465 – 476, Fax 05465 – 834, www.nordland-shop.de.

Keine Frage, Norwegen ist kein billiges Reiseland; aber das dürften die Käufer dieses Buches größtenteils im Voraus gewusst haben. Gehen Sie davon aus, dass ein Euro in Norwegen an Kaufkraft nur etwa 70 Cent wert ist.

Sprache

EINE NATION, ZWEI SPRACHEN

Dass sich 5,1 Mio. Norweger den Luxus zweier gleich berechtigter Sprache leisten, ist ein Phänomen. Um es zu verkürzen: Norwegen war ca. 400 Jahre dänisch und das Dänische die Amtssprache, die seit dem 19. Jahrhundert norwegisiert wurde. Zudem etablierte sich in den ländlichen Gebieten des Westens und Südwestens eine radikalere Version, die ein Substrat aus urnorwegischen Dialekten zum Ziel hatte, als Nynorsk (Neunorwegisch) den Status als zweite Amtssprache erstritt und heute von ca. 10 –15 % der Bevölkerung geschrieben wird. Die »gemäßigte« Amtssprache, die dem Dänischen ohne Scheu ähnlicher ist, wird als Bokmål (Buchsprache) vor allem im Raum Oslo und im Norden favorisiert.

Daneben ist es in lokalen Gefilden üblich, dass mehrere Namensversionen für Orte, Berge etc. existieren, die ihren Ursprung entweder im Bokmål, Nynorsk oder speziellen Dialekt haben. Im Fjordruta-Gebiet werden Sie häufiger bemerken, dass ein Ortsname auf Schildern anders geschrieben steht als auf der Karte: etwa Hendset statt Hennset.

◎ **SKANDINAVISCHE EIGENHEIT**: Der bestimmte Artikel wird ans Substantiv gehängt: *et* oder *en* oder *a*. Der Fjord = *fjorden*, das Gebirge = *fjellet*. Die Endungen *er* und *ene* stehen in der Regel für Pluralformen.

WÖRTERKLADDE

***a**dgang* – Zutritt
ankomst – Ankunft
av – von, aus, wegen
avgang – Abfahrt
avgift – Abgabe, Gebühr

***b**akke* – Hügel, Anhöhe
bare [berre] – nur
barn [børn] – Kind, Kinder
bekk – Bach
bestillingsdrosje – Taxi auf Anruf
besøk – Besuch
betaling – Bezahlung
billett – Fahrschein
blanding – Mischung
blå, blått – blau
blåbær – Heidelbeere
bord – Tisch
bom, bompenger – Schranke, Maut
bomvei (-veg) – Mautstraße
bratt – steil
bringebær – Himbeere
bro – Brücke
bruke – gebrauchen, benutzen
brød – Brot
bukt – Bucht
bu, bo – Hütte, Kate (*bo* auch: wohnen)
bunn – Grund (örtlich), Boden
busk – Busch
buss – Bus
bygge – bauen
bær – Beere
bål – (Lager-)Feuer
båt – Boot

***d**ag, dager [dagar]* – Tag
daglig (untatt...) – täglich (außer...)
dal – Tal
do – Klo

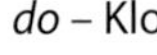

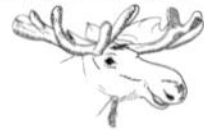

Die drei norwegischen Sonderbuchstaben Æ/æ, Ø/ø und Å/å stehen am Ende des Alphabets und sind dementsprechend eingereiht. In den eckigen Klammern stehen einige geläufige Nynorsk-Versionen. Aussprache siehe Seite 190 unten.

drift – Betrieb
drikkevann – Trinkwasser
drosje – Taxi
dyr – Tier
døgn – Tag (gemeint: 24 Stunden)
dør – Tür

***e**id* – Landzunge
elg – Elch
elv, elva – Fluss

***f**erge, ferje* – Fähre
fisk – Fisch
fiske – angeln
fjell – Gebirge
fjøs – Stall
forbudt – verboten
foss – Wasserfall
fra – aus (örtlich)
fredag – Freitag
frokost – Frühstück
frukt – Frucht
fugl – Vogel
fuktig – feucht
fyr, fyrstikk – Feuer, Streichholz
få – bekommen, auch: wenig

***g**ammel* – alt
gard, gård – Hof, Gehöft, Weiler
geit – Ziege, Geiß
gjennom, igjennom – durch
gjerde – Zaun
glass – Glas
gryn, grøt – Grütze
gryte – Topf, Kochtopf
grøn, grønt, grønne – grün
gul, gult, gule – gelb
gulrot, gulrøtter – Karotte, Karotten
gulv – Fußboden
gå – gehen

***h**av* – Meer
hel, helt, [heil] – ganz, auch: voll
helg – Wochenende
helligdag, høytidsdag – Feiertag
hems – Schlafboden
hensyn – Rücksicht
hermetisk – konserviert, dicht (u.a.)
hjemmeside [heimeside] – Homepage
hjort – Hirsch
hurtigbåt [snøggbåt] – Schnellboot
hus – Haus
hverdager [kvardagar] – Werktage
hvit, hvitt, hvite, [kvit] – weiß
hyggelig – gemütlich
hytte, hytta – Hütte
høyde, høgde [høgda] – Höhe
høyre [høgre] – rechts
høst – Herbst

i – in, im
igjen – wieder
ikke [ikkje] ... – nicht ..., kein ...
i dag – heute
i morgen – morgen
i rute – im Liniendienst

***k**affe* – Kaffee
kart – Landkarte (Postkarte: *kort*)
kjøpe – kaufen
kjøtt – Fleisch
klokka – Uhr
knekkebrød – Knäckebrot
kratt – Gestrüpp, Dickicht
krevende – anstrengend
kryss, krysse – Kreuzung, kreuzen
[kvardagar] – Werktage
kvinne – Frau
kvittering – Quittung
kyst – Küste
køyeseng – Schlafkoje (Etagenbett)

Die Wörterkladde soll in erster Linie darin unterstützen, mit Karten, Fahrplänen und Wetterberichten umzugehen sowie in den Hütten zurechtzukommen, dies ergänzt durch weitere hilfreiche Wörter/Begriffe. Lekorat: Birger Holtermann.

langs – entlang
ledig – frei (z.B. Hütte nicht besetzt)
legevakt – ärztliche Bereitschaft
lett – leicht
li, lia – Hang, Abhang
ligge – liegen
loft – Dachboden, Dachgeschoss
lukket – geschlossen
lys [ljos] – hell, Licht, Kerze
lyng, lyngmark – Heidekraut, Heide
løpe – laufen
lørdag [laurdag] – Samstag

***m**andag* – Montag
markering – Markierung
matvarer – Lebensmittel
medlem – Mitglied
melk [mjølk] – Milch
mellom – zwischen
merket – markiert
moltebær – Molte-, Sumpfbeere
mot – (ent-)gegen
mulig – möglich
myr – Moor, Sumpfgebiet
målestokk – Maßstab
mørk, mørkt – dunkel

***n**avn [nom]* – Namen
ned – hinunter
nedbør – Niederschlag
nord – Nord, Norden
norsk – norwegisch
ny, nytt – neu
nøkkel – Schlüssel

***o**dd* – Landzunge
også – auch
område – Gebiet
onsdag – Mittwoch
opp – hinauf
opptatt – besetzt, belegt
oppvask – spülen, feucht den Boden aufwischen
over – über
ovn – Ofen

***p**eis* – offener Kamin
plante – Pflanze
plass – Platz
pose – Beutel, Tüte
poteter – Kartoffeln
pølse – Wurst
på – auf, an, bei, ...

***r**egn* – Regen
rett – Gericht (Mahlzeit)
rett fram – vorwärts, geradeaus
rev – Fuchs
rips – rote Johannisbeere
ris – Reis
robåt – Ruderboot
rom – Zimmer
rute – Route, Linie, Liniendienst
rutetabell – Fahrplan
rutetider – Abfahrtzeiten
rygg – Rücken (Bergrücken: *fjellrygg)*
rød, rødt, røde, [raud] – rot
røkt – geräuchert

***s**alt* – Salz
sau – Schaf
seng – Bett
seter, setra, setrin – Alm
sjø – See, Meer
skifte – wechseln
skilt, skiltet – Schild, ausgeschildert
skje – Löffel
skog – Wald
skrive – schreiben
smør – Butter

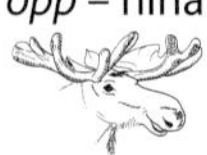

Die gängigsten Ausspracheregeln: Æ/æ wird wie ä gesprochen, Ø/ø wie ö und Å/å wie o. Ferner O/o meist wie u, U/u meist wie ü. Dann: rs, sj, sk und sl meist wie sch (Ski !). G/g vor j, y und i wie j. H/h ist stumm vor j und v.

snø – Schnee
sol – Sonne
solbær – schwarze Johannisbeere
sommer – Sommer
sopp – Pilz
sovepose – Schlafsack
spise – essen
sten [stein] – Stein
stengt – geschlossen
sti – Pfad, Wanderweg
stigning – Steigung
stor – groß
stue – Stube, Wohnzimmer
sukker – Zucker
sund – Meerenge
syltetøy – Marmelade
sølevann – Schmutzwasser
søndag – Sonntag
sør – Süd, Süden

***t**ak* – Dach
takk – danke, Dank
tale, snakke, prate – reden
tallerken – Teller
te, tepose – Tee, Teebeutel
telt, teltplass – Zelt, Zeltplatz
terreng – Terrain
tid – Zeit
tilbake – zurück
time, timer – Stunde, Stunden
tind – Gipfel
tirsdag – Dienstag
tjønn – See
topp – Gipfel
torsdag – Donnerstag
tre – Baum
tur – Wandertour, Ausflug, Reise
tysk, tysker – deutsch, Deutsche(r)
tyttebær – Preiselbeere
tåke – Nebel

***u**nntatt* – außer, ausgenommen
ur – Geröll, Geröllhalde
utgang – Ausgang
utsikt – Aussicht

***v**andre* – wandern
vann [vatn] – Wasser, See
vannkraft – Wasserkraft (Stromerz.)
vanskelig – schwierig
varde – Steinpyramide (Markierung)
vaskerom – Waschraum
vassdrag – Gewässer, Wasserlauf
ved – (Feuer-)Holz, auch: bei, neben
vegg – Wand, (Bergwand: *fjellvegg)*
vei, veg – Weg, Straße
venstre – links
vente – warten
vest – West, Westen
vidda – weite Ebene (Hochland)
videre – weiter
vik – Bucht
vind – Wind
vindu – Fenster
vinter – Winter
voksen, voksne – Erwachsene(r)
vær – Wetter
værelse – Zimmer
værutsikt – Wetteraussicht
værvarsel – Wetterbericht
våg – Bucht
vår – Frühling
våt – nass, feucht

***ø**, øy, øya* – Insel
øst [aust] – Ost, Osten
ørret – Forelle

å – Bach, schmaler Fluss
åpen, åpent – offen
åpningstider – Öffnungszeiten

Die Wörterkladde soll in erster Linie darin unterstützen, mit Karten, Fahrplänen und Wetterberichten umzugehen sowie in den Hütten zurechtzukommen, dies ergänzt durch weitere hilfreiche Wörter/Begriffe. Lekorat: Birger Holtermann.

Aktualisierungen: stellen wir ebenso wie Links zu Fahrplänen online unter www.edition-elch.de

Bildnachweis: Alexander Geh (alle Fotos außer den unten aufgeführten) – KNT (Seite 53 unten) – Urs Wenzel (Seiten 35 oben / 37 oben / 61 / 183)

Register: ist bei dem Aufbau dieses Buches überflüssig. Via Übersichtskarte und Inhaltsverzeichnis geht es zu den Hütten, Etappen, Sachthemen etc. Hütten, Etappen, Einstiegsorte sowie Tourenvorschläge sind ferner mit den nötigen Seitenverweisen ausgestattet.

Respekt vor dem Gebirge

Der Fjordruta angepasst, fasst der Autor die **Bergregeln** zusammen, die Norwegisches Rotes Kreuz und DNT (siehe Seite 22) an die Hand geben.

1. Keine langen Touren ohne vorheriges Training. Das Üben sollte auch in schwierigem Gelände, mit befülltem Rucksack und bei schlechtem Wetter erfolgen. Dies hilft, sich besser einzuschätzen, und erleichtert eine realistische Tourenplanung, die auch Ruhe-/Reservetage für unterwegs umfassen sollte.

2. Sage Bescheid, wohin Du gehst. Denn im Notfall kann das Rettungsteam gezielt suchen. Um unnötige Suchaktionen zu vermeiden, solltest Du erzwungene Routenänderungen mitteilen (lassen), aber keine Anrufe von unterwegs verabreden, da die Mobilfunkabdeckung zu unzuverlässig ist.

3. Nimm das Wetter und den Wetterbericht ernst. Eine alte Regel besagt, dass man eine schlechte Wettervorhersage respektieren, sich auf eine gute aber nicht unbedingt verlassen soll. Der Wetterbericht kann auch nicht alle lokalen Wettervariationen im Gebirge erfassen, nicht mal der detaillierteste, der via Smartphone abzurufen ist und für fast jede Hütte eine Auskunft gibt.

4. Sei selbst bei kurzen Touren gegen Kälte und Unwetter gerüstet. Auf einen Rucksack samt der notwendigen Ausrüstung darfst Du nie verzichten. Ziehe Dich sofort warm an, sobald Kälte oder Wind einsetzt. Der Rucksack sollte immer enthalten: eine wind- und wasserdichte Jacke, eine lange winddichte Hose, eine/n warme/n Fleecejacke/Pullover, winddichte Handschuhe und eine warme Kopfbedeckung. Siehe auch die Packliste ab Seite 28.

5. Informiere Dich (vor dem Aufbruch) bei ortskundigen Personen. Auch entgegenkommende Wanderer können wichtige Informationen beisteuern.

6. Benutze Karte und Kompass und lerne rechtzeitig, sie zu gebrauchen. Ziehe die Route auf der Karte in Farbe nach. Präge Dir die Route zusammen mit markanten Orten im Gelände ein. Verfolge die Tour auf der Karte, auch wenn das Wetter gut und die Sicht klar ist. Vertraue dem Kompass. GPS kann nützlich sein, ist aber nicht zuverlässig. Eine durchsichtige, wetterfeste Hülle schützt die Karte; um den Hals gehängt, ist sie rasch zur Hand.

7. Gehe möglichst nicht allein. Wenn Du allein bist, kann Dir niemand sofort helfen oder Hilfe holen. Eine vollständige Mobilfunkabdeckung unterwegs ist nicht gegeben. Vermeide andererseits große Gruppen, vor allem wenn die Voraussetzungen der Teilnehmer sehr unterschiedlich sind.

8. Kehre rechtzeitig zurück. Es ist keine Schande zurückzugehen. Trotze nicht dem Wetter. Kehre um, wenn das Erreichen des Tagesziels unsicher ist. Der Versuch, Dich zu retten, kann für andere lebensgefährlich sein.